스바의 여왕

스바의 여왕

1판 1쇄 인쇄 2022년 12월 10일
1판 1쇄 발행 2022년 12월 15일

지은이 김서택
발행인 한동인
펴낸곳 (주)씨뿌리는사람

등록번호 제2006-4호
주 소 경기도 이천시 경충대로 2096-4
(서울사무소) T. 741-5181, 4 F. 744-1634

책값은 뒤표지에 있습니다.

ISBN 978-89-90342-59-1

Web www.kclp.co.kr

"천국은 마치 사람이 자기 밭에 갖다 심은 겨자씨 한 알 같으니
이는 모든 씨보다 작은 것이로되 자란 후에는 나물보다 커서 나무가 되매
공중의 새들이 와서 그 가지에 깃들이느니라"(마 13:31-32)

공급처 기독교문사 도매부 T. 741-5181~3 F. 762-2234

스바의 여왕

김서택

씨뿌리는 사람

Prologue

프롤로그

'열왕기상' 은 이스라엘의 전성기였던 솔로몬 왕에서부터 시작해서 놀라운 능력의 종 엘리야까지의 일을 이야기체로 기록하고 있습니다.

하나님께서는 어린아이까지도 하나님을 잘 알 수 있도록 성경에 많은 이야기를 포함해놓으셨습니다. 그러나 성경의 이야기는 단순히 재미로 읽는 이야기가 아니라 어떤 사람의 행위를 이미 선지자의 눈으로 평가한 하나님의 말씀입니다. 그리고 성경은 아무리 이야기체라 하더라도 놀라운 논리성을 가지고 있습니다. 이 성경의 논리를 잘 살펴서 설교가 짜임새 있고 감동적이 되도록 만드는 것이 강해설교의 매력입니다.

늘 말씀의 동역자가 되어 주신 대구동부교회 성도님들에게 감사드리며, 부족한 제 설교집을 온전한 믿음으로 출판하여 주시는 한동인 사장님께 감사드립니다.

이 이스라엘 왕과 선지자의 이야기가 우리의 거울이 되며, 한국교회 부흥의 불쏘시개가 되기를 간절히 바랍니다.

대구 수성교 옆에서

김서택 목사

Contents

차 례

01
아도니야의 반역

왕상 1:1-10

열왕기는 이스라엘의 역사를 기록한 책입니다. 이 열왕기에는 이스라엘이 하나님의 말씀에 따라 부흥이 일어날 때도 있었지만, 세상을 따라가는 바람에 침체되거나 거의 망하기 직전까지 가는 역사를 기록하고 있습니다. 그중에서도 열왕기상은 이스라엘의 가장 불신앙적인 왕 아합까지를 기록하고 있습니다. 그때 나타난 선지자가 바로 불의 선지자 엘리야입니다. 엘리야는 바알 숭배로 가장 침체되고 망할 수밖에 없는 이스라엘을 하나님의 능력으로 일으킵니다.

그리고 열왕기하는 우상 숭배와 불신앙에 빠진 이스라엘을 엘리야의 제자인 엘리사가 하나님의 능력으로 일으키는 것에서부터 시작해서 유다가 결국 바벨론에 의해서 멸망할 때까지의 역사를 기록하고 있습니다. 이 사이에는 히스기야의 부흥이 나오고 요시야의 개혁운동도 나오지만, 이스라엘의 마음속 깊은 곳까지 중독되어있는 바알 숭배의 반역과 우상 숭배의 뿌리를 뽑지 못하여, 결국 유다는 바벨론에 의하여 멸망하고 성전은 불타고 예루살렘은 폐허가 되고 유다 백성은 바벨론에 포로로 붙들려가게 됩니다. 그런데 같은 이스라엘의 역사를 기록한 책이지만 '역대기'는 바벨론 포로에서 돌아온 후 유다 백성의 족보와 정체성을 찾기 위하여 기록된 것입니다. 그래서 역대기의 앞부분에는 이스라엘의 족보에 대한 자료를 기록하고 있고, 뒷부분에는 이스라엘의 역사는 나오지 않고 유다의 역사만 기록하고 있는 것이 중요한 차이점이라고 할 수 있습니다.

이스라엘에서 다윗이 차지하는 위치는 대단합니다. 우리가 사무엘상하를 보면, 다윗의 생애에 대하여 마치 개인의 전기나 되는 것처럼 자세하게 기록하고 있는 것을 볼 수 있습니다. 그 이유는 다윗의 때가 이스라엘에 대부흥이 일어난 시기였기 때문입니다. 부흥이 일어났을 때는 하는 모든 일이 중요하고 영원히 기록할 가치가 있습니다. 그러나 부흥이 일어나지 않으면 아무리 세상적으로는 성공하고 유명하다 하더라도 하나님의 책에는 기록할 가치가 전혀 없는 것입니다.

오늘 젊은이들에게 가장 원하는 것이 있다면 그것은 아마 성공일 것입니다. 목회에서도 목회자들이 가장 중요하게 생각하는 것이 있다면 빨리 유명해져서 많은 교인이 모이고 큰 교회가 되는 성공일 것입니다.

우리가 이 세상을 보면 하나님 나라의 원리와 세상의 원리가 뒤섞여 있어서 어떨 때는 세상 원리로 성공하는 사람이 있는가 하면, 어떨 때는 세상 원리 때문에 몰락하는 사람들도 있습니다. 그런데 분명한 것은 하나님의 원리로는 빨리 성공하지 못하고 아주 시간이 오래 걸린다는 사실입니다. 그래서 우리는 하나님을 믿지 못할 때가 많이 있습니다. 그런데 사람이 나이가 들면 빨리 달린 사람이나 늦게 달린 사람이나 다 마찬가지로 늙어 있습니다. 단지 세상 원리로 산 사람들은 아직도 인생의 목표를 찾지 못하고 허공을 향하여 손을 뻗치는 데 비하여, 하나님의 원리로 산 사람은 바른길을 찾아서 꾸준히 그 길을 간다는 사실입니다.

1. 나이가 든 다윗

다윗이라고 하면 언제나 젊은 소년이고 물맷돌을 돌려서 골리앗을 쳐 죽이던 모습만 생각하게 됩니다. 미켈란젤로의 걸작 〈다윗〉 상을 보면, 다윗은 벌거벗은 소년으로 손에는 물매를 들고 있는 모습입니다. 우리가 그것만 보고 있으면 다윗은 늙지도 않고 언제나 젊은 모습으로 골리앗을 죽이고 또 죽이는 청년으로 생각하기 쉽습니다. 그러나 다윗도 인간이기 때문에 세월이 흐름에 따라 나이 많은 노인이 되었습니다. 우리는 다윗이 늙는 것을 보고 우리도 늙는다는 것을 생각해야 합니다.

우리가 젊었을 때는 미래의 시간이 많이 남은 것 같고 앞으로 하고 싶은 일이 너무 많습니다. 그러나 결혼하고 나면 현실이 찾아오게 됩니다. 우선 집을 구해야 합니다. 그리고 아기를 낳고 나면 아기를 키우는데 정신을 차리지 못하고, 회사에서는 스트레스를 받아 가면서 일을 하느라고 정신을 차리지 못합니다. 그러다가 어느 정도 성공했다고 생각되는 순간 자신이 어느덧 늙어 노인이 되어 있고 자리에서 물러나 있는 모습을 보게 됩니다. 이것이 모든 사람이 겪고 있는 인생의 모습입니다.

우리 크리스천은 모두 보석이 들어있는 원석입니다. 이런 원석을 보석으로 만들려고 하면 망치로 때려서 깎아야 합니다. 그런데 그것이 아프고 싫다고 해서 편한 길로만 찾아오면 원석 그대로 남아있게 되는 것입니다. 그리고 늙으면 자기 자신을 깎아줄 사람도 없게 됩니다.

만년 청년으로 남아있을 것 같았던 다윗도 늙어서 노인이 되었습니다. 다윗이 나이가 많아 늙으니까 몸에 피가 잘 통하지 않아서 몸이 얼마나 차가운지 이불을 덮어도 따뜻하지 않았습니다.

1:1, "다윗 왕이 나이가 많아 늙으니 이불을 덮어도 따뜻하지 아니한지라"

이불을 덮어도 따뜻하지 않고 양말을 몇 켤레 신어도 발이 시린 것은 피가 잘 통하지 않기 때문입니다. 이것은 심장이 약해져서 피를 발끝이나 전신으로 보내지 못해서 그런 것입니다. 아마도 다윗이 젊어서 전쟁을 많이 하고 스트레스를 많이 받다 보니까 몸에 피가 잘 통하지 않았던 것 같습니다.

요즘은 의학이 많이 발달해서 약을 잘 찾아서 먹으면 발 시린 것도 덜하고 몸이 차가운 것도 덜하게 됩니다. 그러나 다윗 시대에는 의술이 발달하지 못했기 때문에 다윗의 몸을 따뜻하게 할 수 있는 방법이 없었습니다. 그래서 신하들이 생각해낸 것은 몸이 따뜻한 젊은 처녀 하나를 구해서 다윗의 몸을 따뜻하게 하는 것이었습니다.

1:2, "그의 시종들이 왕께 아뢰되 우리 주 왕을 위하여 젊은 처녀 하나를 구하여 그로 왕을 받들어 모시게 하고 왕의 품에 누워 우리 주 왕으로 따뜻하시게 하리이다 하고"

아마도 젊은 사람은 신진대사가 활발해서 몸이 뜨거우므로 젊은 처녀 하나를 구해서 왕의 심부름도 하게 하고 밤에 잘 때는 왕의 품에 누워 그의 몸을 따뜻하게 하면 좋겠다는 의도였습니다. 그런데 다윗은 이 제안에 선뜻 동의했습니다. 그래서 실제로 다윗의 신하들은 이스라엘 전체를 돌면서 처녀 하나를 찾았는데, 수넴 여자 아비삭을 찾아서 다윗 왕에게 데리고 왔습니다.

1:4, "이 처녀는 심히 아름다워 그가 왕을 받들어 시중들었으나 왕이 잠자리는 같이 하지 아니하였더라"

아마 다윗은 몸이 차가워서 말도 잘하지 못했을 것입니다. 그런데 실제로 나이가 든 사람에게 가장 심각한 문제는 그의 정신이 온전한가 하는 것입니다. 우리가 젊었을 때는 치매라는 것을 알지 못했습니다. 그때는 노인들이 그렇게 오래 살지 않았기 때문입니다. 그런데 노인의 평균수명이 점점 늘어나면서 치매라는 말이 사람들에게 익숙해지게 되었습니다. 옛날에는 그것을 '노망' 이라고 했습니다. 사람들이 나이가 들면서 오래 사니까 뇌가 작아져서 지금 일이나 옛날 일들을 잘 기억하지 못하게 됩니다.

다윗이 몸이 너무 차가워져서 여자를 품에 넣어야 자게 되니까 자연스럽게 그 소문이 나라 전체에 퍼지게 되었습니다. '다윗이 죽을 때가 다 되었다, 다윗이 노망이 왔다, 제정신이 아니다.' 같은 소문이 나게 된 것입니다. 여기서 우리가 하나 생각해야 할 것이 있습니다. 나이 든 다윗이 데리고 자는 처녀는 그냥 시녀일까요, 후궁일까요? 그 처녀의 신분은 아주 애매했습니다.

2. 아도니야의 선수 치기

이스라엘은 세상 나라가 아니고 하나님의 나라입니다. 그래서 하나님께서 왕이 될 사람을 정해서 선지자를 통해서 알려주십니다. 하나님께서는 다윗에게 언젠가 나단 선지를 통해서 다윗 다음에 이스라엘의 왕이 될 사람은 나이 어린 솔로몬이라고 말씀하신 것 같습니다. 하나님은 사람을 보실 때 외모를 보시지 않고 중심을 보시기 때문입니다. 하나님은 사울 다음에 왕을 선택하실 때도 다윗의 형들이 그렇게 키가 크고 잘 생겨서 사무엘이 뽑으려고 했을 때 하나님은 "너는 사람의 외모를 보지만 나 여호와는 중심을 보느니라" 고 하시면서 가장 어리고 못난 아들 다윗을 택하여 그에게 기름을 붓게 하셨습니다.

마찬가지로 다윗의 아들 중에도 왕이 되려고 하는 이들이 여럿 있었습니다. 그 아들들은 모두 다윗이 아둘람에 피신해 있을 때 같이 고생했던 아들들이었고 나이가 많았습니다. 그들은 모두 성인이었습니다. 그러나 암논과 압살롬은 이미 죽었습니다. 그리고 세 번째 아들이 바로 학깃의 아들 아도니야였습니다. 이때 아도니야는 다윗에 대하여 아주 심각한 오해를 했습니다. 그것은 다윗이 몸이 차가워서 여자를 품어야 잔다는 말을 듣고 노망이 들었다고 생각한 것입니다. 그래서 다윗이 힘이 없고 정신이 오락가락할 때 선수를 쳐서 왕이 되어버리면 뭐라고 할 사람이 아무도 없을 것이라고 착각한 것 같습니다.

그런데 놀라운 것은 비록 다윗이 늙어서 거동이 불편하고 몸 상태가 좋지 못했지만 그의 정신 하나만큼은 말짱했다는 것입니다. 이것을 아도니야는 다윗이 금방 죽을 것으로 오해했습니다. 우리는 늙으면 무조건 빨리 죽는 것이 좋다고 생각하기 쉬운데 절대로 그렇지 않습니다. 우선 우리가 알아야 할 것은 그리스도 안에서 늙는 것은 참 아름답다는 것입니다. 그리스도 안에서 노인은 청소년과 같습니다. 감정이나 꿈도 새롭고, 하루하루 살아가는 것도 새롭습니다. 단지 신체적으로 근육과 관절이 굳고 얼굴에 수분이 빠져서 옛날처럼 아름답지 못할 뿐입니다. 그리고 그리스도 안에서 노인은 사람을 보는 눈이 있습니다. 오랜 세월 많은 사람을 겪어 봤기 때문에 사람의 됨됨이를 아주 잘 알 수 있습니다. 그리고 그리스도 안에서 노인은 축복을 오게 할 수 있습니다. 비록 힘도 없고 살 날도 많지 못하지만 기도하면 그 기도가 이루어지게 됩니다.

하여튼 다윗은 다른 것은 몰라도 정신은 아주 또록또록했습니다. 왜냐하면 그가 지금까지 살아있는 이유는 솔로몬이 자랄 때까지 지켜주기 위해서였기 때문입니다. 그러나 아도니야는 이것을 오해해서 다윗이 정신이 흐리고 죽을 때가 다 되었다고 생각했던 것입니다. 그래서 다른 왕자들이 왕이 되기 전에 자기가 먼저 선수를 쳤습니다. 이것이 바로 세상적인 방법입니다.

1:5, "그 때에 학깃의 아들 아도니야가 스스로 높여서 이르기를 내가 왕이 되리라 하고 자기를 위하여 병거와 기병과 호위병 오십 명을 준비하니"

아도니야는 이스라엘에 대하여 세상적인 생각을 가지고 있었습니다. 그래서 누구든지 힘이 있고 행동이 빠르면 왕의 자리도 빼앗을 수 있다고 생각했던 것입니다. 그래서 그는 재빨리 병거와 기병과 호위병을 준비해서 다른 왕자들이 겁을 먹게 하고 자기가 왕이 되려고 했습니다.

1:6, "그는 압살롬 다음에 태어난 자요 용모가 심히 준수한 자라 그의 아버지가 네가 어찌하여 그리 하였느냐고 하는 말로 한 번도 그를 섭섭하게 한 일이 없었더라"

아도니야는 얼굴이 아주 잘생긴 사람이었습니다. 어떻게 해서 다윗의 아들들은 모두 얼굴이 이렇게 다 잘생겼을까요? 그것은 그 어머니들이 잘생겼기 때문입니다. 다윗은 잘생긴 여자들을 좋아했던 것입니다. 그런데 다윗의 아들들은 모두 얼굴값을 하느라고 자존심이 얼마나 강했는지 모릅니다. 그래서 다윗은 아도니야가 무슨 잘못을 해도 야단을 친 적이 없었다고 했습니다. 이것은 다윗이 자녀교육에서 너무 잘못한 부분이었습니다. 아무리 자기 자식이 귀하고 잘생겼다 하더라도 잘못한 것은 잘못했다고 해야 하는데 다윗은 자식들이 빗나갈까 봐 그런 말을 하지 않았던 것입니다. 그래서 아도니야는 '이번에 내가 왕이 된다고 해도 아버지는 야단치지 못할 것' 이라고 오해했던 것입니다.

3. 아도니야를 돕는 사람들

아도니야가 왕이 되고자 하는 데는 혼자 힘으로는 불가능했습니다. 그래서 아도니야는 이스라엘의 실세 중의 실세를 택해서 자기를 밀어달라고 했습니다. 이 사람들은 다 정치적인 야망을 가진 사람들이었는데, 그중의 한 사람이 요압이었습니다. 요압은 다윗 때 줄곧 경쟁자들을 물리치고 심지어 죽이기까지 하면서 다윗의 군대 사령관 노릇을 해 왔습니다. 그런데 요압은 다윗 한 대로 만족하지 못하고 그다음 대에도 그 자리를 차지하려고 하는 야망이 있었습니다. 그래서 그는 아도니야에게 충성해서 한 번 더 이스라엘의 군대 사령관을 하려고 했습니다. 사람이 어떤 일을 할 때 자기가 할 수 있는 만큼 하고 때가 되었을 때 아름답게 물러나는 것이 좋은 것입니다. 자꾸 또 하고 또 하고 욕심을 부리다가 나중에 엄청난 추태를 부리게 되는 것입니다. 결국 요압은 마지막이 좋지 않게 죽게 됩니다.

그리고 또 한 사람은 제사장 아비아달이었습니다. 아비아달도 다윗에게는 충성한 제사장이었습니다. 그는 자기 집에 사울의 신하들이 와서 제사장들을 다 죽일 때 목숨을 걸고 에봇을 가지고 다윗에게 도망쳤습니다. 그 후에 다윗을 따라다니면서 하나님의 뜻을 묻고 다윗을 도왔습니다. 그런데 그의 불만은 단독 제사장이 아니고 사독과 공동 제사장이라는 사실이었습니다. 그는 단독 제사장이 되고 싶었습니다. 그렇게 하려면 아직도 다윗에게 충성하는 사독을 떼버리고 선수를 쳐서 아도니야에게 붙어야 되겠다고 생각한 것입니다. 그러나 그는 이미 하나님 앞에 죄를 지은 엘리의 후손이었습니다. 아비아달은 지금 하나님께 사용되는 것만으로도 만족해야 하는데 단독으로 대제사장이 되고자 하는 욕심이 있었습니다.

결국 요압과 아비아달, 이 두 사람은 지금까지 다윗을 도와서 많은 고생을 이기고 높은 자리까지 올라갔지만 그들은 더 욕심을 부리다가 욕심이 과해서 인간적인 생각에 빠져서 아도니야에게 붙었던 것입니다. 우리 속담에도 '과유불급' 이라는 말이 있습니다. 즉 지나친 것은 부족한 것보다 못하다는 뜻입니다. 무엇이든지 조금 부족한 듯한 것이 좋은 것입니다. 너무 지나치게 부자가 되고 너무 지나치게 유명하고 너무 지나치게 똑똑하면 결국 경쟁하는 다른 사람에 의해서 비참하게 죽게 되는 것입니다.

이때 아도니야는 스스로 왕이 되었습니다. 그는 에느로겔 근처 소헬렛 바위 옆에서 소와 살찐 송아지를 잡아서 자기 동생 왕자들과 잔치하면서 자기가 왕이 되었다고 선포했습니다. 여기에는 왕의 허락도 없었고 선지자의 축복도 없었습니다. 그 대신 하나님이 왕이 되게 하겠다고 약속하셨던 솔로몬과 그를 지지하는 사독, 브나야, 나단 선지도 완전히 제외해 버렸습니다.

우리가 이 세상을 보면 인간적인 방법이 빠르고 성공하는 것 같지만 결국은 하나님의 축복 없이는 성공할 수 없습니다. 그리고 끝이 아름다우려면 욕심을 버려야 합니다. 우리는 아름답게 늙어야 합니다. 결국 하나님의 뜻은 이루어지게 됩니다. 하나님의 뜻을 믿고 끝까지 기다리는 성도들이 되시기 바랍니다.

02
밧세바의 직언
왕상 1:11-40

어떤 곳에 살인사건이 났을 때 범인으로 몰린 사람은 자기가 아무리 그 사람을 죽이지 않았다고 주장해도 수사하는 사람은 그의 말을 믿어주지 않을 것입니다. 그런데 만일 그 피의자가 그 사건이 일어난 시간에 다른 곳에 있었다는 알리바이가 분명하다면 그 사람을 풀어줄 수밖에 없을 것입니다. 사람은 같은 시간 대에 두 곳에 있을 수 없기 때문입니다.

옛날에 어떤 왕자가 왕위에 오르게 되면 자기 동생이라 하더라도 왕자들을 죽이는 일이 흔했습니다. 왜냐하면 그 왕자에게 붙어서 자기를 죽이려고 하는 세력이 생길 수 있기 때문입니다. 결국 왕이 된다는 것은 전부가 아니면 모든 것을 다 잃는 것이기에 경쟁자를 죽여야 자기 왕위가 안전했습니다. 그런 의미에서 본다면, 조선 왕조에서 가장 신사적인 경우는 세종대왕의 형제들이었습니다. 아버지 태종이 셋째 아들인 세종을 가장 총명하다고 생각하는 것을 알고는 맏아들 양녕대군은 일부러 전국을 돌아다니면서 술이나 마시고 시나 쓰는 술꾼이 되었습니다. 그리고 다른 형 효령대군은 일찌감치 머리를 깎고 절에 들어가서 중이 되었습니다. 그래서 아버지는 어쩔 수 없이 세종을 왕으로 세웠는데, 세종은 기대에 걸맞게 훈민정음도 만들고 많은 학자도 양성하는 조선에서 가장 훌륭한 왕이 되었습니다.

하나님은 언젠가 나단 선지를 통해서 다윗 왕에게 다윗 다음으로 솔로몬이 이스라엘의 왕이 될 것이라고 말씀을 하셨습니다. 그런데 하나님이 이 말씀을 하실 때 솔로몬은 너무 어린아이였던 것 같습니다. 그래서 다윗은 솔로몬이 어느 정도 자라서 왕위를 지킬 수 있을 때까지 불편한 몸에도 불구하고 왕 자리를 지키고 있었습니다. 그런데 다윗의 뒤에는 이미 성인이 된 왕자들이 여러 명 있었고, 그중에서도 아도니야가 가장 먼저 왕이 되려고 선수를 쳤던 것입니다. 만일 아도니야가 왕이 되면 솔로몬과 그의 어머니나 충신들이 죽임을 당하는 것은 당연한 수순이었습니다.

1. 긴급한 순간들

아도니야는 다윗이 건강이 나빠지게 된 것을 정신이 흐려졌거나 죽을 때가 된 것으로 오해했습니다. 다윗은 아마도 심장이나 혈관 계통이 좋지 못했던 것 같습니다. 그래서 몸이 얼마나 차가운지 이불을 덮어도 몸이 따뜻하지 않았습니다. 아도니야는 바로 이때야말로 자신이 왕이 될 때라고 생각했습니다. 그래서 군대장관 요압과 제사장 아비아달의 지원을 받아서 모든 신하와 왕자들을 초청해서 짐승을 잡아서 잔치하고 자기가 왕이 되었다고 선포했습니다. 이제 아도니야가 예루살렘에 오기만 하면 왕 행세를 할 것입니다. 그런데 아도니야는 이 일을 솔로몬과 나단 선지와 브나야 같은 다윗 편에 선 사람들 모르게 진행했습니다. 아도니야는 솔로몬과 충성된 자들과 다윗 왕이 모르는 가운데 자기가 왕이 되었다고 선포한 것입니다.

이것은 사람들이 보기에는 얼마든지 타당한 일이었습니다. 왜냐하면 아도니야는 지금 살아있는 왕자들 중에서는 최고의 순위였기 때문입니다. 그리고 아도니야를 지지하는 사람 중에는 군대를 총지휘하는 요압과 하나님께 드리는 제사를 총지휘하는 아비아달이 있었습니다. 또 아도니야는 굉장히 잘생긴 사람이었고, 다윗 왕은 한 번도 아도니야를 야단친 적이 없었습니다. 다윗 왕이 아도니야가 하자는 대로 다 해준다는 것을 백성은 알고 있었습니다. 요압과 아비아달은 이스라엘에서 가장 강력한 실세였고 무시할 수 없는 사람들이었습니다. 그리고 나머지 사람들은 무조건 그를 따라갔습니다.

아도니야는 다윗 왕 모르게 자기가 왕이 된 후에 요압과 아비아달을 데리고 다윗 왕을 찾아가서 '왕이 몸이 좋지 못하셔서 피치 못하여 제가 왕이 되었습니다' 라고 하고 왕궁을 에워싸서 아무도 들락거리지 못하게 지키면 저절로 자기가 왕이 된다고 생각한 것입니다. 그런데 아도니야가 왕이 되면 그것으로 끝나는 것이 아니라 앞으로 피비린내 나는 살육이 벌어진다는 것이 더 문제였습니다. 아도니야는 솔로몬이나 밧세바, 브나야와 나단 같은 다윗의 사람들을 다 죽여야 그의 왕 자리가 든든해질 것입니다. 결국 그들이 사느냐 죽느냐 하는 문제는 아도니야가 식사한 후에 벌어질 것입니다. 그가 식사하고 나면 바로 예루살렘으로 돌아와서 솔로몬이나 충신들을 전부 감금했다가 죽일 것입니다.

이때 아도니야가 왕이 되고자 수작을 부리고 있다는 것을 나단 선지가 알았습니다. 이것은 솔로몬도 알지 못했고 솔로몬이 비록 알았다고 해도 어떻게 해야 할지 몰랐을 것입니다. 아마도 이 일은 솔로몬의 어머니 밧세바와 브나야, 사독 같은 제사장도 알지 못하는 사이에 벌어지고 있었습니다. 거기에다가 다윗은 늙었고 건강이 좋지 못했습니다. 만일 왕이 죽어버리면 왕이 예전에 했던 약속은 아무 소용 없게 되는 것입니다. 만일 이때 브나야 같은 장수가 아도니야의 반역을 보고한다면 충격을 받아서 죽을지도 모릅니다. 이때 필요한 것이 바로 여성의 부드러움이었습니다. 그래서 나단 선지는 아무래도 차분하고 음성이 부드러운 솔로몬의 어머니 밧세바를 불러서 이 사실을 이야기 했습니다.

> 1:11-12, "나단이 솔로몬의 어머니 밧세바에게 말하여 이르되 학깃의 아들 아도니야가 왕이 되었음을 듣지 못하였나이까 우리 주 다윗은 알지 못하시나이다 이제 내게 당신의 생명과 당신의 아들 솔로몬의 생명을 구할 계책을 말하도록 허락하소서"

나단 선지는 밧세바에게 다윗 왕이 전혀 모르고 있는 중요한 사실을 이야기했습니다. 그것은 왕의 허락도 받지 않고 아도니야가 왕이 되었는데, 이것이 실현되면 밧세바나 솔로몬은 가장 먼저 죽게 될 것입니다. 아마 밧세바가 처음 이 이야기를 들었을 때는 눈앞이 캄캄했을 것입니다. 아도니야는 밧세바의 자식도 아니고 힘으로도 이길 수 없는 데다가 요압이나 아비아달은 전부 세력이 대단한 사람들이었기 때문입니다. 그 당시의 밧세바의 힘으로는 아무것도 할 수 없었습니다. 거기에다가 그가 유일하게 믿을 수 있는 다윗 왕은 너무 늙어 있었습니다. 이 절망적인 순간에 나단 선지는 밧세바에게 생명을 구할 계책을 알려주었습니다.

밧세바에게 다윗 왕을 찾아가서 다른 소리는 일절 하지 말고 예전에 왕이 했던 약속을 붙들고 이야기하라고 했습니다. 즉 "옛날에 왕은 네 아들 솔로몬이 왕이 될 것이라고 했는데 어찌하여 아도니야가 왕이 되었습니까?" 이것만 알려주라고 했습니다. 그러면 내가 곧 뒤에 따라가서 그 말을 확증하겠다고 했습니다.

우리가 어려움에 빠지게 되었을 때 이기는 방법은 예전에 하나님이 하신 말씀을 붙들고 이런 약속을 하셨다고 말씀을 드리면 되는 것입니다. 저 같은 경우에는 "너는 그 나라와 그 의를 구하라. 그리하면 이 모든 것을 더하여 주시겠다고 하셨는데 왜 저는 지금 망하게 되었습니까?"라고 말씀드리는 것입니다. 그러면 실제로 그 나라와 그 의를 위하여 모든 것을 버린 증거가 있으면 이 말씀이 성립되는 것입니다.

그 당시 왕의 몸 상태는 절대로 충격을 받으면 안 되며, 죽어서도 안 되었습니다. 또 지금 밧세바는 자기 자신과 어린 솔로몬의 목숨이 달린 문제를 눈앞에 두고 있습니다. 만약 왕을 만나는 것이 어렵고 귀찮다고 포기해버리면 다 죽게 되는 것입니다.

2. 나단의 증거

밧세바는 조용히 다윗 왕의 침실에 들어갔습니다. 왕은 건강이 좋지 못해서 침실에서 나오지 못하고 있었고, 젊은 처녀 아비삭이 늘 돌보아야만 했습니다. 밧세바는 다윗 왕에게 조용히 몸을 굽혀 절을 했습니다. 왕은 밧세바를 알아보고 웬일로 여기를 다 찾아왔느냐고 물었습니다.

그때 밧세바는 나단 선지가 한 말을 그대로 전했습니다. "전에 왕께서 여종에게 맹세하시기를 네 아들 솔로몬이 반드시 나를 이어 왕이 될 것이라고 하시지 않으셨습니까? 그런데 오늘 아도니야가 왕에게 말씀도 하지 않고 왕이 되었는데 왕은 모르고 계십니다."라고 말을 했습니다. 이어서 "그가 살진 수소와 양을 많이 잡고 왕의 모든 아들과 제사장 아비아달과 군사령관 요압을 청했지만 솔로몬이나 왕이나 저 몰래 이 일을 하고 있습니다. 백성은 이것이 진짜 왕의 뜻인지 공포해주시기를 기다리고 있습니다."라고 전했습니다(17-21절).

이때 다윗은 다행스럽게도 정신이 맑았습니다. 만약 이 중요한 때 다윗에게 치매가 온다든지 쇼크로 인한 심근경색이 오면 큰일이 나는 것입니다. 그런데 워낙 밧세바가 조용하게 옛날에 왕이 하셨던 말씀을 가지고 이야기를 하니까 다윗이 충격을 받지 않고 생각하게 되었습니다.

그때 바로 즉시 나단 선지자가 왕의 침실로 들어왔습니다. 그리고 얼굴을 땅에 대고 절을 한 후 조용하게 아룁니다. "왕께서는 아도니야가 내 뒤를 이어서 왕이 될 것이라고 말씀하신 적이 있습니까? 오늘 아도니야는 왕자들과 신하들을 데리고 어느 바위에 내려가서 군사령관 요압과 제사장 아비아달을 등에 업고 왕이 되었습니다. 그리고 사람들은 아도니야 앞에서 먹고 마시면서 왕은 만세수를 하십시오라고 소리를 치고 있습니다. 그런데 아도니야는 솔로몬이나 밧세바와 저나 브나야 같은 충신들 모르게 이 일을 하고 있습니다."라고 보고했습니다. 나단 선지는 절대로 호들갑을 떨지 않았습니다. 나단 선지도 하나님께서 자기를 통해서 왕에게 하신 말씀을 기초해서 말을 했습니다.

이처럼 중요한 것은 하나님 약속의 말씀을 붙들고 기도하는 것입니다. 즉 "하나님께서는 이렇게 말씀하셨지만 지금 사람들은 정반대되는 방향으로 가고 있는데 이것이 과연 하나님의 뜻입니까?"라고 물어보면 되는 것입니다. 또 사람들은 중요한 정책은 비밀로 하고 있습니다. 즉 백성들은 모르는 가운데 듣기 좋은 말만 하면서 나쁜 정책을 밀어붙이고 있습니다. 우리는 그것이 과연 하나님께서 약속하셨던 말씀인지 물어봐야 합니다.

그런데 다행인 것은 다윗이 비록 늙었지만 정신은 온전했다는 것입니다. 다윗은 하나님의 약속과 자신이 한 약속을 다 기억하고 있었습니다. 그리고 아도니야가 교만하게 하나님의 뜻을 앞서서 자기 멋대로 날뛴다는 것도 알았던 것입니다. 우리가 하나님의 뜻을 무시하고 자기 뜻대로 모든 것을 다해버린다면 아무리 사람들이 지지하고 좋아해도 그것은 무효입니다.

3. 다윗의 결단

다윗은 아도니야가 하나님의 뜻을 무시하고 자기의 인기를 이용해서 왕이 되는 것을 인정하지 않았습니다. 아도니야는 일단 자기가 왕이 된 후 다윗을 찾아와서 설득하고 안 되면 다윗을 감금하려고 했겠지만, 하나님의 수는 한 수 빨랐습니다. 아도니야는 왕자들과 신하들과 신나게 고기와 떡과 포도주를 먹고 마시고 있었습니다. 그때 다윗은 벌써 명령을 내리고 있었습니다. 다윗은 먼저 밧세바를 불러오라고 했습니다. 밧세바가 왕 앞에 들어가서 서니까 다윗 왕은 그에게 "내 생명은 모든 환란에서 건지신 여호와의 살아계심을 두고 맹세하노니 내가 전에 맹세했던 대로 네 아들 솔로몬이 나를 대신해서 왕이 될 것이라고 했는데 오늘 그것을 이행하겠다"고 했습니다(30절). 사실 그동안 다윗은 솔로몬이 자라는 동안 왕 자리를 지키고자 했었는데, 오히려 아도니야의 야망과 욕심이 그 날을 앞당기게 했습니다.

그리고 왕은 충신 제사장 사독과 선지자 나단과 호위대장 브나야를 불러서 다음과 같이 명령했습니다.

> 1:33-35, "왕이 그들에게 이르되 너희는 너희 주의 신하들을 데리고 내 아들 솔로몬을 내 노새에 태우고 기혼으로 인도하여 내려가고 거기서 제사장 사독과 선지자 나단은 그에게 기름을 부어 이스라엘 왕으로 삼고 너희는 뿔나팔을 불며 솔로몬 왕은 만세수를 하옵소서 하고 그를 따라 올라오라 그가 와서 내 왕위에 앉아 나를 대신하여 왕이 되리라 내가 그를 세워 이스라엘과 유다의 통치자로 지명하였느니라"

그러니까 호위대장 브나야가 '아멘' 이라고 하면서 "이것이 바로 하나님의 말씀입니다"라고 하면서 솔로몬이 다윗 왕보다 더 큰 왕이 될 것이라고 했습니다. 그래서 호위대장 브나야와 블렛과 그렛 호위대가 솔로몬을 왕의 노새에 태우고 사독은 성막에서 기름을 병에 넣고 기혼으로 가서 솔로몬의 머리에 기름을 붓고 '솔로몬 왕은 만세수를 하옵소서' 를 불렀습니다.

여기서 기혼은 샘이 나는 곳이었습니다. 예루살렘은 바위산으로 되어 있지만 물이 참 귀했습니다. 그래서 기혼에서 나는 물로 식수를 삼았습니다. 그러므로 예루살렘 사람들에게 '기혼의 샘' 은 하나님의 은혜를 상징했습니다. 그런데 기혼에서 나오는 물의 양은 그치지 않았고 많았습니다. 즉 하나님의 풍성한 은혜를 상징하는 샘이었던 것입니다.

1:40, "모든 백성이 그를 따라 올라와서 피리를 불며 크게 즐거워하므로 땅이 그들의 소리로 말미암아 갈라질 듯하니"

이때 아도니야와 요압은 미련하고 어리석었습니다. 왕이 되는 것이 중요한 것이지, 먹는 것은 얼마든지 나중에 할 수 있으므로 급한 것은 왕의 허락을 받고 왕좌에 앉는 것이었습니다. 그런데 아도니야와 요압이나 왕자들이나 그를 따르는 신하들은 계속 고기를 먹고 있었습니다. 그동안에 솔로몬은 기름부음을 받고 벌써 제사장은 뿔나팔을 불고 솔로몬은 왕의 보좌에 올라가서 왕이 되었던 것입니다.

이때 뿔나팔 소리와 백성들이 외치는 소리를 듣고 아도니야가 요나단이라는 왕자에게 이것이 무슨 소리냐고 물으니까 그는 지금까지 벌어진 일을 전부 다 말했습니다. 한마디로 말하면 끝장이 났다는 것이었습니다. 즉 다윗 왕은 예전에 말한 대로 솔로몬을 이스라엘의 왕으로 지명했는데 나단과 사독과 브나야와 그렛과 블렛 수비대가 솔로몬을 왕의 노새에 태워서 기혼에 가서 기름을 붓고 왕으로 삼았다는 것입니다. 그래서 지금 솔로몬은 왕좌에 앉아있고 백성은 새 왕을 축복하고 있다고 했습니다. 졸지에 아도니야와 요압과 아비아달과 아도니야에게 붙었던 신하들은 망하고 말았던 것입니다.

그러므로 인간이 아무리 계획을 세운다 하더라도 모든 것은 하나님의 뜻대로 이루어지게 되어 있습니다. 그러나 이 세상의 인간은 자기들의 힘으로 왕이 되어서 모든 것을 다 좌지우지하려고 합니다. 하나님의 뜻이 땅에서도 이루어지도록 우리는 하나님의 약속을 붙들고 기도해야 합니다.

03
뒤집힌 결과
왕상 1:41-53

이 세상을 살다 보면 처음에는 자기 뜻대로 잘 되는 것 같은데 나중에 가서는 결과가 뒤집히는 경우가 많이 있습니다. 특히 스포츠 경기에서 그런 경우가 많습니다. 처음에는 자기 편 선수들이 우세하고 점수 차이도 많이 나서 틀림없이 이번 경기는 이길 것이라고 생각했는데, 갑자기 자기 편 선수가 실수하면서 상대 팀이 기회를 잡아서 경기가 뒤집히는 결과가 많이 있습니다.

지난 시간에 상고한 대로 요압이나 다른 신하들이 이스라엘의 다음 왕으로 다윗의 아들 아도니야를 추대한 것은 잘못된 생각이었습니다. 왜냐하면 하나님은 이미 오래전에 나단 선지를 통해서 다윗에게 나이는 어리지만 솔로몬을 왕으로 세우겠다고 약속하셨기 때문입니다. 그러나 다윗의 아들 아도니야는 하나님의 말씀보다는 세상의 생각을 중요하게 생각했습니다. 그래서 세상적으로 생각해보면 누가 보더라도 이스라엘 왕은 가장 큰아들인 자신의 몫이었습니다. 그리고 다윗은 이미 너무 늙어서 정치를 할 수 없었습니다. 그래서 아도니야는 병거를 앞세우고 50명의 군인으로 자기를 호위하게 했고, 당시 이스라엘에서 가장 실세 중의 실세였던 요압 군사령관과 아비아달 대제사장의 지지를 받아 왕자들과 신하들을 초대해서 잔치를 하면서 자기가 이스라엘 왕이 되었다고 선언했던 것입니다.

그러나 이것은 엉터리였습니다. 아도니야가 왕이 되는 데는 다윗의 인정도 없었고 선지자의 기름 부음도 없었고 많은 백성의 지지도 없었기 때문입니다. 그래서 아도니야에게 모인 사람들이 고기를 먹고 포도주를 마시는 동안에, 나단 선지와 브나야 수비대장과 백성이 다윗 왕의 명령에 따라 기혼 못에 가서 솔로몬의 머리에 기름을 붓고 뿔나팔을 불고 백성은 환호성을 지르고 솔로몬이 다시 왕궁에 와서 왕의 보좌에 앉게 되었습니다. 이제 모든 것은 끝이 난 것입니다. 아도니야가 아무리 실세 중의 실세를 모아서 음모와 모략을 꾸민다고 해도 한순간에 솔로몬은 왕의 자리에 앉았기 때문입니다. 백성이 환호하고 제사장이 뿔나팔을 불고 박수를 치니까 그때야 요압은 옆에 있는 사람에게 이게 무슨 소리냐고 물었습니다. 거기에 있는 사람들은 고기를 먹고 아도니야에게 잘 보이느라고 왕궁에서 무슨 일이 일어나는지 아무도 알지 못했던 것입니다. 그들은 모두 헛다리만 짚고 있었습니다.

1. 요나단의 아름다운 소식

아도니야와 그 장소에 모인 사람들은 소를 잡아서 엄청나게 맛있게 먹고 있었습니다. 그때 제사장 아비아달의 아들 요나단이 달려왔습니다. 그가 달려오는 모습을 보고 아도니야는 요나단이 용사이기 때문에 아름다운 소식을 가져온다고 말했습니다.

1:42, "말할 때에 제사장 아비아달의 아들 요나단이 오는지라 아도니야가

이르되 들어오라 너는 용사라 아름다운 소식을 가져오는도다"

요나단은 워낙 달리기를 잘하기 때문에 다윗 왕 때 소식을 전해주는 전령의 역할을 감당했습니다. 요나단은 전투도 잘했던 것 같습니다. 요나단은 전쟁해서 이기고는 그 전쟁에서 이긴 아름다운 소식을 왕에게 전하곤 했던 것입니다. 아도니야는 다윗 왕에게 늘 승리의 소식을 전해주던 요나단이 이제는 자기에게 아름다운 소식을 전해준다고 생각했습니다. 즉 요나단은 용사이기 때문에 아도니야가 왕이 되는 것을 반대하는 사람이 있으면 다 죽이고 다윗 왕이 자기를 왕으로 인정했다는 아름다운 소식을 전할 줄로 생각했던 것 같습니다. 그러나 요나단이 전한 소식은 온 이스라엘에는 기쁜 소식이었지만 아도니야나 거기에 있는 사람들에게는 절망의 소식이었습니다.

요나단이 전한 소식은 진짜 기쁜 소식이었습니다. 그것은 드디어 이스라엘에 새 왕이 세워졌다는 소식이었습니다. 당시 이스라엘에 이것보다 더 기쁜 소식은 없었습니다. 그동안 다윗은 늙어서 나라를 겨우겨우 이끌어오고 있었는데 이제는 나이가 새파랗게 어린 솔로몬이 왕이 되었으니까 이제 이스라엘 나라도 솔로몬같이 젊은 나라가 될 것입니다. 그리고 앞으로 이스라엘은 무한정 발전할 수 있을 것입니다.

아마도 요나단은 아버지 아비아달이 아도니야와 거기서 무엇을 하고 있는지 잘 몰랐던 것 같습니다. 그러나 그들이 기쁜 일이 있어서 거기서 모여 무슨 일을 하든 솔로몬이 왕이 된 것보다는 덜 중요한 일이었습니다. 앞으로 그들은 모두 먹는 일을 중단하고 예루살렘으로 달려가서 새 왕에게 절하고 축하를 해야 했습니다.

요나단은 솔로몬이 왕이 되는 과정도 자세하게 설명했습니다. 즉 선지자 나단과 제사장 사독과 수비대장 브나야와 많은 백성이 왕이 타는 노새에 솔로몬을 태워서 기혼 샘물로 가서 거기서 솔로몬의 머리에 성전의 기름을 붓고 뿔나팔을 불고 백성은 환호성을 지르며 솔로몬은 빨리 왕궁에 돌아와서 왕의 보좌에 앉았다는 것입니다. 이제 솔로몬은 움직일 수 없는 이스라엘의 새 왕이 되어버렸습니다. 그러므로 의식이라는 것이 아주 중요합니다. 의식을 치러버리면 그다음에 이것을 취소하려고 해도 취소할 수 없기 때문입니다. 임직식을 해버리면 임직한 자들을 취소할 수 없습니다.

솔로몬은 왕이 되어버렸습니다. 그리고 아도니야와 함께 모인 자들은 아무리 대단한 자라 하더라도 그들은 모두 엉터리 모임을 하고 있었던 것입니다. 이제 그들이 가장 먼저 해야 할 일은 빨리 가서 솔로몬에게 절하고 그가 왕이 된 것을 축하하는 것이었습니다.

그래서 시편 2편에 보면 "어찌하여 이방 나라들이 분노하며 민족들이 헛된 일을 꾸미는가 세상의 군왕들이 나서며 관원들이 서로 꾀하여 여호와와 그의 기름 부음 받은 자를 대적하자"고 합니다. 그들이 해야 할 것은 이 왕을 반대하는 음모를 꾸미는 것이 아니라, 떨며 즐거워하고 그 발에 입을 맞추는 것입니다. 그렇지 않으면 그 새 왕이 철장으로 질그릇을 부수는 것같이 모든 나라를 부술 것이라고 경고하고 있습니다.

솔로몬이 왕의 보좌에 앉으니까 모든 신하와 백성이 새 왕을 축하하고 다윗도 침상에서 일어나 몸을 굽히면서 하나님께 경배했습니다.

> 1:47-48, "왕의 신하들도 와서 우리 주 다윗 왕에게 축복하여 이르기를 왕의 하나님이 솔로몬의 이름을 왕의 이름보다 더 아름답게 하시고 그의 왕위를 왕의 위보다 크게 하시기를 원하나이다 하매 왕이 침상에서 몸을 굽히고 또한 이르시기를 이스라엘의 하나님 여호와를 찬송하리로다 여호와께서 오늘 내 왕위에 앉을 자를 주사 내 눈으로 보게 하셨도다 하셨나이다 하니"

백성은 앞으로 이스라엘이 점점 더 큰 나라가 되기를 바랐습니다. 그래서 그들은 아들 대에 가서 나라가 다윗 때보다 더 커지기를 원한다고 했습니다. 그리고 그것은 실제로 이루어졌습니다. 솔로몬 때 이스라엘은 정말 크게 물질적으로 커지고 부흥하는 나라가 되었습니다.

이 세상에서 요나단이 아닌 우리가 전할 가장 기쁜 소식은 하나님의 아들이 하나님의 보좌 우편에 앉아계신다는 것입니다. 예수님이 왕 중의 왕이 되신 것입니다. 우리는 예수님이 하나님 보좌 우편에 앉으신 것에 대하여 하나님께 경배하고 찬양해야 합니다. 다음 왕이 좋은 사람이 와야 나라가 부흥하게 됩니다. 교회도 다음 목회자가 말씀에 헌신 된 자가 담임목사가 되어야 부흥의 불길이 일어납니다. 아도니야 같이 사람들에게 잘 보이고 외모만 잘생긴 사람을 뽑으면 결국 망하게 됩니다.

2. 아도니야의 반응

요나단은 아도니야 왕자와 함께 모인 사람들에게 이스라엘의 가장 기쁜 소식을 전해주었습니다. 그렇다면 그 사람들은 전부 자리를 박차고 일어나 예루살렘으로 달려가서 새 왕을 축하하고 왕에게 예물을 바쳐야 할 것입니다. 그러나 그들은 놀라기만 하고 솔로몬에게 가지 않고 다 각자 다른 길로 흩어져버렸습니다.

> 1:49, "아도니야와 함께 한 손님들이 다 놀라 일어나 각기 갈 길로 간지라"

아도니야와 함께 모인 자들은 전부 나쁜 마음을 가지고 있었던 것 같습니다. 즉 그들은 아도니야가 왕이 되면 모두 한자리하려고 욕심을 가지고 있었던 것입니다. 그런데 그들이 지금까지 벌인 일은 전부 소용이 없었습니다. 하나님과 다윗 왕은 나이 어린 솔로몬을 왕으로 삼았기 때문입니다. 거기에 온 자들은 전부 헛다리를 짚은 것이고 잘못 생각한 것이었습니다. 하나님께서 왕 이야기를 꺼내지 않았는데도 불구하고 아도니야가 거의 왕이 된 것처럼 음식을 얻어먹은 자체가 죄를 지은 것이었습니다.

요나단으로부터 아름다운 소식을 들은 사람은 전부 뿔뿔이 흩어져서 자기 집으로 가버렸습니다. 이것은 그들이 솔로몬을 업신여긴 것이고 축하하거나 섬기지 않겠다는 속셈입니다. 그들은 끝까지 하나님의 뜻에 반항했습니다. 그러면서 새 나라를 건설하는 일에 동참하지 않았던 것입니다.

그때 문제가 되는 사람은 아도니야였습니다. 아도니야는 분명히 자기가 왕이 되고 다윗 왕이 이를 거절하지 못할 줄 알고 사람들을 모았던 것입니다. 그러나 왕은 하나님의 말씀에 순종하는 데 확고했고, 하나님의 말씀대로 솔로몬을 왕으로 세워버렸습니다. 아도니야는 솔로몬이 자기를 미워해서 자기를 가장 먼저 죽일 것이라고 생각했습니다. 그래서 아도니야는 솔로몬을 찾아가서 절을 하고 사실 내가 잘못했다고 자백하지 않고 성전으로 뛰어갔습니다. 율법에는 누구든지 죄를 범하지 않은 자가 성전 제단의 뿔을 잡으면 끌어내어서 죽이지 못하게 되어 있었기 때문입니다.

성전에서 어떤 사람이 보니까 아도니야 왕자가 성전의 제단 뿔을 잡고 벌벌 떨면서 "솔로몬이 오늘 칼로 자기 종을 죽이지 않는다고 맹세하기를 바란다"고 말했습니다. 그래서 그 사람은 솔로몬에게 가서 아도니야 왕자가 하고 있는 행위와 그의 말을 그대로 전했습니다.

그때 솔로몬은 분명히 말을 했습니다. "지금 성전 뿔을 잡느냐, 잡지 않느냐 하는 것이 중요한 것이 아니다."

1:52, "솔로몬이 이르되 그가 만일 선한 사람일진대 그의 머리털 하나도 땅에 떨어지지 아니하려니와 그에게 악한 것이 보이면 죽으리라 하고"

솔로몬은 지금까지 아도니야가 교만하게 행동한 잘못은 그가 제단 뿔을 잡고 회개한 것으로 얼마든지 없던 일로 할 수 있다고 했습니다. 그러나 만일 그가 앞으로 선한 사람이면 머리털 하나도 땅에 떨어지지 않을 것이지만, 만일 그가 앞으로 또 야비한 짓을 하면 죽을 것이라고 경고했습니다. 그래서 제단 뿔을 잡은 것이 효력이 있게 되었습니다. 즉 그의 과거의 죄는 용서가 되었습니다. 솔로몬은 아도니야의 과거의 죄를 문제 삼지 않겠다고 약속했습니다. 그러나 만일 그가 앞으로 악한 행동을 하면 과거의 죄까지 살아나서 죽임을 당할 것이라고 했습니다. 그리고 솔로몬은 아도니야를 제단에서 끌어내서 집으로 돌려보냈습니다.

1:53, "사람을 보내어 그를 제단에서 이끌어 내리니 그가 와서 솔로몬 왕께 절하매 솔로몬이 이르기를 네 집으로 가라 하였더라"

솔로몬은 아도니야의 반역죄를 용서했습니다. 그렇다면 아도니야는 이제 왕자라는 타이틀을 버리고 정말 밑바닥에서 선한 일을 하면서 왕과 하나님께 충성해야만 했을 것입니다. 그러나 아도니야는 그렇게 겸손한 사람이 아니었습니다. 그는 단지 그때만 지나가면 그만이라고 생각하고 있었습니다. 결국 아도니야는 다시 교만하게 솔로몬을 속이려고 하다가 죽임을 당하게 됩니다. 아도니야는 밧세바를 속이는 데는 성공했지만 솔로몬이 그렇게 사람 속을 꿰뚫어 보는 지혜가 있는 줄 몰랐습니다. 결국 아도니야는 당장은 살았지만 결국 속에 있는 교만한 마음 때문에 죽게 됩니다.

3. 요압과 아비아달

성경에는 아도니야 반역의 핵심적인 두 인물 요압과 아비아달이 어떻게 되었는지 언급하지 않습니다. 이들이 그 자리에서 일어나서 솔로몬에게 가서 절을 하고 충성을 맹세했는지, 아니면 왕에게 등을 돌리고 자기 집으로 가버렸는지 알 수 없습니다. 그러나 분명한 것은 이들의 입장이 아주 애매하게 되었다는 것입니다. 그들은 군대에서 가장 높은 사람이고, 제사장 중에서 가장 높은 사람이기 때문에 자기들이 참가하면 일이 잘될 줄 알았습니다. 그러나 그들이 놓치고 있었던 것은 그들에게는 하나님의 말씀이 없었다는 점입니다. 그들은 선지자를 우습게 알고 있었으니 그들에게는 나단이 없었던 것입니다.

솔로몬이 왕위에 오른 후 요압과 아비아달이 한 일은 둘 중의 하나일 것입니다. 하나는 다른 사람들과 같이 솔로몬이 왕이 되었다는 소식을 듣고도 그냥 자기 길로 가버린 것입니다. 그들은 코흘리개가 왕이 되어봐야 얼마나 하겠느냐 곧 우리에게 도와달라고 할 것이라는 생각으로 자기 집으로 갔을 수 있습니다. 그렇지 않으면 마지못해서 억지로 솔로몬에게 가서 형식적으로 절을 하고 왕이 된 것을 축하하는 척하는 것이었습니다. 그러나 결국 이 두 가지는 같은 것이었습니다. 왜냐하면 진심이 없는 인사는 제대로 된 인사가 아니기 때문입니다. 요압과 아비아달의 마음은 아도니야와 같은 마음이었을 것입니다. 즉 그들은 마음속으로 솔로몬을 무시하고 있었고 솔로몬이 실패하기를 바라고 있었으며 업신여기고 있었을 것입니다.

아마 요압이나 아비아달은 감히 솔로몬 같은 어린아이가 자기들 같은 군대 사령관이나 대제사장을 죽이지는 못할 것이라 생각하고 그냥 집으로 갔을 수도 있습니다. 사실 요압은 너무 강해서 다윗도 마음대로 죽이지 못했습니다. 그리고 하나님의 제사장은 아무나 함부로 죽일 수 없었습니다. 그러나 그들은 솔로몬을 업신여겼기 때문에 마음속에 늘 옛날 죄를 가지고 있다가 비참하게 죽거나 추방을 당했습니다.

오늘 우리는 비록 한번은 잘못할 수 있어도 정신을 차려서 교만한 마음을 버리고 밑바닥에서부터 충성하면 새 시대의 중요한 사람이 될 수 있습니다. 그러나 자기가 대단하다고 생각해서 왕을 무시하고 아무도 나를 못 건드린다고 생각하다가는 하나님의 손에 망하게 됩니다.

우리는 장차 새 대통령이 좋은 사람이 되도록 기도해야 합니다. 그리고 그동안 우리나라가 너무 침체에 빠지지 않도록 겸손하게 기도해야 합니다. 교회에서도 다음에 더 좋은 목사가 와서 교회를 부흥시키도록 기도하시기 바랍니다. 우리가 인간인 이상 처음부터 완전할 수는 없습니다. 그러나 우리가 잘못되었다는 것을 알았을 때는 빨리 방향을 돌려서 바른길로 가야 합니다. 만일 자기가 틀린 길에 서 있는 줄 알면서도 끝까지 고집을 부린다면 결국 망하고 말 것입니다. 우리는 늘 기도로 깨어 있어서 절대로 하나님의 뜻을 앞서지 않도록 하시기 바랍니다. 바로 그런 성도들이 순수한 성도들입니다.

04

악을 뿌린 사람들

왕상 2:1-12

하나님의 나라는 아버지가 죽으면서 아들에게 원수를 갚아달라고 유언을 남기는 나라가 아닙니다. 하나님의 나라는 하나님이 결국 각 사람이 행한 대로 갚으시는 나라이기 때문에 악한 자는 나중에 비참하게 망하게 되고, 하나님의 말씀대로 순종해서 산 사람은 자손 천대까지 복을 받게 됩니다. 오늘 본문을 보면, 다윗은 죽을 날이 임박하여 솔로몬에게 어떤 어떤 사람을 그냥 죽게 하지 말고 원수를 갚으라는 식으로 유언한 내용을 보게 됩니다.

다윗은 어렸을 때 양을 치면서 하나님의 말씀을 외우면서 뛰놀았거나 사자나 곰이 양 새끼를 물어 가면 그 짐승과 싸워서 도로 빼앗는 목동의 일을 잘 수행했습니다. 그렇게 들판에서 양을 치다가 사무엘의 부름을 받고 기름 부음을 받았던 다윗은 이스라엘 나라가 위기에 빠졌을 때 물맷돌 하나로 블레셋의 골리앗을 때려죽여서 나라를 위기에서 구하기도 했습니다. 그런 다윗도 이제는 늙어서 죽을 때가 되었습니다.

그런데 다윗에게 다행스러웠던 것 한 가지는 자기가 살아있는 동안에 하나님이 말씀하신 솔로몬을 왕의 자리에 앉힐 수 있었다는 점입니다. 아마 다윗이 솔로몬을 왕으로 세우지 못하고 죽었더라면 아도니야가 왕이 되어서 피비린내 나는 살육전이 벌어질 수도 있었을 것이고, 솔로몬은 옛날 다윗처럼 아도니야를 피하여 온 이스라엘을 돌아다니면서 도망쳐야 했을지도 모릅니다.

다윗은 죽기 전에 어린 아들 솔로몬을 불러놓고 하나님의 말씀을 지켜 행하라는 유언을 합니다. 부모가 죽으면서 자식에게 돈을 물려주지 않고 하나님의 말씀을 물려줄 수 있다는 것은 참으로 복된 일입니다. 그리고 여기서 다윗은 솔로몬에게 두 사람을 그냥 두지 말고 그들의 죗값을 꼭 갚으라고 유언합니다. 그 한 사람이 자기 신하 요압이고, 다른 한 사람은 다윗이 압살롬의 반역으로 도망칠 때 따라오면서 돌을 던지고 저주했던 시므이라는 사람이었습니다.

1. 하나님 말씀의 유언

다윗은 사실 아들 솔로몬에게 많은 것을 물려주었습니다. 그중에서 가장 큰 것은 나라 즉 왕좌를 물려준 것이었습니다. 그런데 다윗이 솔로몬에게 이스라엘 왕의 자리를 물려준 것은 솔로몬이 잘 생겼거나 재주가 특출해서 물려준 것이 아니라 하나님의 말씀 때문입니다. 아마 하나님의 말씀이 없었더라면 아무리 다윗이 솔로몬에게 왕위를 물려주었다 하더라도 금방 형이나 신하들에게 빼앗겨버렸을지도 모릅니다.

2:1-2, "다윗이 죽을 날이 임박하매 그의 아들 솔로몬에게 명령하여 이르되 내가 이제 세상 모든 사람이 가는 길로 가게 되었노니 너는 힘써 대장부가 되고"

다윗은 사람이 죽는 것을, 인생이 끝난다거나 모든 것은 다 끝장난다는 식으로 말하지 않고, 세상 모든 사람이 가는 길로 가는 것이라고 했습니다. 사람은 모두 이 세상에서 다양한 모습으로 살아갑니다. 어떤 사람은 빵을 만들기도 하고, 어떤 사람은 구두를 만들기도 하고, 어떤 사람은 농사를 짓고, 어떤 사람은 기업을 경영하고, 어떤 사람은 목회를 합니다. 그러나 사람이 늙으면 하던 일들을 다 그만두게 되고 나중에는 모두가 가야 하는 길로 가게 됩니다. 그때 가장 중요한 것이 이 세상에서 후회하지 않는 삶을 사는 것입니다. 그리고 다른 사람에게 유익을 끼치는 삶을 사는 것이 중요합니다. 그러나 무엇보다 중요한 것은 자기가 영생할 수 있는 길을 걷는 것입니다.

영화 〈포레스트 검프〉를 보면 어머니가 죽으면서 포레스트에서 죽는 것은 삶의 한 방법이라고 가르칩니다. 그래서 포레스트 검프는 어머니가 암으로 죽는 것을 그렇게 두려워하지 않습니다. 죽는 것도 사는 한 방법이라고 생각하기 때문입니다. 그런데 다윗은 솔로몬에게 죽는 것은 모든 사람이 가는 길로 가는 것이라고 말하고 있습니다. 그래서 솔로몬은 다윗이 죽은 것을 가지고 너무 슬퍼하거나 자기는 이제 아버지가 없다고 생각할 필요가 없는 것입니다. 아버지는 아버지의 길을 가야 하고 솔로몬은 대장부가 되어서 자기 길을 가야 하는 것입니다.

사람은 나이가 들수록 살 수 있는 시간이 제한되어 있습니다. 청소년이나 어린이들은 앞으로 아주 많은 시간을 살 것 같습니다. 그러나 언젠가는 시간이 흐른 후에 자신도 늙게 되고 그때는 살 시간이 얼마 남지 않다는 사실을 알게 됩니다. 그때 무엇인가 가치 있는 삶을 보내는 것이 중요합니다. 그리고 많은 사람을 사랑한 사람은 죽음을 두려워하지 않습니다. 왜냐하면 자기가 사랑한 사람들 가슴에 자기가 살아 있다는 것을 알기 때문입니다. 이 세상에서 죽는 것을 가장 두려워하는 사람은 자기만을 위해서 이기적으로 산 사람입니다.

이 세상에서 하나님의 말씀보다 더 가치 있는 보석은 없습니다. 우리가 이 말씀을 책으로 가지고 있는 것은 아무 소용이 없습니다. 이 말씀을 자꾸 쓰고 또 해석해서 자기 것으로 만들어야 합니다. 그러면 이 말씀이 나를 다시 살릴 것입니다. 그리고 어느 날 우리는 잠자다가 일어나듯이 죽음에서 깨어나게 되는 것입니다.

그러나 중요한 것은 자신의 한평생을 하나님의 말씀에 따라 사는 것입니다. 그리고 그 말씀과 함께 한 인생을 자식에게 물려주는 것입니다. 이것이 최고의 유산입니다.

> 2:3, "네 하나님 여호와의 명령을 지켜 그 길로 행하여 그 법률과 계명과 율례와 증거를 모세의 율법에 기록된 대로 지키라 그리하면 네가 무엇을 하든지 어디로 가든지 형통할지라"

우리 인생에는 수많은 갈림길이 있습니다. 그중에는 하나님 말씀의 길이 있는가 하면 세상의 길도 있습니다. 사람이 아무리 하나님의 말씀을 가지고 떠들어봐야 소용이 없습니다. 자기가 하나님의 말씀대로 살아가는 것이 중요합니다.

예수님은 이렇게 말씀하셨습니다. "그러므로 누구든지 이 계명 중의 지극히 작은 것 하나라도 버리고 또 그같이 사람을 가르치는 자는 천국에서 지극히 작다 일컬음을 받을 것이요 누구든지 이를 행하며 가르치는 자는 천국에서 크다 일컬음을 받으리라"(마 5:19).

얼마 전에 어떤 스님이 방송이나 강의나 책에서 좋은 말이란 좋은 말은 다 했습니다. 그분은 미국에서 최고로 좋은 대학을 나왔고 또 아주 높은 인기를 얻었습니다. 그러나 그는 자기 말대로 살지 않았습니다. 이것이 알려지게 되었을 때 사람들은 그에게 많은 실망을 했습니다. 그것이 바로 작은 자가 되는 것입니다. 그는 천국에도 못 가지만 이 세상에서도 형편없는 자가 되어버린 것입니다.

다윗은 솔로몬에게 하나님의 말씀대로 가면 형통할 것이라고 했습니다. 이것은 반드시 성공하는 길이 있다는 뜻입니다.

> 2:4, "여호와께서 내 일에 대하여 말씀하시기를 만일 네 자손들이 그들의 길을 삼가 마음을 다하고 성품을 다하여 진실히 내 앞에서 행하면 이스라엘 왕위에 오를 사람이 네게서 끊어지지 아니하리라 하신 말씀을 확실히 이루게 하시리라"

우리는 세상에서 성공하려고 하면 세상의 길을 가야 할 것 같습니다. 즉 돈을 벌고 지식을 쌓고 권력을 가지는 길을 가야 할 것 같습니다. 그런데 하나님은 아니라고 하셨습니다. 이 세상의 길은 다 썩는 길이지만 하나님의 말씀을 갈고 닦는 길이 영생하는 길입니다. 여기 "마음을 다한다"는 것은 우선 하나님의 말씀을 이해하려고 노력하는 것입니다. 그리고 마음에 담아 놓는 것입니다. 그리고 "성품을 다한다"는 것은 나의 다른 기질들을 다 버리고 하나님의 말씀에 복종해서 살아가는 것입니다. 그러면 이스라엘 왕위에 오를 좋은 왕이 계속 나오게 된다는 것입니다. 즉 아버지가 하는 것을 보고 그와 같은 아들이 나오는 것입니다.

2. 요압이 뿌린 악의 씨

요압은 다윗의 군사령관으로 전쟁 때마다 승리했던 유명한 장군이었습니다. 그는 다윗에게 직언할 정도로 담대하기도 했습니다. 그러나 요압은 다윗에게 아주 큰 방해가 되는 돌덩이 역할을 할 때가 있었습니다. 이 돌덩이를 뽑아버리지 않으면 솔로몬에게도 또 돌덩이 역할을 할 것입니다.

요압은 세상적인 눈으로 보면 아주 훌륭한 군인이고 충성된 사람인 것 같지만 그 마음속에는 인간적인 뿌리가 깊이 박혀 있었습니다. 특히 요압은 자신의 야망을 죽일 수 없었습니다. 그래서 요압은 평화의 시대에 두 명의 용사를 죽였고 제대로 회개하지도 않았습니다. 이것이 이스라엘에 막 일어나려고 하던 부흥의 불씨를 거의 꺼트리게 했습니다.

> 2:5-6, "스루야의 아들 요압이 내게 행한 일 곧 이스라엘 군대의 두 사령관 넬의 아들 아브넬과 예델의 아들 아마사에게 행한 일을 네가 알거니와 그가 그들을 죽여 태평 시대에 전쟁의 피를 흘리고 전쟁의 피를 자기의 허리에 띤 띠와 발에 신은 신에 묻혔으니 네 지혜대로 행하여 그의 백발이 평안히 스올에 내려가지 못하게 하라"

요압은 전쟁 때가 아닌데도 불구하고 이스라엘의 두 사령관을 죽였습니다. '아브넬'과 '아마사'입니다. 아브넬은 사울의 부하였는데 요압의 동생 아사헬을 죽였습니다. 아사헬은 아브넬을 죽이려고 너무 빠짝 붙어서 쫓아가다가 아브넬의 창에 찔려 죽었습니다. 요압은 이것을 마음에 두고 있다가 사울이 죽고 이스라엘이 통일되려는 시기에, 돌아가는 아브넬을 불러서 인사하는 척하다가 칼로 배를 찔러 죽였던 것입니다. 백성은 이것도 다윗이 시켜서 벌인 일인 줄 알았습니다. 그래서 이스라엘의 통일이 더 오래 걸렸습니다(삼하 3:22-39 참조).

그리고 아마사는 압살롬의 군사령관이었습니다. 요압이 다윗의 말을 듣지 않고 압살롬을 죽였는데, 그 후에 다윗은 아마사를 군사령관으로 임명했습니다. 그러니까 요압은 군대 모집을 하던 아마사에게 인사하는 척하면서 그를 칼로 찔러 죽였던 것입니다(삼하 20:4-13 참조). 평화의 시대에 적을 죽이는 것은 정당방위가 아니라 살인행위입니다. 다윗은 그런 자들이 평안하게 죽으면 안 된다고 생각했습니다.

즉 고통스럽게 자기 죗값을 토해내야 합니다. 요압은 이 살인에 대하여 진정한 회개가 없었습니다. 그는 끝까지 군사령관으로 있었습니다. 그래서 다윗은 솔로몬에게 "네 지혜대로 그가 평안히 죽지 못하게 하라"고 유언했습니다.

그리고 이어서 은총을 베풀 사람에 대해 유언하고 있습니다. '바르실래' 입니다.

> 2:7, "마땅히 길르앗 바르실래의 아들들에게 은총을 베풀어 그들이 네 상에서 먹는 자 중에 참여하게 하라 내가 네 형 압살롬의 낯을 피하여 도망할 때에 그들이 내게 나왔느니라"

다윗이 압살롬의 반란으로 요단강 건너편으로 도망갔을 때, 그곳에 바르실래라는 부자가 자기 재산을 다 털어서 다윗과 그의 부하들을 먹여 살린 일이 있었습니다(삼하 17:27-29 참조). 그것이 바로 제대로 된 부자들이 하는 일입니다. 다윗은 솔로몬에게 그의 아들들을 왕의 상에서 먹는 자 중에 참여하게 하라고 유언했습니다. 사람이 부자가 되려고 하면 이런 통이 큰 부자가 되어야 자식들도 통이 큰 사람이 되는 것입니다.

3. 시므이가 뿌린 악의 씨

다윗의 마음에 가장 깊은 상처를 주었던 사람은 베냐민 사람 시므이였습니다. 이때 다윗은 압살롬의 반역을 피하여 예루살렘을 포기하고 피난을 가고 있었습니다. 시므이는 철저한 사울파의 사람이었습니다. 그때는 사울이 죽은 지 몇 년이나 지났습니다. 세상은 이미 크게 달라졌는데 시므이는 아직도 옛 생각에 빠져 있었습니다. 이렇게 하는 것을 역사적으로는 '반동'이라고 합니다. 그럼에도 불구하고 시므이는 다윗이 이스라엘의 왕이 된 것에 불만이 많았습니다. 그러던 중에 다윗이 압살롬의 난을 피해 피난 갈 때 시므이는 계속 따라오면서 다윗을 살인자라고 저주하고 욕을 하고 돌을 던지고 침을 뱉었습니다. 그때 다윗의 부하 중 한 사람이 왕을 저주한 자는 죽여야 한다고 하면서 자기가 그를 죽이고 오겠다고 했습니다. 그때 다윗은 "저 사람이 나를 욕하는 것은 하나님이 저 사람을 시켜서 욕하게 하는 것이니 욕을 들어야 한다"고 했습니다. 그러나 그 당시 시므이의 저주와 욕은 다윗의 마음에 엄청난 상처를 주었습니다(삼하 16:5-14 참조).

시므이는 다윗의 마음에 너무 깊은 상처를 주었습니다.

> 2:8-9, "바후림 베냐민 사람 게라의 아들 시므이가 너와 함께 있나니 그는 내가 마하나임으로 갈 때에 악독한 말로 나를 저주하였느니라 그러나 그가 요단에 내려와서 나를 영접하므로 내가 여호와를 두고 맹세하여 이르기를 내가 칼로 너를 죽이지 아니하리라 하였노라 그러나 그를 무죄한 자로 여기지 말지어다 너는 지혜 있는 사람이므로 그에게 행할 일을 알지니 그의 백발이 피 가운데 스올에 내려가게 하라"

시므이는 부홍을 모르는 사람이었습니다. 그는 오로지 시기심과 야망으로 가득 차 있었습니다. 그래서 그는 무식한 목동이었던 다윗이 왕이 되니까 시기했습니다. 그는 베냐민 지파의 사람이 왕이 되어야 한다고 생각했기 때문에 다윗의 피난길에 앞장서서 다윗에게 저주를 퍼부었던 것입니다. 그런데 막상 다윗이 압살롬을 이기고 돌아오니까 큰일이 났다고 생각해서 가장 먼저 요단강을 건너와 베냐민족 천 명을 데리고 절을 하면서 자기의 지난 잘못을 용서해 달라고 빌었습니다. 그런데 이것은 시므이가 목숨을 부지하기 위해서 한 행동이지 진심이 아니었습니다. 그러나 다윗은 이제 이스라엘의 마음이 하나가 되어야 하는데 피를 흘리는 것이 좋지 않다고 생각해서 용서해 주었습니다. 그렇게 다윗이 시므이를 용서했지만 시므이의 죄가 없는 것은 아니었습니다. 그와 같은 사람은 언제든지 부흥의 불을 끌 수 있습니다.

솔로몬이 바른 말씀의 길을 가려고 하면 요압과 시므이 같은 사람은 언제든지 걸림돌이 될 수 있습니다. 그래서 다윗은 이들을 자연사하게 하지 말게 하라고 당부했습니다. 결국 이들은 자기들이 뿌린 씨를 거두게 됩니다. 이들은 자기들이 악하게 행동했던 버릇을 버리지 못하고 그대로 하려다가 결국 솔로몬의 손에 걸려들어 죽게 됩니다.

그러나 우리는 그렇게 할 필요가 없습니다. 목회자가 하나님의 말씀으로 설교하다 보면 모든 교인의 마음이 옥토로 변하게 됩니다. 큰 바위는 깨어지게 되고 작은 돌들도 모두 부드러운 흙으로 변하게 되는 것입니다. 우리는 하나님의 말씀으로 산 자신의 인생을 후손에게 물려줄 수 있기를 바랍니다.

05 아도니야의 음모

왕상 2:13-45

요즘은 아파트 문 열쇠를 옛날같이 자물쇠로 하지 않고 번호 키로 인식하는 것이 많습니다. 아파트 열쇠를 번호 키로 해 놓으면 귀찮게 열쇠를 들고 다니지 않아도 되고 비밀번호만 외우고 있으면 열쇠 없이도 문을 열 수 있기 때문에 얼마든지 집에 들어갈 수 있습니다. 그런데 비밀번호를 잊어버릴 경우가 있는데 그러면 그 집에 들어갈 수 없습니다. 거기에다가 요즘 비밀번호 키는 머리가 좋아서 틀린 번호를 여러 번 입력하면 그다음에는 30분 정도 문이 열리지 않는 경우도 있습니다. 만일 도둑이 그 비밀번호를 알게 되었다면 쉽게 집에 들어와서 모든 것을 다 가져갈 것입니다.

음모라는 것이 정치에서 이루어질 때 정말 정권을 빼앗기거나 자기 인생이 망해버리는 일이 일어나게 됩니다. 그것이 옛날에는 단두대에서 목을 치는 것이었습니다. 반대파에서 음모를 꾸몄는데 만일 그것이 먹혀들어 가서 이기게 되면 진 쪽은 줄줄이 쇠사슬에 묶여 나와서 목이 잘려 죽어야 했습니다.

다윗은 죽기 전에 이스라엘의 부흥에 가장 걸림돌이 될 사람은 요압과 시므이라고 생각했습니다. 그래서 솔로몬에게 이 큰 두 개의 걸림돌은 빼내어야 한다고 당부했습니다. 그런데 실제로는 다윗이 생각하지 못했던 걸림돌이 있었습니다. 그것은 바로 왕자 아도니야와 제사장 아비아달이었습니다.

1. 아도니야의 음모

아도니야는 왕자들 중에서 서열 일위였습니다. 그래서 그는 왕이 되고 싶어서 다윗 왕이 살아있을 때 이미 왕이 되려고 했고, 솔로몬이 왕이 된 후에도 호시탐탐 왕의 자리를 노리고 있었습니다.

아도니야가 왕이 되려고 하는데 주축이 되었던 사람은 아도니야 본인과 요압 군사령관과 제사장 아비아달이었습니다. 그런데 문제는 그들이 평범하게 살았더라면 별문제가 없었을 텐데, 솔로몬이 왕이 된 후에도 자주 만나서 음모를 꾸몄던 것 같습니다. 그것은 요압이 한 행동을 보면 알 수 있습니다. 요압은 아도니야가 무슨 수작을 부렸다가 솔로몬에게 들켜서 죽임을 당했다는 소문을 듣고는 성전으로 뛰어가서 제단 뿔을 잡았던 것입니다. 만약 요압이 아무 죄가 없었더라면 이때 성전으로 달려가서 뿔을 잡을 필요가 없었을 것입니다. 그는 아도니야가 죽임을 당했다는 말을 듣고 음모가 들통났다고 생각해서 성전으로 뛰어가서 제단 뿔을 잡았는데, 그것이 바로 죄가 있다는 증거였습니다.

아버지 다윗이 죽고 솔로몬이 왕이 된 후 어느 날 왕자 중에서 서열 1번이었던 아도니야가 솔로몬의 어머니 밧세바를 찾아왔습니다. 그때 밧세바는 아도니야를 잔뜩 의심하고 있었기 때문에 "네가 온 목적이 무엇이냐? 화평의 목적이냐? 아니면 또 무슨 짓을 벌이려고 왔느냐?"고 물었습니다. 그랬더니 아도니야는 당연히 평화의 목적이라고 하면서 부탁할 것이 하나 있어서 왔다고 했습니다.

그런데 아도니야는 여전히 겸손하지 못했습니다. 그는 왕위도 내 것이었고 이스라엘도 내 것이었는데, 왕권이 동생에게로 넘어갔다고 하면서 큰소리쳤습니다. 그리고는 한 가지 부탁이 있어서 왔는데 거절하지 말아달라고 했습니다. 즉 자기는 왕의 자리와 나라까지 양보했는데, 이 작은 부탁 하나쯤은 꼭 들어주어야 한다는 것이었습니다. 이것은 어떻게 보면 상당히 협박조였습니다. 그러면서 아도니야는 아버지가 늙었을 때 아버지를 모셨던 아비삭이라는 처녀가 있는데, 내가 보기에 그 여자가 아름다우니까 자기 아내로 삼게 해 달라고 부탁했습니다. 밧세바가 생각해보니까 여자 한 명쯤 아도니야에게 주어서 아내로 삼게 하는 것은 아무것도 아닌 것 같았습니다. 그래서 밧세바는 솔로몬에게 잘 이야기해주겠다고 하고는 돌려보냈습니다.

그러나 아도니야의 이 부탁에는 무서운 음모가 있었습니다. 아비삭이 늙은 다윗의 수종드는 사람으로 왕을 모셨다고 하지만 단순히 수종드는 것으로 끝난 것이 아니었습니다. 왜냐하면 수종드는 사람은 이불 안에까지 들어가서 환자의 몸을 데우지는 않기 때문입니다. 아비삭이 다윗의 이불 안에까지 들어가서 다윗의 몸을 데웠다는 것은 그녀가 왕의 후궁이며 단순히 수종드는 역할만 한 사람이 아니었다는 것입니다. 만일 아도니야가 다윗 왕의 후궁과 결혼하면 어떤 일이 일어나겠습니까? 아도니야는 다윗 왕의 실제적인 후계자가 되고 솔로몬은 형식적인 왕밖에 안 되는 것입니다. 그러면 아도니야는 다시 한 번 자기가 왕이라고 하면서 솔로몬을 왕의 자리에서 몰아낼 수도 있을 것입니다.

이런 무서운 음모가 있는 것도 모르고 밧세바는 솔로몬 왕을 찾아갔습니다. 왕은 어머니가 오니까 자기 옆자리에 앉게 했습니다. 그랬더니 밧세바는 뭣도 모르고 아도니야의 부탁을 왕에게 청원했습니다. 밧세바는 솔로몬에게 "보니까 왕이 돌아가신 후 아비삭도 외로워 보이는데 아도니야가 아비삭을 좋아하는 것 같으니까 이 둘을 결혼시켜 주는 것이 좋지 않겠느냐?" 고 하며 말을 꺼냈습니다. 이때 이미 솔로몬은 왜 어머니가 자기에게 이런 부탁을 하는지 알았습니다. 솔로몬은 이미 아도니야의 속셈을 알아차렸습니다.

> 2:22, "솔로몬 왕이 그의 어머니에게 대답하여 이르되 어찌하여 아도니야를 위하여 수넴 여자 아비삭을 구하시나이까 그는 나의 형이오니 그를 위하여 왕권도 구하옵소서 그뿐 아니라 제사장 아비아달과 스루야의 아들 요압을 위해서도 구하옵소서 하고"

그래서 "내가 아도니야에게 평범하게 살면 그가 얼마든지 목숨을 유지할 수 있지만 만일 그가 다시 높아지려고 머리를 굴린다면 반드시 죽을 것이라고 경고했는데 그는 꼼수를 버리지 못하고 또 고개를 쳐들고 왕이 되려고 하고 있다" 고 했습니다. 그리고는 그에게 더 이상 살 가치가 없다고 했습니다. "나를 왕위에 오르게 하신 여호와의 이름으로 맹세하는데 오늘 아도니야는 죽을 것이라" 고 했습니다. 그래서 솔로몬이 왕의 경비대장 브나야를 보내어 아도니야를 칼로 쳐 죽이게 했습니다.

아도니야는 왕의 후궁과 결혼한다면 솔로몬이 속을 줄 알았지만 솔로몬은 아도니야보다 머리가 더 좋았습니다. 다윗 왕의 신하들은 다윗을 돕는다고 처녀를 하나 구해주었지만, 이 처녀가 솔로몬에게 위험한 존재가 될 뻔했던 것입니다. 그런데 솔로몬 자신은 나중에 여자를 너무 많이 두어서 자신과 이스라엘 전체가 멸망의 길로 가게 만들었습니다. 사람은 적당한 선에서 만족해야 하는데 너무 지나치게 욕심을 부리다가는 망하게 되는 것입니다. 밧세바는 지나치게 아도니야를 도우려고 하다가 자기 아들을 망하게 할 뻔했습니다. 솔로몬은 아도니야의 정체를 알고 그는 기회를 주어도 결코 변하지 않을 백해무

익한 인간이라는 것을 알고는 죽여버렸던 것입니다.

2. 아비아달과 요압의 음모

아도니야 옆에서 그를 위하여 기도해주고 그가 왕이 되는 것이 하나님의 뜻인 것처럼 말해주는 제사장이 있었습니다. 바로 아비아달이었습니다. 아비아달은 다윗이 사울에게 쫓겨 다닐 때나 왕으로 있을 때 참 충성되게 일을 감당한 사람이었습니다. 그러나 다윗이 늙고 솔로몬이 왕이 되면서 나쁜 쪽으로 변하기 시작했습니다. 아마 아비아달이 보기에는 솔로몬이 너무 어린데 왕이 되니까 그에게 고개 숙이는 것이 싫었는지 모릅니다. 그런데 문제는 아비아달이 아도니야를 만난 것이 옛날 한두 번으로 그친 것이 아니라는 것입니다. 그는 솔로몬이 왕이 된 후에도 계속 만나 무엇인가 음모를 꾸몄던 것입니다. 이것은 아도니야에게도 위험한 일이고 아비아달에게도 제사장으로서 합당한 일이 아니었습니다. 제사장은 중립적인 입장에 서서 하나님 앞에서 바른 말씀을 듣고 하나님의 뜻대로 행해야 하는데, 그는 너무나도 인간적으로 치우쳐 있었기 때문입니다.

그런데 솔로몬은 아비아달의 행동을 파악하고 있었습니다. 이스라엘에 눈이 얼마나 많습니까? 왕은 아비아달이 하는 행동이 제사장답지 못하고 반역자의 행동이라는 것을 알았습니다. 그러나 솔로몬은 하나님의 기름 부음을 받은 제사장을 죽이는 것을 원치 않았습니다. 그래서 솔로몬은 아비아달의 제사장 직분을 파면해버렸습니다.

> 2:27, "아비아달을 쫓아내어 여호와의 제사장 직분을 파면하니 여호와께서 실로에서 엘리의 집에 대하여 하신 말씀을 응하게 함이더라"

사무엘 당시, 엘리의 두 아들 홉니와 비느하스는 제사장이 아니라 불량배였습니다. 그들은 제사장이라고 하지만 이방 신전의 모습을 따라서 여성들과 성관계를 가지고 하나님의 제물을 빼앗았습니다. 하나님은 엘리에게 여러 번 경고하셨지만 이미 다 큰 엘리의 두 아들은 아버지의 말을 들으려고 하지 않았습니다. 그래서 하나님께서는 엘리의 후손에는 노인이 없을 것이라고 하시고 결국 그들은 제사장의 직분에서 파면되어서 음식을 구걸할 것이라고 말씀하셨습니다. 그런데 얼마 후 그 말씀 그대로 되었습니다.

이제 큰일 난 것은 요압이었습니다. 요압이 아도니야나 아비아달과 음모를 꾸미지 않았더라면 도망칠 이유가 없었을 것입니다. 그러나 그는 솔로몬이 왕이 되고 난 후에도 아도니야를 포기하지 않고 계속 모여서 음모를 꾸몄던 것입니다. 그런데 아도니야는 솔로몬을 우습게 알고 본색을 드러냈다가 죽임을 당하고, 아비아달은 솔로몬에게 본색이 드러나서 파면당해서 쫓겨나고 말았습니다. 이 모든 것을 보니까 솔로몬이 자기들의 음모를 알고 있는 것이 분명했습니다. 그래서 요압은 지난번에 아도니야가 제단 뿔을 잡고 살아났던 것처럼 자기도 성막에 들어가 제단 뿔을 잡았습니다.

> 2:28, "그 소문이 요압에게 들리매 그가 여호와의 장막으로 도망하여 제단 뿔을 잡으니 이는 그가 다윗을 떠나 압살롬을 따르지 아니하였으나 아도니야를 따랐음이더라"

아비아달이나 요압은 압살롬을 따르지 않았습니다. 그러나 그들은 끝에 가서 하나님이 세운 솔로몬을 우습게 알고 아도니야를 따랐기 때문에 멸망하게 된 것입니다. 그래서 경비대장 브나야가 요압을 죽이러 가니까 그는 제단 뿔을 잡고 놓지 않았습니다. 브나야가 요압에게 제단 뿔을 놓고 나오라고 하니까 자기는 제단 뿔을 잡고 죽겠다고 했습니다. 브나야가 이것을 솔로몬에게 알리니까, 솔로몬은 요압의 원대로 제단 뿔에서 죽이라고 했습니다. 그래서 요압은 제단 뿔을 잡고 죽었습니다. 그의 죽음은 명예로운 죽음이 아니었습니다. 왜냐하면 그가 하나님이 세우신 왕을 배반했기 때문입니다.

3. 시므이의 이기심

시므이는 솔로몬의 왕의 자리를 빼앗으려고 모함하는 자는 아니었습니다. 그러나 시므이의 마음속에는 언제나 하나님이 세우신 왕에 대하여 저주하는 마음이 있었습니다. 다윗은 자신이 압살롬의 반란에서 돌아올 때 시므이가 잘못을 시인했기 때문에 용서해 주었지만, 그의 본심은 변하지 않는다는 것을 알고 있었습니다. 시므이는 늘 하나님이 세우신 왕을 뒤에서 저주하는 못된 버릇을 가지고 있었습니다.

솔로몬 왕은 드디어 시므이를 불렀습니다. 그리고 솔로몬은 시므이에게 "너는 예루살렘 안에서 집을 짓고 농사를 하고 살아라. 만일 네가 예루살렘 성문 밖으로 나가서 기드론 시내는 넘어가는 순간에는 죽게 될 것이라"고 명령을 내렸습니다(36-37절). 이 명령은 솔로몬이 시므이의 탐욕에 한계선을 그어서 그 선을 넘어가지 못하게 한 것입니다. 그 경계선을 넘지 않는 것만이 자기가 사는 길입니다. 성경은 "욕심이 잉태한즉 죄를 낳고 죄가 장성한즉 사망을 낳느니라"(약 1:15)고 했습니다. 사람은 너무 욕심을 부리지 말고 자기 처지에 맞게 사는 것이 중요합니다.

시므이는 솔로몬의 이 말을 듣고 좋다고 했습니다. 죽는 것보다는 예루살렘 안에서 사는 것이 좋기 때문입니다. 그러나 이 악한 자는 삼 년을 참지 못했습니다. 삼 년이 지난 후에 시므이의 종 두 명이 건방지게 시므이의 집에서 도망쳐서 블레셋 가드로 가서 살고 있었습니다. 옛날에는 종들이 도망치면 엄청나게 큰 벌을 받았습니다. 시므이는 당연히 이 종들을 잡으러 가기 위해서 나귀에 안장을 지우고 예루살렘을 떠나 기드론 시내를 건넜습니다. 이때 시므이는 자기와 솔로몬 사이에 했던 약속을 깜빡했던 것 같습니다. 아마 시므이는 자기 한 사람 살짝 예루살렘을 떠났다가 돌아온다고 해서 왕이 알 리가 없을 것으로 생각했던 것 같습니다. 시므이는 자기가 다윗 왕에게 얼마나 저주를 많이 퍼붓고 또 솔로몬에게도 뒤에서 얼마나 욕을 많이 했는지는 생각하지도 않고, 도망간 종만 생각해서 너무 화가 나 이 종들을 잡으러 갔던 것입니다. 시므이는 두 명의 종을 잡아 오는 데는 성공했습니다.

그런데 예루살렘의 그 많은 사람 중에서 시므이가 예루살렘을 떠났다가 돌아오는 것을 본 사람이 있었습니다. 그래서 그 사람은 당장 솔로몬에게 달려가서 시므이가 예루살렘을 벗어나서 가드까지 가서 도망친 종들을 잡아서 돌아왔다고 보고했습니다. 시므이는 아무리 자기 나름대로 머리를 굴린다고 굴렸지만, 종들에 대한 욕심 때문에 솔로몬과의 약속을 깨고 말았습니다. 만일 시므이가 '종들이 도망친 것도 고약하지만 나는 더 큰 죄를 지었고 왕이 이 약속을 어기면 죽는다고 했으니까 종들을 포기해버리자' 라고 생각했더라면 목숨을 건지는 것인데, 자기 것에 너무 욕심내는 바람에 결국 죽고 말았습니다.

> 2:44, "왕이 또 시므이에게 이르되 네가 네 마음으로 아는 모든 악 곧 내 아버지에게 행한 바를 네가 스스로 아나니 여호와께서 네 악을 네 머리로 돌려보내시리라"

사람들은 끊임없이 욕심을 부리려고 하다가 마지막이 비참해지게 됩니다. 높은 산에 올라가는 것을 목표로 삼았으면 올라갔다가 내려와야 하는데, 자꾸 더 높은 데를 올라가려고 하다가 결국 바위에서 미끄러져서 죽게 되는 것입니다.

우리의 욕심의 한계는 어디일까요? 사도 바울은 내게 능력 주시는 자 안에서 내가 모든 것을 할 수 있다고 했는데, 내 능력의 한계를 잘 알아야 너무 무리하게 복수하려고 하지 않을 수 있습니다.

사실 사람은 무한히 욕심을 부리고 무한정 꿈을 추구하는 재미로 살아갑니다. 그러나 성경 말씀은 그것이 죽는 길이라고 경고하고 있습니다. 언제나 자신의 한계를 잘 지켜서 아름답게 사시는 성도들이 다 되시기를 바랍니다.

06

일천 번제

왕상 3:1-15

언젠가 한 번 기도에 대한 책들을 읽어 보았습니다. 그중에서 재미있게 읽은 것이 빌 하이벨스 목사의《너무 바빠서 기도합니다》라는 책이었습니다. 사실 너무 바쁘면 기도할 시간이 없습니다. 그러나 그는 우리가 바쁘면 바쁠수록 더 기도해야 한다고 했습니다. 사실 우리는 우리 힘만으로는 이 세상을 살아갈 수 없습니다. 그래서 우리가 이 세상에서 실패하고 상처받고 낙심한다는 것은 너무 당연합니다. 하나님께서는 우리가 기도하지 않으면 살 수 없도록 약하게 만드셨기 때문입니다. 찰스 피니가 쓴 기도에 관한 책 중에《작은 일이어서 기도합니다》라는 책이 있습니다. 우리는 기도라고 하면 무슨 거창한 일이어야 기도해야 한다고 생각합니다. 그러나 기도라는 것은 사랑하는 친구나 부부 사이에 대화를 나누는 것과 같기 때문에 아주 작은 것도 서로 나누어야 한다는 내용입니다.

저는 존 파이퍼 목사의 어느 글을 읽다가 내용 중에 한국 이야기가 나와서 깜짝 놀랐습니다. 그는 금식기도의 위력에 대하여 이야기하고 있었습니다. 그때는 1974년 우리나라 박정희 대통령이 한창 독재를 하고 있을 때였습니다. 그 당시 CCC 총재 김준곤 목사님이 여의도 광장에서 빌리 그래함 목사를 모시고 백만 명이 모여서 집회를 하려고 하는데 허락해달라고 신청을 했습니다. 그렇지 않아도 데모가 여기저기서 일어나고 있는데 백만 명이나 여의도에 모인다는 것은 폭동이 일어날 가능성이 충분히 있었습니다. 그래서 당연히 나라에서는 불가하다고 통보했습니다. 그때 김준곤 목사님과 스텝들은 40일간 금식기도를 시작했습니다. 하나님께는 불가능한 것이 없다고 믿고 그들이 무조건 40일을 먹지 않고 기도했을 때 나라에서는 무조건 허락한다는 통보가 왔다고 합니다. 그리고 여의도 광장에는 백만 명의 교인들이 모였습니다. 그 가운데 대학교 일학년이었던 저도 있었습니다. 이 집회가 있고 난 후에 우리나라에 대부흥의 바람이 불기 시작했고 대형교회들이 생겨나기 시작했습니다.

우리가 어떤 일을 하기 전에 기도부터 하는 것이 굉장히 중요합니다. 왜냐하면 이것은 이 일을 내 힘이나 내 머리로 하지 않고 하나님의 능력으로 하겠다는 것을 고백하는 일이기 때문입니다. 물론 우리가 어떤 일을 할 때 한번 기도를 하고 시작하는 것도 중요하지만, 오래오래 기도하면서 하나님의 뜻을 찾고 철저하게 하나님을 의지하는 것이 중요합니다.

솔로몬이 왕이 되었을 때는 아마 청소년 때였을 것으로 생각됩니다. 그때 솔로몬 주위에는 어른이 된 형들도 있었고 서로 다른 생각을 가지고 있는 수많은 백성이 있습니다. 솔로몬은 이스라엘의 왕이 되어서 기쁘다기보다는 도저히 이 무거운 짐을 지고 갈 자신이 없었습니다. 언젠가는 이 무거운 짐을 지고 가다가 쓰러져 죽거나 아니면 왕의 자리에서 쫓겨날 것 같은 두려움이 생겼습니다. 그래서 솔로몬은 다른 모든 일을 포기하고 하나님께 기도하는 데 매달렸습니다.

이것이 바로 솔로몬의 일천 번제였습니다. 그런데 안타까운 것은 솔로몬이 크게 성공하고 유명하게 된 후에는 이 일천 번제의 정신을 지키지 못했다는 것입니다. 그래서 솔로몬은 이스라엘을 크게 부흥시키기도 했지만, 부패의 씨를 뿌려 놓기도 했습니다.

1. 솔로몬이 받은 축복

솔로몬은 하나님의 성전을 지어서 하나님께서 주시는 복이란 복은 다 받은 사람이었습니다. 하나님은 솔로몬에게 지혜는 물론, 수많은 금도 주셨고 명예와 강한 국력도 주셨습니다. 우리가 이것을 보면 하나님의 성전을 짓는 것이 얼마나 큰 복인가 하는 것을 알 수 있습니다. 그러나 솔로몬이 지은 성전은 일종의 리모델링이었는데 모세가 천막으로 지었던 성전을 솔로몬은 백향목과 대리석으로 멋있게 지었던 것입니다. 사실 하나님이 짓기 원하셨던 성전은 이스라엘 백성들로 지어지는 움직이는 성전이었습니다. 즉 이스라엘 사람 한 명 한 명이 하나님의 말씀을 먹고 기도해서 부흥이 일어나는 것이 진짜 성전이었던 것입니다. 그러나 옛날 사람들은 그것을 이해할 수 없었기 때문에 하나님은 눈에 보이는 성전을 허락하셨습니다.

하지만 솔로몬이 지은 성전은 모세의 성막에 비하여 큰 약점을 가지고 있었는데 바로 움직일 수 없다는 것이었습니다. 모세의 성막은 이스라엘 백성이 움직일 때 얼마든지 해체해서 들고 갈 수 있었습니다. 그래서 이스라엘 백성이 어디에 있든지 그들이 세우는 성막이 성전이었습니다. 그러나 솔로몬의 성전은 백향목과 대리석으로 되어 있어서 분해할 수 없었습니다. 결국 이스라엘 백성은 하나님이 성전 안에만 계신 것으로 오해했습니다. 그래서 그들은 성전 안에서는 경건했지만 성전 밖으로 나오면 세상 사람들과 별다를 것이 없이 살았던 것입니다. 그래서 이스라엘은 나중에 망하게 됩니다.

솔로몬은 성전 하나 짓고 복이란 복은 다 받았습니다. 그러나 그 성전은 가건물에 불과했습니다. 진짜 성전은 이스라엘 백성 자체가 성전이었던 것입니다. 그래서 우리가 하나님의 백성을 말씀으로 자라게 하고 기도하게 한다면 하나님은 솔로몬에게 주셨던 복과는 비교할 수 없는 어마어마한 복을 쏟아 부어주실 것입니다.

> 3:1, "솔로몬이 애굽의 왕 바로와 더불어 혼인 관계를 맺어 그의 딸을 맞이하고 다윗 성에 데려다가 두고 자기의 왕궁과 여호와의 성전과 예루살렘 주위의 성의 공사가 끝나기를 기다리니라"

솔로몬은 당시 세계적인 최강대국 애굽 왕의 공주를 부인으로 왕비로 맞이했습니다. 여기서 우리는 두 가지를 생각하게 됩니다. 하나는 드디어 이스라엘이 세계에서 인정을 받기 시작했다는 사실입니다. 그 전까지만 해도 이스라엘은 떠돌이 부족들의 연합체이지 온전한 나라로 인정받지 못했습니다. 그러나 세계적인 강대국인 애굽이 공주를 솔로몬의 아내로 주었다는 것은 이제 이스라엘이 세계적인 국가로 인정받기 시작했다는 것을 알 수 있습니다. 그러나 이 안에 부정적인 것이 또 들어 있습니다. 그것은 바로의 딸이 하나님을 모르는 우상 숭배자였다는 사실입니다. 이것은 이스라엘에 검은 그림자를 던지는 것이었습니다.

그 당시는 아직 솔로몬이 성전도 짓지 못했고 왕궁도 짓지 못했습니다. 그는 이제 자기가 나아가야 할 방향을 정해야 하는데 어디로 가야 할지 알 수 없었습니다. 그래서 드디어 솔로몬은 하나님 앞에서 작정 기도를 시작했습니다. 그것이 바로 일천 번제였습니다. 이미 솔로몬은 하나님을 사랑했고 하나님의 말씀을 사랑했습니다. 그러나 그런 정도로는 이 악한 세상을 도저히 이길 수 없다고 생각했습니다. 왜냐하면 세상이나 신하와 백성은 너무 고집스러웠고 너무 강했기 때문입니다. 그래서 솔로몬은 하나님 앞에서 죽을 각오를 하고 작정 기도를 시작했던 것입니다.

> 3:3, "솔로몬이 여호와를 사랑하고 그의 아버지 다윗의 법도를 행하였으나 산당에서 제사하며 분향하더라"

우리는 늘 하나님을 사랑하고 하나님의 말씀을 읽고 지키려고 애를 씁니다. 또 예배에도 빠지지 않고 늘 지키려고 애를 씁니다. 그러나 우리는 때때로 이것으로는 부족하다는 생각이 들 때가 있습니다. 세상의 악이 쓰나미같이 덤벼드는데 내 힘으로는 도저히 감당할 수 없기 때문입니다. 이때가 바로 집중적으로 기도하고 하나님께 부르짖어야 할 때입니다.

2. 솔로몬의 일천 번제

솔로몬은 이제 왕이 되었기 때문에 눈코 뜰 새 없이 바빴을 것입니다. 그는 신하들의 의견도 들어야 했고, 외국의 사신들도 만나야 했으며, 이스라엘이 가지고 있는 군사력이나 전쟁 준비 상황 같은 것도 체크해야 했을 것입니다. 그러나 솔로몬은 그 어느 것도 먼저 하지 않았습니다. 왜냐하면 솔로몬은 자기 머리로 그런 것들을 아무리 철저히 한다고 해봐야 세상은 더 강하다는 것을 알았기 때문입니다. 그래서 솔로몬은 천 일을 작정하고 하나님께 기도하기 시작했습니다.

> 3:4, "이에 왕이 제사하러 기브온으로 가니 거기는 산당이 큼이라 솔로몬이 그 제단에 일천 번제를 드렸더니"

일천 번제에 대해서는 사람마다 해석이 구구한데, 그 바쁜 왕이 일천 번제를 어떻게 드렸겠느냐 하는 문제를 제기합니다. 그래서 어떤 사람은 솔로몬이 한꺼번에 일천 마리의 양을 잡아서 하나님께 바치고 기도했을 것이라고 생각합니다. 그러나 일천 마리를 잡아서 제사 드렸다고 해서 일천 번제라고 하지 않습니다. 아무리 많은 제물을 바쳐도 그것은 한 번의 제사이지, 일천 번의 제사는 아니기 때문입니다. 또 어떤 사람은 이스라엘의 제사장은 아침과 저녁에는 번제를 드리게 되어 있으니까 그것을 포함해서 낮에도 한 번 추가하면 하루에 세 번을 드리게 되니까 한 삼백일 정도의 번제를 드렸을 것이라고 생각합니다. 그러나 아침과 저녁에 드리는 것은 당연히 드리게 되어 있는 것이지, 솔로몬의 제사는 아닙니다. 이런 것을 종합해보면 솔로몬이 매일 한 번씩 일천일 동안 제사를 드리면서 기도했다고 보는 것이 타당할 것입니다.

하여튼 솔로몬이 다른 일을 다 제쳐놓고 하나님께 번제를 드리고 기도하는 일을 최우선적으로 했다면 그동안에 누군가가 반역을 일으켜서 솔로몬을 죽이거나 적들이 쳐들어올 수도 있었을 것입니다. 솔로몬도 그런 정도는 충분히 고려했을 것입니다. 그러나 그때 솔로몬이 생각했던 것은 하나님께 번제를 드리고 기도하는 중에 죽는다면 그것도 영광스러운 일이므로 기도하는 중에 죽는다면 기꺼이 죽겠다는 생각을 가지고 번제에 매달렸던 것입니다.

대개 번제를 한번 드리는 데 시간이 얼마나 걸릴까요? 송아지나 양이나 염소 한 마리를 완전히 태우는 데 드는 시간은 최소한 두 시간 걸렸다고 생각됩니다. 그러니까 솔로몬은 매일 시간을 정해 놓고 번제물이 다 타서 재가 되는 두 시간 정도 기도에만 집중했던 것입니다.

솔로몬은 처음에 나라를 다스리기 위해 수많은 생각이 떠올랐을 것입니다. 그러나 솔로몬은 계속 기도할수록 그런 것은 다 쓸데없는 짓이라는 생각이 들게 되었습니다. 나중에 가서 솔로몬은 다른 사람을 미워하는 마음이 없어지게 되었습니다. 그는 처음에 도대체 나같이 어린 것이 얼마나 왕 노릇 하다가 쫓겨날 것인가 두려워하고 불안해했을 것입니다. 그러나 기도를 계속하면서 솔로몬은 그런 두려움도 없어졌습니다. 하나님이 나를 왕으로 세우셨으면 하나님께서 나를 책임져주실 것이라는 믿음이 생겼기 때문입니다.

그다음에 솔로몬은 하나님께 무엇을 달라고 할까 생각했을 것입니다. 솔로몬은 하나님께 많은 돈과 명성과 장수하게 해 달라는 기도를 하고 싶었습니다. 또 큰 권세와 명예와 장수를 달라고 기도하고 싶었습니다. 그러나 솔로몬은 기도할수록 그런 것은 다 쓸데없다고 생각하게 되었습니다.

사람은 돈과 명예를 원하고 건강을 원하고 지식을 원합니다. 그러나 사람이 죽을 때가 되면 그런 것은 아무 소용이 없습니다. 사람이 이 세상에서 가져갈 수 없는 것은 아무것도 없습니다. 유명한 사람이 죽으면 수많은 사람이 꽃을 들고 와서 그의 영전에 바치고 그를 칭송합니다. 그러나 본인은 그것을 알지 못합니다.

솔로몬은 일천일을 기도하면서 오직 한 가지 생각만이 남았습니다. 그것은 바로 자신의 무지였습니다. 자신은 아무것도 모르는 무지한 어린아이이며 하나님께서 지혜를 주시지 않으면 자신은 망하고야 만다는 생각이었습니다.

3. 하나님의 응답

솔로몬은 하나님께 거의 천일에 가까운 기도를 드렸습니다. 그러나 그의 기도에는 응답이 없었습니다. 솔로몬의 마음속에는 정말 내가 쓸데없는 데 시간을 낭비하는 것이 아닌가 하는 생각이 들었을 것입니다. 하나님으로부터 아무런 응답이 없었기 때문입니다. 그런데 솔로몬이 드디어 하나님께 일천 번의 번제를 드렸을 때 하나님의 음성이 마음속에 들려왔습니다.

3:5, “기브온에서 밤에 여호와께서 솔로몬의 꿈에 나타나시니라 하나님 이 이르시되 내가 네게 무엇을 줄꼬 너는 구하라”

여기서 우리가 알 수 있는 것은 솔로몬이 하나님께 번제를 마친 시간이 깊은 밤이었다는 사실입니다. 솔로몬은 캄캄한 밤에 아무것도 보이지 않는 시간에 응답도 없는 번제를 일천일 동안 드렸던 것입니다. 그러나 일천일이 찼을 때 솔로몬은 피곤해서 깜빡 잠이 들었는데 그 꿈 가운데서 하나님이 말씀하셨습니다. “내가 네게 무엇을 줄꼬? 너는 구하라”

솔로몬이 천 일 동안 열심히 기도한 응답은 하나님의 질문이었습니다. 즉 솔로몬은 자기에게 필요한 것이 무엇인지 아는데 천일의 기도가 필요했던 것입니다. 사람들은 대개 하나님 앞에 열심히 기도합니다. 그러다가 막상 하나님께서 “내가 네게 무엇을 줄꼬?”라고 물으시면 무엇을 구해야 할지 준비되어 있지 않은 경우가 많습니다. 그러나 솔로몬은 일천 번제를 드리면서 쓸데없는 욕심이 다 사라지고 하나님이 기뻐하시는 답을 찾게 되었습니다. 그래서 솔로몬은 하나님이 무엇을 너에게 주기를 원하느냐고 했을 때 바로 “저는 아무것도 모르는 무지한 어린아이입니다. 그런데 이 나라의 백성은 많고 다 어른들입니다. 이들에게 선악을 바로 가르칠 수 있는 지혜를 주십시오”라고 답을 했습니다. 이것이 바로 하나님께서 원하시는 답이었습니다.

3:10, “솔로몬이 이것을 구하매 그 말씀이 주의 마음에 든지라”

솔로몬이 하나님의 뜻을 찾기 위해서 천 일의 기도가 필요했습니다. 이 천 일은 쓸데없는 욕심을 모두 버리는 시간이었습니다. 하나님께서는 솔로몬의 요구를 칭찬하셨습니다.

"네가 오래 사는 것도 구하지 않고 부귀영화를 구하지도 않고 원수 갚는 것도 구하지 않고 오직 하나님의 뜻을 분별하는 지혜를 구했다"고 말씀하셨습니다. 그래서 하나님께서는 "네가 구한 지혜와 총명한 마음을 주어서 네 앞이나 네 후에도 너와 같이 똑똑한 사람은 없을 것이라"고 칭찬하셨습니다. 그리고 "네가 구하지도 않은 부귀와 영화도 주고 큰 권세도 줄 것이니 너와 같은 왕이 없을 것이라"고 말씀하셨습니다. 그러면서 "오직 너는 네 아버지 다윗 같이만 믿으라"고 하셨습니다. 이때 솔로몬이 깨어보니 꿈이었습니다. 이것은 하나님이 주시는 약속이었습니다. 그래서 솔로몬은 그냥 산당에서 내려가지 않고 다시 번제와 감사의 제물을 드림으로 그 말씀을 자신의 것으로 삼았습니다. 많은 사람은 하나님의 말씀을 듣고도 우연이라고 생각해서 흘려버립니다. 하나님의 말씀을 들을 때 자기 것으로 만드시기 바랍니다. 하나님의 약속은 틀림없이 이루어질 것입니다.

07
솔로몬의 지혜
왕상 3:16-28

사람은 머리가 얼마나 좋은지 상대방을 감쪽같이 속일 수 있는 지혜를 가지고 있습니다. 어떤 때는 눈물을 뚝뚝 흘리면서 상대방에게 감동을 주면서 속이는 경우도 있습니다. 요즘은 전화사기도 많은데 갑자기 부모에게 '지금 어떤 사람들에게 붙들려 있는데 돈을 보내 달라' 고 하든지 아니면 '어려움에 빠져 있는데 아빠의 도움이 필요하다' 고 하면서 딸의 전화번호로 문자가 오는 것입니다. 그때 딸이 없는 아버지나 혹은 딸이 지금 집에 있는 사람은 걸려들지 않지만 그렇지 않으면 걸려들게 되는 것입니다.

경찰서에 가면 많은 죄수가 끌려오는데 전부 자기는 죄인이 아니라고 합니다. 또 어떤 곳에 시체가 있는데 죽인 사람을 찾을 수 없는 경우도 있습니다. 그래서 요즘은 과학 수사라고 해서 수사할 때부터 과학적으로 접근을 합니다. 제일 먼저 범인으로 의심되는 자의 스마트폰부터 압수하고 사건이 일어난 곳의 CC-TV를 조사하고 DNA 검사라든지 지문 검사라든지 머리털이나 침 검사를 진행하는 것입니다. 그렇게 하면 웬만한 범인은 다 잡을 수 있다고 합니다. 그리고 범인을 잡을 때 중요한 것이 범행 동기가 있느냐 하는 것을 보는 것입니다. 왜냐하면 동기가 없는 범죄는 없기 때문입니다. 그럼에도 불구하고 범죄는 엄청나게 발생하고 있고 못 잡는 경우도 엄청나게 생기고 있습니다. 우리가 이 세상의 거짓에 속지 않을 지혜만 있어도 돈이나 인생에서 큰 손해를 보지 않을 수 있습니다. 그러나 사람이 다른 사람의 속 안에 들어가 보지 않는 이상 모든 거짓을 다 알아낼 수 없는 것입니다.

솔로몬은 왕이 되었지만 어리고 경험이 전혀 없었습니다. 그리고 이스라엘은 큰 나라였기 때문에 계속 골치 아픈 일들이 터지고 있었습니다. 솔로몬은 이 무거운 짐을 도저히 감당할 수 없어서 하나님 앞에 일천 번제 기도를 드리고 하나님께 지혜를 달라고 했습니다. 그리고 하나님은 지혜는 물론이고 다른 모든 축복까지 주시겠다고 약속했습니다. 그런데 깨어보니까 꿈이었습니다. 그러면 솔로몬에게 지혜가 생겼을까요? 아니면 그냥 꿈에 불과했을까요? 그런데 솔로몬이 왕궁에 돌아와 보니까 그의 지혜를 테스트하는 문제가 그를 기다리고 있었습니다.

1. 누가 진짜 엄마인가?

솔로몬이 왕궁에 돌아와 보니 두 여자가 기다리고 있었습니다. 그들은 창녀였는데 한집에 살고 있었습니다. 우리가 이것을 보면 아무리 예루살렘이라 하더라도 깨끗하지 않을 수 있다는 것을 알 수 있습니다. 예루살렘은 하나님의 도성인데 거기에 창녀가 있다는 것입니다. 사람들은 매춘을 세상에서 가장 오래된 직업이라고 부릅니다. 여자들이 먹을 것이 없으면 몸을 팔고 먹을 것을 얻는 것입니다. 예루살렘에 창녀가 있다는 것은 깡패도 있다는 것이고 점쟁이나 사기꾼도 있다는 것입니다. 하나님의 도성이라고 해도 거기에는 어두운 구석이 있었습니다.

솔로몬에게 재판을 신청한 창녀는 같은 집에서 사는 창녀였는데, 서로 비슷한 시기에 임신하고 거의 비슷한 시기에 아기를 낳은 것입니다. 이들은 아기를 낳은 지 사흘밖에 되지 않았습니다. 그래서 두 아이 모두 비슷비슷했습니다. 그런데 두 엄마가 아기에게 젖을 물리고 잠을 자다가 한 엄마가 자기 아기를 깔아서 죽인 것입니다. 이 엄마가 잠을 자다가 깨어보니까 자기 아기가 꼼짝도 하지 않는데 가만히 보니까 죽었습니다. 그런데 저쪽 여자의 아기는 엄마 젖꼭지를 한 손으로 잡고 입으로는 물고 잘 자고 있었습니다. 이 여자는 자기 아기는 없어지고 다른 여자는 아기를 키우는 것에 시기심이 나서 견딜 수 없었습니다. 그래서 이 여자는 자기의 죽은 아기를 그 여자의 품에 안겨놓고 그 여자의 살아 있는 아기를 빼내어서 자기가 안고 잠을 잔 것입니다. 아침에 저쪽 여자가 자기 아기를 보니까 아기가 죽어 있었습니다. 그래서 큰일이 났다고 해서 아기를 자세히 보니까 자기 아기가 아니었습니다. 그리고 다른 여자가 안고 있는 여자를 보니까 자기 아이가 틀림없었습니다. 그래서 이 여자는 죽은 아기를 상대방에게 던지면서 살아 있는 아기를 빼앗았습니다. 살아 있는 아기가 내 아기라는 것이었습니다. 그랬더니 상대방은 자기 아기를 깔아 죽여 놓고 내 아기를 빼앗아 가려고 한다고 하면서 아기를 도로 빼앗으려고 했습니다.

그래서 결국은 왕에게까지 와서 판단해 달라고 하게 된 것입니다. 그런데 사실 이것이 쉬운 문제가 아닌 것이 요즘도 산부인과에서 아기가 서로 바뀌는 경우가 있습니다. 지금 솔로몬 앞에는 죽은 아기 하나와 살아 있는 아기 하나가 놓여 있었습니다. 그리고 양쪽의 엄마들은 모두 살아 있는 아기가 자기 아기라고 주장하면서 싸우고 있었습니다.

어떤 청소년 여자 아이는 한 사람은 미국에 있고 다른 한 아이는 런

던에 있는데, 우연히 인터넷을 하다가 상대방의 사진을 보게 되었습니다. 그런데 이 둘은 너무 똑같이 생겼습니다. 그래서 이 아이들은 자신들이 쌍둥이일지도 모른다고 생각해서 서로 계속 채팅을 주고받다가 양부모에게 이야기해서 런던에서 서로 만나게 됩니다. 그런데 직접 만나보니까 똑같았고 이 아이들은 유전자 검사를 해보니까 쌍둥이였습니다. 이 아이들은 너무 좋아서 함께 사진도 찍고 놀기도 하다가 진짜 엄마를 찾자고 했습니다. 그래서 자기들을 입양시킨 기관에 연락해서 엄마를 찾았지만, 그 엄마로부터 그 아이들을 낳은 적이 없다는 대답만 돌아왔습니다. 아이들은 울었습니다. 아마 엄마가 쌍둥이를 입양시키고 난 후에 다른 사람과 결혼한 것 같습니다. 그러니까 이 아이의 존재를 인정할 수 없었던 것입니다.

그런데 솔로몬에게 문제는 아기가 하나 죽어 버렸다는 것입니다. 그리고 엄마 둘은 서로 살아 있는 아이가 자기 아이라고 주장하는데 한 치의 양보가 없다는 것입니다. 분명히 둘 중의 하나는 거짓말을 하고 있는데, 누가 거짓말을 하고 있는지 알 수 없었습니다.

2. 솔로몬의 엉터리 재판

솔로몬은 하나님이 지혜를 주시겠다고 약속하셨지만 아무리 봐도 어느 아기가 누구 아이인지 알 수 없었습니다. 그때 솔로몬의 머리에 번개같이 떠오르는 생각이 있었습니다. 솔로몬은 바로 산 아기와 죽은 아기를 바꾸게 된 동기가 엄마의 자존심 내지는 질투심에 있다는 것을 알게 됩니다. 즉 두 엄마는 서로 경쟁적인데 같이 아기를 낳아서 서로 잘 키워서 자랑하려고 했는데 자기 아기는 자기가 죽여 버렸고 상대방의 아기는 무럭무럭 자라서 훌륭한 아기가 되는 것을 그대로 보고 참을 수 없었던 것입니다. 문제의 핵심은 엄마의 자존심과 시기심에 있었던 것입니다. 때때로 우리에게 갑자기 떠오르는 생각이 있습니다. 이것을 영감(inspiration)이라고 합니다. 우리가 하나님의 말씀을 가까이할 때 하나님은 우리에게 지혜를 주십니다. 때로는 그것이 정확하게 맞을 때가 있습니다. 그러나 자신이 없으면 기다리면 될 것입니다.

> 3:24-25, "또 이르되 칼을 내게로 가져오라 하니 칼을 왕 앞으로 가져온지라 왕이 이르되 산 아이를 둘로 나누어 반은 이 여자에게 주고 반은 저 여자에게 주라"

그래서 솔로몬은 이 세상에서 가장 바보 같은 재판을 하게 됩니다. 그것은 칼을 가져오라는 것입니다. 아기가 하나는 죽어 있고 다른 하나는 살아 있는데 엄마는 둘 다 산 아기가 자기 아이라고 하니까 칼로 죽은 아기도 반으로 자르고 살아있는 아기도 반으로 잘라서 공평하게 반반씩 나누어주라는 판결을 내립니다. 이때 살아있는 아기의 엄마는 얼마나 솔로몬이 원망스러웠겠습니까? 왕을 찾아가면 자기 아기를 찾을 수 있을까 해서 왕에게까지 소송을 내었는데 왕은 두 아기 모두 죽여서 나누어주라는 것이었습니다. 아마 이 엄마는 왕이 어떻게 이렇게 어리석고 바보 같을 수 있을까 생각했을 것입니다. 반대로 죽은 아이 엄마는 잘되었다고 생각했습니다. 상대방의 아이가 크면서 나중에 으쓱대는 것을 정말 참을 수 없었는데 이제는 공평하게 둘 다 죽어버렸으니까 자기도 기가 죽을 것이 없다고 생각했던 것입니다.

그런데 산 아이 엄마는 "제 아이가 아니라도 좋습니다. 이 아이를 저 여자에게 주십시오"라고 말을 했습니다. 이 엄마는 자기 아이가 공평하게 죽는 것보다는 다른 사람에게 주더라도 아이가 사는 것이 훨씬 좋았기 때문입니다. 이 엄마는 자기 아기를 위해서는 자존심이나 체면 같은 것은 다 버려도 좋았습니다. 자기 아기가 죽지 않고 행복하기만 하면 충분했습니다. 그러나 죽은 아기 엄마는 그동안 질투심과 자존심으로 속이 답답했는데 둘 다 죽인다고 하니까 속이 시원해지면서 그것이 참 공평한 재판이라고 대답했습니다. 결국 죽은 아이 엄마는 솔로몬의 심리술에 걸려든 것이었습니다. 솔로몬은 경험도 없고 세상을 사는 지혜도 없기 때문에 정말 바보 같은 판결을 내린다고 생각했을 것입니다. 그러나 하나님의 지혜는 속에 들어있는 욕심과 악한 생각을 끄집어내는 능력이 있습니다. 인간이 아무리 머리가 좋고 똑똑하다 하더라도 속에 들어 있는 야망이나 욕심을 드러내지 않을 수는 없는 것입니다. 결국 죽은 아기 엄마는 솔로몬의 바보 같은 하나님의 지혜에 걸려들었던 것입니다. 그래서 솔로몬은 아기를 죽이지 말라고 하면서 아기를 죽이지 말라고 한 엄마가 진짜 엄마라고 판결했습니다.

우리가 여기서 알 수 있는 것은 하나님의 바보 같은 지혜가 굉장히 무서운 지혜라는 것입니다. 하나님께서는 우리에게 좋은 길은 보여주시지 않고 자꾸 바보 같은 질문을 하시고 어리석은 길로 인도하시는데 이것이 사실은 진짜 지혜인 것입니다. 그리고 우리가 여기서 또 알 수 있는 것은 정의라는 것이 얼마나 멋있고 아름다운가 하는 것입니다. 불의가 정의를 이기려고 할 때 모든 사람의 마음이 혼란스럽고 답답했습니다. 그러나 솔로몬이 탐욕스러운 엄마의 마음속에 들어가서 그 악한 마음을 끄집어내어서 폭로시켰을 때 모든 사람의 마음이 시원해지게 되었습니다.

3. 사람들의 두려움

사람들은 정말 교묘하고 분별하기 어려운 문제를 솔로몬이 풀어버리는 것을 보고 왕을 두려워하고 하나님을 두려워하게 되었습니다.

3:28, "온 이스라엘이 왕이 심리하여 판결함을 듣고 왕을 두려워하였으니 이는 하나님의 지혜가 그의 속에 있어 판결함을 봄이더라"

사람들은 이스라엘에 하나님의 정의가 살아있는 것을 보았습니다. 왕의 판단은 하나님의 지혜였습니다. 솔로몬은 일천 번제를 드리고 난 후에 하나님으로부터 지혜를 달라고 했고 응답을 받았습니다. 그 결과 정말 솔로몬에게는 하나님의 지혜가 있었습니다. 솔로몬은 사람의 마음속에 있는 진실과 거짓을 분별해내는 능력이 있었습니다. 성경을 가지고 강해설교를 하면 결국 사람들의 지난 행위나 생각이 다 드러나게 됩니다. 그래서 설교를 듣고 욕을 하는 사람도 있고 놀라서 하나님 앞에 무릎을 꿇는 사람도 있습니다.

오늘 우리가 다른 사람들에게서 보는 것은 그야말로 그 사람의 마음속에 있는 악의 빙산 일각입니다. 우리는 아주 작은 한순간에 한 조각을 통해서 그 속에 있는 악의 덩어리를 보아야 합니다. 물론 우리는 이 세상에서 모든 것을 다 알 수는 없습니다. 그러나 하나님은 웬만한 것은 결국 다 드러나게 하십니다. 그때 악한 사람들은 얼굴을 들지 못할 것입니다. 그래서 우리는 때로 진실이 드러날 때까지 바보 같은 짓을 해야 할 때가 있습니다. 우리가 아무리 바보같이 행동해도 하나님은 바보가 아니시기 때문입니다.

지금 우리가 사는 세상에는 우리를 넘어트리려고 하는 악한 세력이 수두룩합니다. 이때 가장 위험한 것이 남의 것을 빼앗으려고 하는 욕심입니다. 남의 것을 빼앗으려고 하면 결국 마귀의 시험에 걸려들게 됩니다. 우리는 사실을 사실대로 인정해야 합니다. 그래야 하나님의 긍휼하심을 얻을 수 있습니다.

엄마들이 아기를 키우는 것은 아주 힘이 드는 것이 사실입니다. 더욱이 아기들이 두 시간마다 깨면서 젖을 달라고 하니까 산후우울증이 와서 자기 아기를 집어 던져서 죽이는 엄마들도 있습니다. 우리 교회에서도 한 번은 어떤 엄마가 예배를 마치고 남편을 막 때리고 있었는데 저는 그 아빠가 무슨 부정을 저지른 줄 알았습니다. 그러나 알고 보니까 그 엄마가 우울증을 앓고 있었습니다. 그런데 그 엄마가 제 말은 잘 듣는 것입니다. 그래서 병원에 가서 신경안정제 주사를 맞고 잠을 자게 하니 괜찮아졌습니다. 그 엄마는 교회에 와서 난리를 치는 바람에 산 것입니다. 그 엄마는 이전에도 집에서 자살하려고 창문에서 뛰어내리려 하는데 아기가 우는 바람에 뛰어내리지 못했다고 했습니다. 그 아이는 유아세례를 받은 아기였습니다. 그래서 아기가 유아세례 받는 것을 우습게 생각해서는 안 됩니다.

아기도 얼마든지 성령 충만할 수 있습니다. 그래서 세례 요한은 엄마의 배 속에 있으면서 마리아가 온 것을 알고는 뛰놀았다고 말하고 있습니다(눅 1:44). 하나님은 배 속에 있는 아기를 통해서도 놀라운 일을 행하십니다. 그러나 우리는 그런 과거는 다 잊어버리고 자꾸 아이 공부나 결혼 같은 것으로 새로운 걱정을 할 때가 많습니다. 쓸데없는 걱정하지 마시고 예전에 주신 은혜를 기억하고 믿음에 굳게 서시는 부모들이 다 되시기 바랍니다.

08
솔로몬이 받은 복
왕상 4:1-34

영국에서 어떤 사람이 카메라를 가지고 다니면서 아름다운 장면이 있으면 사진을 찍었는데, 어느 밭에 유난히도 반짝이는 것이 있어서 사진을 찍었습니다. 그리고 가까이 가 보니까 그것은 아주 오래된 로마 시대의 금화였습니다. 그래서 이 땅을 파보니까 땅속에 항아리가 있었는데 그 속에 금화가 잔뜩 들어 있었습니다. 이 사람은 정말 성경에 있는 말씀대로 금화가 잔뜩 든 항아리를 발견한 것이었습니다(마 13:44). 이 사람이 그 항아리 안에 들어있는 금화를 다 꺼내어서 감정을 받아보니까 약 22억 원 정도 되었습니다. 그래서 이 사람은 주인과 11억 원씩 나누어 가졌다고 합니다.

미국 텍사스의 어느 집에서는 그 집 주인이 화장실에서 일을 보다가 갑자기 검은 액체가 치솟아서 온 집을 더럽혔는데 알고 보니까 그 액체는 석유였습니다. 그 집은 오래전에 유전이었는데 더 이상 나오지 않아서 폐쇄되어있던 곳에서 남아 있던 석유가 압력을 받아서 폭발한 것이었습니다. 그 집은 석유가 나와서 벼락부자가 되었습니다. 그래서 화장실에 오래 앉아 있는 것도 반드시 나쁜 것만은 아닌 것 같습니다.

솔로몬은 하나님 앞에 일천 번제를 드리고 난 후 복을 받기 시작했습니다. 하나님이 솔로몬에게 주신 복은 그야말로 억수같이 퍼부어주시는 복이었습니다. 솔로몬은 사람의 복을 받았고, 양식의 복과 물질의 복을 받았습니다. 그리고 그는 아주 뛰어난 머리를 하나님으로부터 받았습니다. 그러나 이 모든 복은 진짜 복이 아니었습니다. 이 보이는 복들은 진짜 복을 향한 하나님의 초청장이었습니다. 진짜 복은 하나님의 백성이 영적으로 부흥하게 되는 것이었습니다.

1. 새 술은 새 부대에 담아야

처음 왕이나 대통령이 되면서 가장 어려운 것이 과연 어떤 사람을 총리나 장관으로 임명하느냐 하는 문제입니다. 우리나라에서는 사람이 좀 똑똑하고 유능하다고 해서 총리나 장관으로 임명해 놓고 보니까 박사나 석사 논문도 표절했고 위장전입을 했고 여기저기에 너무 투기한 것이 많아서 도저히 장관이나 총리로 세울 수 없는 사람들이 많습니다. 예수님께서도 밤새 기도하시고 제자들을 뽑으셨는데 그중에 예수님을 배신하고 팔아먹은 가룟 유다와 같은 자도 있었습니다. 그런데 솔로몬에게는 인복이 있어서 아주 새롭고 충성된 사람들이 모두 중요한 직책에 뽑혔습니다. 그들은 모두 젊은 사람이었고 아주 충성된 사람이었습니다.

4:2-4, "그의 신하들은 이러하니라 사독의 아들 아사리아는 제사장이요 시사의 아들 엘리호렙과 아히야는 서기관이요 아힐룻의 아들 여호사밧은 사관이요 여호야다의 아들 브나야는 군사령관이요 사독과 아비아달은 제사장이요"

솔로몬을 보필하는 중요한 사람들은 전부 새롭고 젊은 사람들이었습니다. 제사장 사독은 다윗 때 충성한 자였습니다. 그러나 이제는 나이가 많이 들었기 때문에 그의 아들 아사리아가 제사장이 되었습니다. 그 대신 사독과 아비아달은 보조하는 제사장이 되었습니다. 시사의 아들 엘리호렙과 아히야는 새로운 인물이었습니다. 이 두 사람이 서기관을 맡았습니다. 대개 서기관은 두 사람이 맡는 것이 맞습니다. 한 사람이 맡았다가 병이나 사고가 생기면 대신할 사람이 있어야 하기 때문입니다. 서기관이 있어야 나라의 일을 왕이 즉흥적으로 하지 않고 계획을 세워서 하게 됩니다.

아힐룻의 아들 여호사밧은 사관인데, 옛날에는 사관이 굉장히 중요했습니다. 사관은 왕의 생활상을 모두 적었습니다. 그리고 사관이 적은 기록은 왕도 마음대로 수정할 수 없었습니다. 또 브나야는 다윗 때 경호실장을 했는데 솔로몬 때는 군사령관이 되었습니다. 그는 블레셋 사람이었지만 워낙 충성되었기 때문에 솔로몬 때에도 중용되었습니다. 그 대신에 한자리해보려고 얼쩡거리던 요압이나 아비아달은 죽든지 아니면 파면되었습니다.

솔로몬은 지혜가 있었기 때문에 새로운 인물을 뽑아서 새로운 직책을 맡겼습니다. 이것이야말로 새 술을 새 부대에 담는 것이었습니다. 오래 묵은 사람은 새 일을 할 수 없습니다. 사고방식 자체가 너무 구닥다리이고 자기 자리만 지키고자 새로운 시도를 하려고 하지 않기 때문입니다. 솔로몬에게는 충성된 사람들이 많았습니다. 사실 누구를 뽑아도 충성된 사람이었습니다. 그 이유는 아버지 다윗 때 40년 부흥이 계속되었기 때문에 거의 대부분의 사람이 보석으로 변해 있었기 때문입니다.

다른 교회에서는 임직자를 뽑은 후에 아주 강도 높게 교육하는 경향이 있습니다. 그 이유는 그들을 믿지 못하기 때문입니다. 그러나 저는 정반대로 쉽게 합니다. 왜냐하면 그분들은 이미 평소에 설교를 들음으로써 보석이 되었기 때문입니다. 그리고 인물이라고 하면 차고 넘치는 형편입니다. 왜냐하면 거의 전부 비슷하게 은혜받고 변했기 때문입니다.

2. 솔로몬의 식탁

솔로몬의 통치에 있어서 가장 특징적인 것은 너무나도 풍성한 식탁을 들 수 있습니다. 우선 솔로몬은 이스라엘에 열두 명의 지방 관장을 두었습니다. 그리고 이 지방 관장들은 한 달씩 돌아가면서 솔로몬의 식탁을 책임지게 되어 있었습니다.

> 4:7, "솔로몬이 또 온 이스라엘에 열두 지방 관장을 두매 그 사람들이 왕과 왕실을 위하여 양식을 공급하되 각기 일 년에 한 달씩 양식을 공급하였으니"

이스라엘의 열두 지방 관장도 그 지방에서 가장 부자이고 지도력이 있는 자였고 그중에는 솔로몬의 사위들도 있었습니다. 그래서 솔로몬 때는 중앙과 지방의 연결과 소통이 잘 되었고 지방 관장이라고 해서 부족한 것이 하나도 없었습니다.

그런데 솔로몬은 하루 식탁에서 먹는 양이 엄청났습니다.

> 4:22-23, "솔로몬의 하루의 음식물은 가는 밀가루가 삼십 고르요 굵은 밀가루가 육십 고르요 살진 소가 열 마리요 초장의 소가 스무 마리요 양이 백 마리이며 그 외에 수사슴과 노루와 암사슴과 살진 새들이었더라"

여기서 '고르'라고 하는 단위는 '호멜'과 같은 것입니다. 그래서 옛 개역성경에는 그냥 삼십 석, 육십 석이라고 번역했습니다. 아마 가는 밀가루와 굵은 밀가루는 요리하는 데도 용도가 달라서 아주 부드러운 빵도 만들고 큰 빵도 만들었던 것 같습니다. 그리고 "살진 소가 열 마리요 초장의 소가 스무 마리"라고 했습니다. '살진 소'는 무엇이고 '초장의 소'는 무엇일까요? 아마 너무 큰 소는 초장에서 키우기 힘들었던 것 같습니다. 그래서 그런 소는 사료나 건초로 키우고 조금 작고 활동적인 소는 초장까지 데리고 가서 방목했던 것 같습니다.

본문에 보면 길르앗 라못도 이스라엘 땅이었고, 유다와 이스라엘의 인구가 바닷가의 모래같이 많았다고 했습니다. 그리고 이스라엘 국경은 유브라데부터 애굽강까지였습니다. 즉 하나님께서 약속하신 모든 땅이 이스라엘 땅이 되었던 것입니다.

이때 이스라엘 백성이 가장 행복했습니다. 그것을 이스라엘 백성은 이렇게 표현했습니다.

> 4:25, "솔로몬이 사는 동안에 유다와 이스라엘이 단에서부터 브엘세바에 이르기까지 각기 포도나무 아래와 무화과나무 아래에서 평안히 살았더라"

이스라엘 백성에게 가장 행복한 것은 그들이 다른 사람의 노예가 되지 않고 자기 포도원과 무화과나무를 가지고 오전에 열심히 일을 한 후에 점심때는 그 나무 아래에서 쉬는 것이었습니다. 즉 이스라엘 백성은 종이 하나도 없었습니다. 이스라엘 백성은 모두 주인이었고 자기 포도원과 자기 무화과나무를 가지고 있었습니다.

그러면 일단 솔로몬이 식탁에서 먹었던 음식이 소만 30마리였고 양이 100마리였는데, 도대체 얼마나 많은 사람이 식사했기에 그렇게 많은 짐승과 양식이 필요했을까요? 학자들의 추측으로는 약 14,000명

정도는 먹었을 것이라고 합니다. 옛날에는 왕이나 성주가 식사할 때 짐승을 많이 잡아놓고 주로 부하들을 불러서 함께 식사했습니다. 이것은 일종의 친목을 다지는 시간이었고 작전 회의였다고 볼 수 있습니다. 부하 장군들은 아침 식사 시간을 통해서 지난밤에 있었던 중요한 사건을 보고하고, 또 앞으로 해야 할 것들을 건의하기도 했습니다. 또 부하 장군들에게 훈시하기도 하고 자신의 생각이나 포부를 밝히기도 하고 나라가 돌아가는 사정도 들었을 것입니다. 그렇게 왕이나 성주는 아침 식사를 통해서 그들의 충성을 확인했던 것입니다.

그런데 솔로몬은 이스라엘의 중요한 모든 관리들을 식사에 다 초대한 것 같습니다. 그리고 솔로몬은 그 시간을 통해서 하나님의 잠언을 가르치기도 하고, 인생론을 논하기도 하고, 사랑의 이야기를 하기도 했던 것 같습니다. 그래서 스바 여왕은 예루살렘에 와서 솔로몬의 신하들이 부럽다고 했습니다. 그들은 원하기만 하면 언제나 솔로몬의 지혜로운 이야기를 들을 수 있었기 때문입니다. 자기는 솔로몬의 이야기를 듣기 위하여 먼 사막을 건너왔는데 솔로몬의 신하들은 언제나 듣는 것이 하나님의 말씀이었기 때문입니다.

그러나 솔로몬의 지나친 규모의 아침 식사에는 단점이 있었습니다. 그것은 우선 이 엄청난 아침 식사를 열두 지방에서 맡아서 한다고 하지만 부담이 되었던 것입니다. 그래서 처음에는 너무나도 좋았지만, 시간이 흐를수록 이것이 이스라엘 안에 불만의 요소가 되었습니다. 역시 잔치라고 하는 것은 한 번씩 해야 기대감도 있고 기분도 좋은 것이지, 매일 한다면 사람들에게 잔치가 별것이 아니라는 생각을 가지게 하는 것입니다.

이것은 하나님의 말씀도 마찬가지입니다. 하나님의 말씀도 한 주에 한 번이나 두 번 정도 들어야 '이 말씀은 참 놀라운 말씀이다' 라는 생각이 드는 것이지 매일 하나님의 말씀을 들으면 그 가치도 모르고 잔소리로밖에 들리지 않는 것입니다. 그래서 우리 속담에서 "지나친 것은 부족한 것보다 못하다"는 말이 있는 것입니다. 사람들은 무엇인가 좀 부족하고 아쉬운 것이 있어야 좋은 것이 주어졌을 때 소중한 줄 알지, 늘 모든 것이 풍부하면 소중한 줄 모르게 되는 것입니다. 이것은 나중에 솔로몬 자신에게도 하나님의 말씀이 소중한 줄 모르게 되는 경향으로 나타나게 됩니다. 자기 자신은 하나님의 말씀을 너무 많이 알고 있다고 생각했기 때문입니다.

3. 솔로몬에게 나타난 부작용

솔로몬에게 하나님께서 많은 복을 주신 것은 좋지만 너무 많은 복은 오히려 부작용을 가져오게 되었습니다. 그중에서 가장 심각한 것이 말의 문제였습니다.

4:26, "솔로몬의 병거의 말 외양간이 사만이요 마병이 만 이천 명이며"

이 당시 말이 가지는 가치라는 것은 엄청난 것이었습니다. 특히 행진할 때 말을 타고 행진하는 것과 나귀를 타고 행진하는 것은 벌써 위엄에 엄청난 차이가 있고, 특히 전쟁할 때는 말을 타고 하는 것이 스피드나 위력에 있어서 열 배 이상의 차이가 있다고 합니다. 그러나 하나님은 모세나 다윗에게 말을 많이 사지 말라고 경고하셨습니다. 말이 많으면 많을수록 말의 힘을 의지하게 되고 기도를 하지 않게 되기 때문입니다. 그래서 하나님은 다윗에게 적과 전쟁을 하다가 말을 빼앗게 되면 말의 뒷다리 힘줄을 다 끊어서 불구로 만들라고 명령하시기도 했습니다. 그런데 다윗에게 놀라운 점은 바보같이 하나님의 말씀에 순종해서 말 백 마리만 두고 수천 마리의 말의 힘줄을 끊어서 불구로 만들어버렸다는 것입니다. 말 한 마리가 돈이 얼마이고 말을 타는 마병이 있으면 열 배나 빨리 소식을 전하고 열 배나 잘 싸울 수 있었는데 다윗은 현실보다는 하나님의 말씀을 더 믿었던 것입니다(삼하 8:4).

그러나 솔로몬은 하나님의 말씀만 믿기에는 너무나도 머리가 좋았습니다. 솔로몬은 머리가 얼마나 좋았던지 하나님의 말씀보다 머리가 더 좋았던 것입니다. 그래서 솔로몬은 외양간이 4만 개가 있었습니다. 외양간이 4만 개 있으면 말도 최소한 4만 마리가 있었다는 것입니다. 그리고 말을 타고 전쟁하는 마병이 만 이천 명이 있었습니다. 그리고 각 지방 관장은 말에게 먹일 보리나 꼴도 준비해서 바쳐야만 했습니다.

하나님께서는 솔로몬에게 지혜를 주셨는데, 지혜와 총명을 심히 많이 주시고 바닷가의 모래같이 넓은 마음도 주셨다고 말씀하고 있습니다. 솔로몬이 얼마나 머리가 좋았는가 하면 그 당시에 유명한 천재들이 있었는데 그 천재들보다 머리가 더 좋았습니다.

> 4:30-31, "솔로몬의 지혜가 동쪽 모든 사람의 지혜와 애굽의 모든 지혜보다 뛰어난지라 그는 모든 사람보다 지혜로워서 예스라 사람 에단과 마홀의 아들 헤만과 갈골과 다르다보다 나으므로 그의 이름이 사방 모든 나라에 들렸더라"

옛날의 현인이 있기로는 에돔이 유명했고, 애굽도 유명했습니다. 메소포타미아도 유명한 사람들이 있었을 것입니다. 그러나 그 어느 누구도 솔로몬의 머리보다 더 좋지는 못했습니다.

> 4:32, "그가 잠언 삼천 가지를 말하였고 그의 노래는 천다섯 편이며"

성경에 있는 솔로몬의 잠언은 아마 삼천 가지가 되지 못할 것입니다. 그런 것을 보면 많이 없어진 것 같습니다. 그리고 여기 '노래'는 아가를 말하는데 사랑의 노래도 훨씬 적게 남아 있습니다.

또 솔로몬은 워낙 머리가 좋아서 초목에 대해서도 연구를 했습니다. 사실 나무는 누군가는 연구해야 합니다. 왜냐하면 이스라엘의 나무는 유칼립투스같이 기름기가 많아서 불이 나면 끄기가 어렵기 때문입니다. 짐승도 연구했는데 이미 출애굽기나 민수기에 나오는 짐승과 가나안 땅에 사는 짐승은 종류가 다른 것을 알 수 있습니다. 또 가나안 땅에는 새 종류가 많습니다. 기어 다니는 것도 누군가는 연구해야 합니다. 물고기도 마찬가지입니다.

물론 이런 것들은 누군가가 연구해야 하겠지만 왕은 자신의 지혜를 이런 데 쓸 것은 아닌 것 같습니다. 하나님이 솔로몬에게 주신 지혜는 더 큰 은혜를 위한 초대장이었습니다. 그래서 솔로몬은 자신의 지혜로 닥치는 대로 쓸 것이 아니라 이것을 가지고 이스라엘 백성이 하나님의 말씀으로 나아와서 큰 부흥을 일으키는 데 썼어야 했습니다. 그러나 솔로몬은 하나님의 말씀보다는 세상 지식을 위해서 이 지혜들을 푼돈 쓰듯이 다 쓰는 바람에 결국 이스라엘이 망하게 됩니다. 우리는 지혜가 있든지 없든지 하나님의 말씀과 부흥을 향하여 꾸준히 나아가는 성도들이 되시기 바랍니다.

09

생각지 못한 도움

왕상 5:1-18

다윗은 어린 아들 솔로몬을 왕으로 앉혀 놓고 하나님의 말씀에 순종해서 살면 복을 받을 것이라고 말하고 죽었습니다. 솔로몬은 이스라엘이 나라는 크고 사람들의 생각이 너무 달라서 도저히 자기 머리로는 나라를 다스릴 수가 없었습니다. 그래서 솔로몬은 어떤 사람을 의지하지 않고 일천 번제로 하나님께 매어 달렸습니다. 그랬더니 하나님이 솔로몬에게 모든 어려움을 해결할 수 있는 지혜를 주셨습니다. 목회를 하는 분들이 처음에는 영혼을 사랑하는 뜨거운 마음으로 시작하지만 실제로 목회를 해보면 사람마다 생각이 너무 다르고 거기에다가 성질까지 달라서 얼마나 고생을 하는지 모릅니다. 결국 사람을 설득하는 지혜가 없으면 자기가 병들든지 아니면 목회를 그만두고 떠나야 합니다.

솔로몬은 왕위에 오를 때 젊었고 그의 신하나 다른 왕자들은 다 어른이었습니다. 이들이 솔로몬을 우습게 알고 괴롭히면 솔로몬은 견딜 수 없었을 것입니다. 그런데 그가 하나님 앞에 일천 번제를 드리고 나니까 어떤 사람의 거짓말이나 속임수도 이길 수 있는 지혜가 생기게 되었습니다. 그리고 하나님께서는 솔로몬에게 하늘 문을 여셔서 복을 부어주셨는데 그에게는 부족한 것이 없었습니다. 그에게 수많은 신하가 있었고 수많은 음식이 있었고 수많은 지혜와 지식이 있었습니다.

사람이 이렇게 되면 엉뚱한 생각을 하기 쉽습니다. 즉 아직 솔로몬이 어리고 건축의 경험이 없으므로 성전을 너무 빨리 지을 필요가 없다고 생각할 수 있을 것입니다. 그러나 일천 번제 기도가 끝난 후 솔로몬의 정책의 우선순위 일 번은 성전을 짓는 것이었습니다.

그런데 이스라엘을 가보신 분들은 아시겠지만 이스라엘에는 큰 집을 지을만한 좋은 목재가 거의 없습니다. 즉 큰 성전을 지으려고 하면 외국에서 나무를 수입해 와야 하는데 그럴만한 나라가 마땅치 않았습니다. 그리고 성전을 튼튼하게 몇백 년 가도 흔들리지 않게 지으려고 하면 기초석이 크고 튼튼해야 하는데 이스라엘에는 그런 돌도 없었습니다. 솔로몬이 가지고 있는 것이라고는 아버지 다윗이 물려준 금이나 은이나 놋 같은 금속밖에 없었습니다. 그런데 어느 날 갑자기 솔로몬에게 좋은 기회가 찾아왔습니다.

1. 갑자기 찾아온 기회

우리는 보통 예수 믿지 않는 사람들은 예수 믿는 사람들을 미워하고 죽도록 싫어한다고 생각하기 쉽습니다. 그러나 반드시 꼭 그런 것은 아닙니다. 물론 하나님을 믿는 사람들과 믿지 않는 사람들이 다른 것은 사실입니다. 그러나 다르다고 해서 반드시 원수가 되어야 하는 것은 아닙니다. 오히려 예수 믿지 않는 사람들은 마음속으로 예수 믿는 사람들을 부러워하는 경우가 많습니다. 왜냐하면 사람이 바른 신앙을 가진다는 것은 엄청나게 위대한 일이기 때문입니다. 그리고 하나님의 백성은 다른 사람들에게 일단 공격적이지 않습니다. 단지 사교적이지 못하고 간혹 이기적이고 자기만 생각할 때가 많은 것이 흠입니다.

그런데 하나님의 백성이 이기적인 벽을 무너뜨리고 믿지 않는 자들에게 잘 대해주면 믿지 않는 자들이 엄청나게 좋아할 때가 많습니다. 그 대표적인 인물이 오늘 본문에 나오는 두로 왕 히람입니다. 두로는 바닷가이기 때문에 무역이 활발하고 생선이 아주 풍부했습니다. 그런데 다윗이 두로 왕에게 잘해주었습니다. 다윗은 힘이 있다고 해서 두로의 생선을 빼앗지 않고 필요한 것이 있으면 꼭 돈을 주고 많이 구입했습니다. 그러니까 어떻게 보면 다윗은 두로 왕의 단골이었다고 볼 수 있습니다. 그래서 아마도 히람은 다윗을 형님처럼 모셨던 것 같습니다. 그런데 그들에게 너무 많아서 처치 곤란한 것이 있었는데 그것은 바로 나무였습니다. 아마도 두로 사람들은 목재로 집을 짓는 것보다는 외국의 대리석으로 집을 짓는 것을 더 좋아했던 것 같습니다. 히람은 자기가 좋아하던 다윗이 늙어서 죽었다는 것을 알고는 슬퍼하면서 조문 사절단을 보내었습니다.

> 5:1, "솔로몬이 기름 부음을 받고 그의 아버지를 이어 왕이 되었다 함을 두로 왕 히람이 듣고 그의 신하들을 솔로몬에게 보냈으니 이는 히람이 평생에 다윗을 사랑하였음이라"

우리는 할 수 있으면 이웃 사람이나 믿지 않는 동료들과 원수처럼 지낼 필요가 없습니다. 물론 하나님을 믿지 않는 사람들과 같이 술을 마시거나 음란한 곳에 따라가서는 안 되겠지만 인사도 잘하고 인간관계를 잘 맺으면 엄청나게 좋은 관계가 될 수 있습니다.

두로 왕 히람은 다윗을 형님으로 모시다가 돌아가시니까 너무 가슴이 아파서 신하들을 보내서 조문을 했습니다. 이때 솔로몬에게 영감(inspiration)이 떠올랐습니다. 그것은 바로 두로와 시돈에서는 쓰지 않는 곧은 나무가 엄청나게 많다는 사실이었습니다. 솔로몬은 이 영감이 하나님이 주신 뜻인지 시험해보기로 했습니다. 그래서 솔로몬은 답례로 신하들을 많은 예물과 함께 히람에게 보내었습니다. 그리고 그에게 부탁합니다. "아버지 다윗이 전쟁을 많이 하느라고 그의 평생 소원이었던 여호와의 성전을 지으려고 하던 것을 짓지 못하고 하나님께서는 모든 원수를 발아래 두고 밟을 때까지 기다리라고 하셨습니다. 이제 이스라엘의 모든 원수가 없는 이때가 성전 짓기에 가장 좋은 때이니까 레바논에 있는 백향목과 잣나무를 우리에게 공급해주면 어떻겠습니까?" 하고 물었습니다. 더욱이 시돈 사람들은 나무를 베는 데 최고의 기술을 가지고 있으니 우리가 그 일하는 사람들의 삯을 다 드리겠다고 제안했습니다.

그렇지 않아도 두로 왕은 솔로몬과 좋은 관계를 가지고 싶었습니다. 왜냐하면 두로는 전 세계와 무역하고 있는데 솔로몬에게 잘 보이면 이스라엘이 두로의 무역품목인 귀금속과 옷이나 모든 진귀한 물건의 단골이 될 수 있었기 때문입니다.

또 두로는 큰 나무는 많았지만, 밭이 없어서 언제나 식량난을 겪었습니다. 거기에 비해 이스라엘은 아주 넓은 평야가 있어서 밀이나 감람기름이나 포도주 같은 것이 풍부했습니다. 그래서 두로 왕과 솔로몬은 그 나무를 전부 바다에 넣어서 뗏목을 만들어서 이스라엘로 운반하고 그 대가로 이스라엘은 엄청난 밀과 올리브기름을 주기로 한 것입니다. 솔로몬이 처음에는 혹시나 하는 마음으로 두로 왕 히람에게 나무 이야기를 꺼내었는데 이것이 서로 맞아떨어지면서 현실적인 공사로 이루어지게 되었습니다. 그래서 우리는 할 수 있으면 이웃 사람이나 직장의 동료나 거래처 사람들과 나쁜 관계를 맺을 필요가 없습니다. 이기심을 가지고 내 이익을 챙기는 것은 잠깐이지만 때로는 정말 어려울 때 이런 사람들이 큰 도움이 될 수 있기 때문입니다.

두로 왕은 당장 이 일을 실행에 옮기자고 했고 공사를 시작하게 되었습니다. 그렇게 성전 외부는 대리석으로 꾸미고 성전의 내부는 백향목과 잣나무로 건축하게 되었습니다. 그래서 외부에 쌓은 대리석 때문에 전쟁 때에도 성전은 큰 피난처 역할을 했습니다. 또 레바논의 백향목은 나무가 희면서 은은한 향나무 향이 나오고 잣나무는 아주 좋은 목재라고 합니다. 한번은 산림학 전문 교수님에게 잣나무가 좋은 목재냐고 물었더니 아주 단단하고 좋은 목재라고 말씀하셨습니다.

본문에 나오는 두로 왕 히람과 반대되는 사람이 암몬의 하눈 왕일 것입니다(삼하 10장 참조). 다윗이 그의 아버지가 죽어서 애도하느라고 조문사절단을 보내었는데, 그들에게 모욕을 주고 수염을 깎아 버려서 큰 전쟁이 일어나게 됩니다. 결국 암몬 사람들은 전부 다 노예가 되었습니다. 이것은 자기가 오해해서 만든 멸망이었습니다. 암몬 왕은 돈으로 군대를 사면 이길 수 있을 줄 알았지만, 돈으로 모든 것이 해결되는 것이 아닙니다.

2. 히람의 적극적인 도움

솔로몬이 하나님의 성전을 짓는다는 것은 참 어려운 현실이었습니다. 왜냐하면 이스라엘에는 큰 나무도 없고 큰 돌도 없었기 때문입니다. 그래서 다윗 왕도 어린 솔로몬이 성전을 짓는 것에 대해 염려를 많이 했습니다. 다윗이 솔로몬에게 금과 은은 많이 물려주었지만 그것으로 성전을 지을 수 있는 것은 아니었습니다. 그런데 다윗의 죽음이 오히려 성전을 지을 수 있는 계기가 되었던 것입니다.

두로 왕 히람은 솔로몬의 이 제안을 듣고 굉장히 기뻐하고 적극적으로 추진했습니다. 목재와 돌은 두로에서는 너무 흔한 것이었습니다. 그 대신 두로에서 양식은 너무 필요한 것이었고, 또 두로가 아무리 무역을 많이 한다고 해도 솔로몬과 같은 단골을 확보하는 것이 중요했기 때문입니다.

> 5:7-9, "히람이 솔로몬의 말을 듣고 크게 기뻐하여 이르되 오늘 여호와를 찬양할지로다 그가 다윗에게 지혜로운 아들을 주사 그 많은 백성을 다스리게 하셨도다 하고 이에 솔로몬에게 사람을 보내어 이르되 당신이 사람을 보내어 하신 말씀을 내가 들었거니와 내 백향목 재목과 잣나무 재목에 대하여는 당신이 바라시는 대로 할지라 내 종이 레바논에서 바다로 운반하겠고 내가 그것을 바다에서 뗏목으로 엮어 당신이 지정하는 곳으로 보내고 거기서 그것을 풀리니 당신은 받으시고 내 원을 이루어 나의 궁정을 위하여 음식물을 주소서 하고"

히람의 이 말을 들어보면 이때 두로는 아마도 흉년이 들어서 양식이 아주 핍절했던 것 같습니다. 그래서 두로는 왕궁에서조차 양식이 없었습니다. 그런데 히람이 솔로몬에게 조문단을 보내었는데 제안이 오기를 양식을 원하는 대로 줄 테니까 목재와 석재를 보내달라는 것입니다. 이것은 두로와 이스라엘 모두의 어려움이 해결되는 방법이었습니다. 그래서 히람은 당장 그렇게 하자고 하면서 큰 나무를 베어서 바다로 보내면 뗏목으로 묶어서 이스라엘로 운반하겠다고 했습니다. 그리고 뗏목 위에 석재를 실어도 되고 아니면 큰 돌은 따로 수레로 운반해도 되는 것이었습니다. 그러면서 히람은 하나님은 너무나도 지혜로운 아들을 다윗의 후계자로 주셨다고 칭찬했습니다.

하나님은 놀랍게도 성전을 짓는데 이방인의 손으로 짓게 하셨습니다. 이것은 성전이야말로 만민이 기도하는 집이기 때문입니다. 성전은 오직 믿는 사람들만 들어가는 곳이 아닙니다. 그러므로 교인 아닌 사람들이 성전에 들어오는 것을 못 들어오게 해서는 안 됩니다. 하나님의 성전에서는 검은 기름이 아니라 하얀 기름이 펑펑 쏟아져 나옵니다. 그것은 바로 성령의 기름입니다. 하나님의 성령이 쏟아져 나오면 모든 곳이 선진국이 되고 부정부패는 있을 수 없습니다. 우리나라는 전 세계에서 성령의 기름이 가장 많이 나올 가능성이 있는 나라입니다. 우리는 이 비전을 가져야 합니다.

3. 성전에 대한 사랑

솔로몬이 성전을 지을 때는 규모나 재료에 있어서 모세가 성막을 지을 때와는 너무 달랐습니다. 모세가 성막을 지을 때는 성령께서 사람들에게 감동을 주셔서 누구든지 성전에 갖다 바치고 싶으면 이러이러한 것들을 바치라고 했습니다. 그중에는 은과 금과 보석과 실도 있었고, 염소털이나 가죽도 있었습니다. 그때 성막을 짓던 사람들이 이스라엘 백성이 너무 많이 가져와서 도저히 일을 할 수 없으니까 그만 가지고 와 달라고 부탁까지 했습니다. 이렇게 모세 때 성막을 지을 때는 모양이나 길이도 하나님이 정해주셨지만 사람들은 자원하는 마음으로 갖다 바쳤습니다. 그런데 나중에 성막을 다 짓고 나니까 사람들이 가져온 것이 거의 딱 맞았습니다. 단지 성전에서 제사하는 제사장이 피를 씻는 물두멍이 없었습니다. 이것은 백성에게 가져오게 하지 않고 성전에서 봉사하는 여성들이 사용하는 놋거울을 가져오게 해서 녹여서 만들었습니다. 하나님께서는 물두멍을 여인들의 거울로 만드심으로 제사장들은 항상 자신의 모습을 거울로 살피듯이 행동해야 했습니다.

5:13, "이에 솔로몬 왕이 온 이스라엘 가운데서 역군을 불러일으키니 그 역군의 수가 삼만 명이라"

그러나 솔로몬의 성전은 모세의 성막보다 규모가 훨씬 더 컸고 재료가 무거운 것들이었습니다. 솔로몬의 성전에는 무수하게 많은 큰 나무들이 사용되었고 또 엄청나게 큰 돌들이 사용되었습니다. 그러므로 전문적으로 작업하는 사람이 필요했습니다. 그래서 솔로몬은 일단 3만 명을 모집해서 나무를 베게 했습니다. 그런데 3만 명이 한꺼번에 일을 한 것이 아니라 만 명만 나무를 베고 2만 명은 대기하게 했습니다. 즉 집에서 농사도 짓고 일을 쉬기도 하게 했던 것입니다. 그래서 한 달에 만 명씩만 레바논에 보내었습니다. 그리고 벌목한 나무를 옮기는 데 7만 명이 동원되었습니다. 즉 나무를 산에서 베어서 바다로 운반하고 또 예루살렘까지 옮기는데 7만 명이 필요했던 것입니다. 그리고 대리석을 산에서 떠서 옮기는 데 8만 명이 동원되었습니다. 옛날에는 큰 돌을 옮기려면 곡괭이 같은 것으로 틈을 만들어서 나무를 넣고 물을 부어서 틈을 벌려야 했고 그렇게 떼 낸 돌들을 나무로 굴려서 옮겨야 했기 때문에 많은 사람이 필요했습니다. 바로 이것이 사람의 경영이었습니다.

그러면 성령이 하시는 일과 사람이 경영하는 일이 어느 것이 더 효과적이겠습니까? 아마 큰일을 하는 데는 사람의 경영이 꼭 필요할 것입니다. 그러나 성전은 성령의 감동받은 사람이 하는 것이 중요합니다. 그래야 사람들이 그 성전을 사랑하게 됩니다. 그러나 솔로몬의 성전에서 나무나 돌을 옮긴 사람들은 이방인 노예들이었습니다. 결국 이스라엘 사람들은 감독만 하고 구경만 했습니다. 그래서 이스라엘 백성은 이 새 성전을 별로 사랑하지 않았습니다. 자기들이 수고한 것이 거의 없었기 때문입니다.

하여튼 솔로몬은 다른 모든 일은 다 제쳐놓고 성전부터 지음으로 천국의 복을 열게 됩니다. 우리도 세상일부터 먼저 생각하지 말고 하나님의 일을 먼저 생각하셔서 천국의 복을 먼저 받게 되시기를 바랍니다.

10
솔로몬의 성전

왕상 6:1-7:51

오래전에 저희 아버지는 저희 가족이 살던 초가집을 허물고 아주 큰 돌집을 지었습니다. 돌집은 보기에도 어마어마했고 그 안에는 많은 방이 있었습니다. 그리고 벽은 전부 대리석으로 입혔습니다. 그러나 이 돌집은 구들이 잘 놓이지 않아서 모양은 좋았지만 굉장히 추웠습니다. 그리고 어머니가 돌아가시고 난 후였기 때문에 집 안에 사랑이 없었고 늘 썰렁했습니다. 저는 그 집에서 동생들을 데리고 기도회를 가진 적이 있습니다. 전부 손을 잡고 찬송을 부르고 기도를 했습니다. 그때 마음이 참 뜨거웠습니다. 그리고 동생들과 연습해서 교회에서 하는 찬송 경연대회에 나갔습니다. 그리고 우리는 일등을 했습니다. 그래서 집은 외형도 중요하지만 일단 난방이 잘 되어서 따뜻해야 하고 집 안에 사랑이 있어야 한다는 것을 깨달았습니다.

열왕기상 6장과 7장에는 솔로몬이 지었던 성전에 대하여 기록하고 있습니다. 솔로몬의 성전은 모세의 성막에 비하여 두 배나 컸습니다. 그리고 재료 자체가 달랐습니다. 모세의 성막은 텐트로 되어 있고 텐트 안을 금으로 입힌 합판으로 고정했고 부속 건물은 하나도 없었습니다. 지성소에는 언약궤가 있었고, 성소에는 향단이나 등잔대나 떡상이 있는 아주 심플한 구조였습니다. 그리고 성막 바깥에는 놋으로 된 제단과 손발을 씻는 물두멍이 있었습니다.

그러나 솔로몬이 지은 성전은 일단 백향목으로 지었는데 그 안을 전부 금으로 발랐습니다. 그리고 성전은 빙 둘러 가면서 많은 다락이 있었습니다. 이곳은 제사장들이 식사도 하고 찬양 연습도 하고 백성이 바친 헌금을 보관하는 곳이었습니다. 그리고 성전 외벽은 전부 대리석으로 만들어서 적이 쳐들어와서 불화살을 쏘거나 창을 던지거나 돌을 던져도 무너지지 않았습니다. 그리고 이 성전에는 옛날 성막에는 없던 새로운 건축물들이 있었습니다.

1. 솔로몬의 성전 규모

솔로몬이 새 성전을 지은 때는 이스라엘 백성이 애굽에서 나온 지 480년이 되는 해였습니다. 그러니까 이스라엘 백성은 근 오백 년 동안 천막으로 된 성전을 사용하다가 솔로몬 때 와서 새 성전을 짓게 된 것입니다.

> 6:1, "이스라엘 자손이 애굽 땅에서 나온 지 사백팔십 년이요 솔로몬이 이스라엘 왕이 된 지 사 년 시브월 곧 둘째 달에 솔로몬이 여호와를 위하여 성전 건축하기를 시작하였더라"

이 구절은 이스라엘의 연대를 계산하는 데 아주 중요한 근거가 됩니다. 즉 이스라엘 백성이 애굽을 나온 지 몇 년이 지났느냐 하는 것을 계산할 때 이 구절이 기준이 됩니다. 다윗은 이스라엘의 왕 노릇을 40년간 했습니다. 사울도 40년간 했습니다. 그리고 이스라엘 백성이 출애굽한 연대를 대개 주전 1,500년경으로 봅니다. 그러면 이스라엘 백성이 광야에서 방황한 기간이 얼마이며, 또 사사 시대도 얼마인지 계산할 수 있습니다.

그런데 본문에서 성전 건축의 내용을 보면 외모나 부속 시설에 대해서는 자세히 설명하면서도 가장 중요한 부분에 대해서는 별로 언급하지 않습니다. 이것으로 성전의 핵심은 변한 것이 없고 성전의 외모만 변한 것임을 알 수 있습니다. 즉 성전의 외모는 화려하고 거창하게 변했지만 그 내용과 실속은 하나도 변하지 않았다는 것입니다. 이것은 이스라엘이 그만큼 번창해서 나라가 안정되고 잘살게 된 것을 보여줌과 동시에 자칫 잘못하면 사랑이 없고 성령의 역사도 없어서 성전의 껍데기만 남을 수 있다는 안타까움을 보여주기도 합니다.

여기서 놀라운 점은 이스라엘 백성의 성막이 천막으로 되었을 때부터 거의 오륙백 년이 넘도록 파괴되지 않았다는 점입니다. 단 한 번 홉니와 비느하스가 제사장으로 있을 때 언약궤를 블레셋에 빼앗기고 그때 이방인들이 성막에 들어가서 불을 질렀습니다. 그때는 이미 성막이 죽었기 때문입니다. 그래서 다윗은 하나님의 성전을 찾기까지는 집에서 평안히 잠을 자지 않겠다고 하면서 버려진 성전을 찾다가 드디어 성전의 중심인 언약궤를 찾게 됩니다. 그리고 다윗은 한번 실패했지만, 하나님의 언약궤를 성전에 가지고 오는 데 성공함으로 이스라엘의 영광이 회복됩니다.

그런데 솔로몬의 성전은 모세의 성막보다 규모가 두 배로 컸습니다. 그리고 재료 자체가 백향목과 금이었기 때문에 엄청난 재료비가 들었습니다. 그리고 성전 외벽은 전부 단단한 대리석으로 만들었습니다. 그러니까 솔로몬의 성전은 이전의 성막에 비하여 얼마나 화려하고 아름답고 영광스러웠는지 모릅니다. 그러나 솔로몬의 성전은 안에 들어있는 내용이 다윗의 성막에 비하여 후퇴했습니다.

6:2, "솔로몬 왕이 여호와를 위하여 건축한 성전은 길이가 육십 규빗이요 너비가 이십 규빗이요 높이가 삼십 규빗이며"

여기서 한 규빗은 대략 45.5cm로 보면 됩니다. 즉 남자의 팔뚝 길이에 한 뼘을 더 한 길이이기 때문입니다. 솔로몬의 성전은 모세의 성막의 두 배일 뿐 아니라 백향목으로 지었고 금으로 입혔기 때문에 금이 어마어마하게 들었습니다. 이것은 쉽게 말해서 돈덩어리였던 것입니다. 그리고 앞에 현관도 20규빗으로 만들고 금으로 입혔습니다. 솔로몬의 성전은 물론 안에 들어있는 재료는 백향목이지만 눈으로 보기에는 전부 금이었습니다. 그리고 이 예루살렘 성전은 아주 튼튼하게 지어졌습니다. 문은 잣나무로 되었고 앞 입구는 돌로 되어 있어서 쉽게 허물 수 없었습니다. 거기에다가 성소와 지성소에 빙 돌아가면서 작은 다락을 만들었습니다. 그런데 이 다락방들은 1, 2, 3층으로 되어 있었습니다.

6:5-6, "또 성전의 벽 곧 성소와 지성소의 벽에 연접하여 돌아가며 다락들을 건축하되 다락마다 돌아가며 골방들을 만들었으니 하층 다락의 너비는 다섯 규빗이요 중층 다락의 너비는 여섯 규빗이요 셋째 층 다락의 너비는 일곱 규빗이라 성전의 벽 바깥으로 돌아가며 턱을 내어 골방 들보들로 성전의 벽에 박히지 아니하게 하였으며"

우선 성소와 지성소의 밖에는 돌아가면서 다락과 골방이 있었습니다. 옛날에는 천막밖에 없었기 때문에 제사장들이 옷을 걸어둘 데가 없고 쉴 수 있는 곳이 없었습니다. 그러나 이 새 성전은 나무로 지어졌지만 제사장들이 하나님께 훨씬 가까이 갈 수 있었습니다. 그래서 골방에서 기도도 하고 금식도 하고 백성이 가져온 헌금도 보관했던 것입니다. 그러나 이스라엘 백성은 안타깝게도 이 골방을 그렇게 사용하지 못했습니다. 이 골방은 우상을 감추어놓는 역할을 했던 것입니다. 그래서 나중에 성전을 정화할 때 보면 방마다 우상들이 가득 차 있었습니다. 하나님을 가까이하고 금식하고 기도하라고 만든 방이 사람들이 놀고 우상 숭배하는 방들로 바뀌고 만 것입니다.

그리고 이스라엘 백성이 하나님의 말씀을 붙들면 적이 쳐들어오지 못할 텐데, 말씀은 믿지 않고 건물만 믿었기 때문에 나중에는 대리석이 성 역할을 했던 것입니다. 그리고 나중에 성전이 함락되면 적들은 거기에 붙여놓은 모든 금을 다 뜯어갔습니다. 그래서 성전에 있는 영광은 하나님의 영광을 나타내는 것이 아니라 금을 자랑하고 나중에는 금을 빼앗기는 금보관소 역할을 하고 말았던 것입니다.

하나님은 솔로몬에게 이렇게 말씀하셨습니다.

> 6:11-13, "여호와의 말씀이 솔로몬에게 임하여 이르시되 네가 지금 이 성전을 건축하니 네가 만일 내 법도를 따르며 내 율례를 행하며 내 모든 계명을 지켜 그대로 행하면 내가 네 아버지 다윗에게 한 말을 네게 확실히 이룰 것이요 내가 또한 이스라엘 자손 가운데에 거하며 내 백성 이스라엘을 버리지 아니하리라 하셨더라"

지금 이스라엘이 건축하고 있는 성전의 모든 금이나 대리석이나 백향목보다 더 중요한 것은 바로 이 한 마디 말씀이었습니다. 솔로몬과 이스라엘 백성이 '하나님의 말씀만 지켜 행하면' 이 성전은 하나님의 영광이 됩니다. 그러나 만일 솔로몬이나 이스라엘 백성이 성전만 짓고 하나님의 말씀을 버리면 이 성전은 돈덩어리밖에 되지 못하는 것입니다.

2. 성전의 부속 시설

하나님은 성전 안에 있는 나무에는 여러 가지 식물들을 새기게 하셨습니다.

6:18, "성전 안에 입힌 백향목에는 박과 핀 꽃을 아로새겼고 모두 백향목이라 돌이 보이지 아니하며"

성소에는 천사의 모습을 감람나무로 새겨놓았습니다.

6:23상, "내소 안에 감람나무로 두 그룹을 만들었는데"

'그룹' 은 하나님께 가는 것을 지키는 천사를 말합니다. 감람나무는 아주 단단한 나무입니다. 그래서 이 나무는 쉽게 부서지지 않습니다. 옛날 홉니와 비느하스 때에 언약궤를 들고 블레셋과 전쟁하러 갔다가 언약궤를 빼앗기고 말았습니다. 그러나 이제는 감람나무로 새겨진 천사가 든든하게 지킬 것입니다. 그리고 성소에는 박과 박꽃이 있습니다. 이스라엘의 꽃 중에서 가장 못생겼지만 티가 없는 꽃이 박꽃이었고, 열매 중에서도 가장 맛이 없는 것이 박이었습니다. 바로 이 박과 박꽃이 성소를 지키고 있었습니다. 화려하지도 않고 향기도 나지 않지만 수수하고 깨끗한 박꽃이나 박이야말로 성도의 참모습입니다. 그래서 성도의 모습이 너무 평범하고 맛도 밍밍할 수 있습니다. 그러나 사귀고 보면 한결같이 그 맛을 지키고 있고 그 달덩이 같은 순수한 모습을 보여주게 됩니다.

그런데 열왕기상 7장에는 중간에 솔로몬이 자기 왕궁을 지은 내용을 삽입하고 있습니다. 사실 솔로몬의 왕궁이야말로 화려함의 극치였는데, 거기에는 레바논의 숲이라는 거실이 있습니다. 그곳은 바로의 딸 즉 왕비가 있는 곳이 있었고, 재판하는 곳도 있었습니다. 거기에 솔로몬의 보좌가 있는데, 코끼리 상아로 만들었고 금으로 입혔습니다. 그리고 그 아래는 돌계단이 있었는데, 계단 하나하나마다 금으로 만든 사자가 지켜보고 있었습니다. 그러나 이것은 여기서는 자세하게 기록하지 않고 있습니다.

여기서 우리에게 가장 궁금한 시설이 놋으로 만든 두 기둥입니다.

> 7:15-16, "그가 놋기둥 둘을 만들었으니 그 높이는 각각 십팔 규빗이라 각각 십이 규빗 되는 줄을 두를 만하며 또 놋을 녹여 부어서 기둥 머리를 만들어 기둥 꼭대기에 두었으니 한쪽 머리의 높이도 다섯 규빗이요 다른 쪽 머리의 높이도 다섯 규빗이며"

보통 기둥을 만드는 이유는 지붕이나 다락을 받치기 위함입니다. 그런데 이 성전에는 아주 특이한 놋으로 만든 기둥이 두 개가 있었습니다. 이 놋기둥은 엄청나게 크고 또 둘레가 십이 규빗 줄을 두를 만할 정도였습니다. 십이 규빗은 6미터가 조금 안 되는 길이입니다. 높이는 십팔 규빗으로 9미터가 조금 못 됩니다. 이 놋 기둥은 바로 성전을 받치는 기둥이었던 것입니다. 즉 이스라엘 백성이 하나님의 말씀만 지키고 그대로 행하면 이 성전은 절대로 무너질 수 없다는 의미입니다. 그러므로 솔로몬이나 이스라엘 백성은 성전을 의지할 것이 아니라 하나님의 말씀대로 행하기만 하면 되는 것입니다.

이 기둥머리에는 석류 모양의 장식이 4백 개가 달려 있는데, 석류는 겉으로 보면 푸른 열매이지만 까보면 안에는 피 모양의 열매가 들어 있습니다. 즉 예수님의 피가 이 기둥을 붙잡고 계시며 이스라엘의 촛대를 붙들고 계신다는 의미입니다. 그리고 그 머리에는 백합화 형상이 있는데 이것은 순결을 의미합니다. 물론 이 백합화는 샤론에 핀 들 백합화입니다. 하나님의 백성은 너무 요란하게 해서 다니기보다는 순수한 모습 그대로가 좋은 것입니다. 성전에 있는 기둥 하나의 이름은 보아스이고 다른 하나의 이름은 야긴입니다. '야긴' 은 하나님이 세운다는 뜻이고, '보아스' 는 그에게 능력이 있다는 뜻입니다. 성전은 하나님이 세우시고 모든 능력은 하나님께 있는 것입니다.

그런데 나중에 이스라엘 백성이 하나님의 말씀을 버리고 불순종함으로 성전이 불타고 이 놋기둥이 뜯겨 나가게 됩니다. 이것을 바벨론 사람들이 녹여서 화살촉으로 사용하게 됩니다. 너무나도 원통하고 안타까운 일입니다. 성전을 지키는 놋기둥이 화살촉이 되어서 사람들을 죽이는 것입니다.

3. 놋으로 만든 대형 물통

제사장이 짐승을 죽이거나 태우면 피가 몸이나 옷에 튀거나 재가 묻게 됩니다. 그래서 하나님은 모세에게 물두멍을 만들게 하셨습니다. 그러나 놋이 모자라서 성전에서 봉사하는 여인들의 거울로 물두멍을 만들었습니다. 이것은 제사장들로 하여금 항상 물에 자신의 모습을 비추어보아서 흠과 티가 없도록 하라는 뜻이었습니다.

하나님의 백성은 죄를 아는 사람들입니다. 그들은 그 죄 때문에 가슴 아파하다가 하나님의 기둥을 붙듭니다. 그 열매는 푸른색이지만 그 안에는 피가 들어 있습니다. 하나님의 백성은 피를 잡고 붙들고 울다가 백합화로 변하게 됩니다. 그래서 하나님은 누구든지 어떤 죄나 다 씻을 수 있도록 어마어마하게 큰 물통을 만들게 하셨습니다.

7:23, "또 바다를 부어 만들었으니 그 직경이 십 규빗이요 그 모양이 둥글며 그 높이는 다섯 규빗이요 주위는 삼십 규빗 줄을 두를 만하며"

이스라엘 사람들은 큰물이 고인 것만 보면 바다라고 불렀던 것 같습니다. 그래서 큰 물통도 바다이고, 갈릴리 호수도 바다이고, 지중해도 바다였던 것입니다. 이 물통이 얼마나 큰지, 지름이 이십 규빗 즉 10미터이고, 깊이가 2.5미터이니까 어른이 들어가도 완전히 잠길 깊이였습니다. 그리고 둘레가 15미터였습니다. 또 그 물통은 넘어지지 않도록 소 열두 마리의 형상을 놋으로 만들어서 받쳤습니다. 소는 아주 중요한 제물입니다. 사람들의 죄를 위하여 묵묵히 희생하는 제물입니다. 그리고 하나님은 물을 자주 갈 수 있도록 수레를 열 개 만들게 하셨습니다. 그런데 이 수레에는 소와 천사와 사자의 형상을 새겨 놓았습니다. 즉 제사장이 물을 나를 때 사자와 소와 천사가 지켜보고 있는 것입니다.

저는 친교실에서 물을 나르시면서 교인에게 존경받는 분들을 많이 보았습니다. 나중에 보면 이분들이 장로가 되어 있습니다. 또 어떤 분은 새신자 심방을 갔다가 그 가정이 너무 가난하고 어려우면 도우시기도 합니다. 어떤 분은 그 추운 날 주차관리를 하시면서 어려움을 많이 겪습니다. 그들 모두 천사요 소요 사자인 것입니다.

우리가 하나님의 말씀을 지키면 핵무기도 성전을 무너뜨리지 못합니다. 그러나 우리가 하나님의 말씀을 버리면 이 성전의 놋이 우리의 가슴을 쏘는 화살촉이 될 것입니다. 이 많은 금이나 비싼 목재보다 중요한 것이 하나님의 말씀을 지키는 것입니다. 하나님의 말씀을 마음을 다하고 열정을 다하고 목숨을 다하여 사랑하시기 바랍니다.

11
왕의 기도

왕상 8:1-66

처음 개척교회를 하는 목회자들은 마땅한 장소 얻기가 참 어렵습니다. 거기에다가 목회를 함께 할 수 있는 좋은 교인을 얻는 것은 더 어렵습니다. 정말 좋은 교인 한 명 얻는 것은 하늘의 별 따기만큼이나 어려울 때가 있습니다. 저는 처음 목회할 때 예배당을 4층에 얻었다가 이사하게 되어서 꽤 먼 곳의 지하로 들어가게 되었습니다. 교인들이 늘어나면서 그 지하 예배당은 우리가 쓰기에는 너무 좁았습니다. 더욱이 가까운 곳에 농수산 시장이 있어서 여름에는 악취가 엄청나게 났습니다. 더운 날에 지하에서 한 시간씩 설교를 들으니까 교인들이 전부 땀에 절고 지쳤습니다. 그런데 그 장소마저 팔리게 되어서 갈 데가 없게 되었습니다. 지금은 돌아가셨지만, 그때 할머니 한 분이 우연히 장소를 찾았는데 4층이고 우리가 쓰기에 딱 적합한 곳이었습니다. 우리는 하늘이 보이는 환한 4층에서 예배를 드리면서 '하늘을 바라보라' 는 찬양을 드렸습니다. 그리고 거기서 교회가 폭발적으로 부흥하게 되었고 전국적으로도 유명해지게 되었습니다. 제가 전국적으로 청년들에게 설교를 많이 했고 제 책이 출판되기 시작했기 때문입니다.

제가 대구에 온 지 한 십 년이 지나서 그 부흥이 일어났던 교회당을 찾아갔습니다. 그리고 놀랐던 것은 교회당이 너무 작다는 것이었습니다. 그때는 크다고 생각했는데 십 년 뒤에 가보니까 우리 교회 청년부실 하나 정도밖에 되지 않았습니다.

이스라엘 백성은 출애굽한 후 480년 동안 텐트로 된 성막에서 하나님께 예배를 드렸습니다. 그러나 이제는 이 성막도 많이 낡아지게 되었습니다. 솔로몬은 드디어 백향목과 잣나무와 대리석으로 새 성전을 완공했습니다. 이 성전은 과거의 성전과 같은 효력이 나타나는 성전일까요? 아니면 더 큰 부흥이 일어나는 성전일까요?

1. 성전의 완공

모세 때는 하나님께 예배드릴 수 있는 장소나 기구 등이 아무것도 없었기 때문에 이스라엘 백성은 모든 것을 직접 만들어야 했습니다. 그러나 솔로몬 때 이스라엘은 하나님께 예배드리는 기술도 쌓여 있었고 예배에서 중요한 제단이나 언약궤와 향단과 등잔대 등은 이미 준비되어 있었습니다. 이스라엘 백성은 성전만 만들면 되었습니다. 그들은 이제 드디어 성전을 완공하게 되었습니다. 이전과 달라진 것이 있다면 성전의 재료와 물통 그리고 두 개의 큰 놋기둥이었습니다. 솔로몬이 마지막으로 한 일은 하나님의 언약궤를 지성소에 넣는 일이었습니다.

8:1, "이에 솔로몬이 여호와의 언약궤를 다윗 성 곧 시온에서 메어 올리고자 하여 이스라엘 장로와 모든 지파의 우두머리 곧 이스라엘 자손의 족장들을 예루살렘에 있는 자기에게로 소집하니"

모세가 처음 시내산 아래에서 성막을 지을 때 어려웠던 이유는 한 번도 성막을 지어 본 적이 없었으므로 도대체 어떻게 성막을 지어야 할지 몰랐기 때문입니다. 그래서 하나님은 모세를 시내산 꼭대기에 부르셔서 십계명을 돌로 새겨주시고, 성막의 모든 구조와 모형을 보여주시고 그 설계도를 그리게 하셨습니다. 그러므로 모세가 시내산 꼭대기에서 사십일 동안 그냥 기도만 하고 있었던 것이 아니라 하나님이 보여주시는 성전의 모형을 보고 그 설계도를 일일이 그렸던 것입니다.

모세가 처음 만들었던 성막에서 가장 중요한 것은 번제단이었습니다. 하나님께서는 모세에게 번제단에서 소를 죽이고 그 피를 온 성전에다 뿌리게 하셨습니다. 이스라엘 백성이 사백년 동안 애굽 우상의 분위기에 완전히 젖어 있었기 때문입니다. 그래서 그들은 애굽의 사고방식을 벗어나 새로운 하나님 백성의 정신을 가지는 것이 중요했습니다.

그런데 솔로몬 때 하나님께서는 그동안 이스라엘 백성이 신앙 생활한 것을 인정해주셨습니다. 그래서 이스라엘 백성은 지성소에 언약궤를 넣음으로 성전은 완성되었습니다. 이때 솔로몬은 아버지 다윗이 저질렀던 실수를 반복하지 않으려고 제사장들로 하여금 언약궤를 어깨에 메고 지성소로 옮기게 했습니다. 이때 하나님은 솔로몬의 성전을 인정하셨습니다. 그래서 하나님의 하얀 구름이 성전에 충만해서 감히 제사장들도 성전에 들어가지 못했습니다. 얼마나 하나님의 구름이 성전을 빽빽하게 채웠던지 제사장들은 성전에서 숨을 쉴 수 없었고 고개를 들을 수도 없었습니다(10-11절).

그러나 백향목과 대리석으로 지은 성전도 옛날 홉니와 비느하스가 저질렀던 잘못은 회복할 수 없었습니다. 처음 모세가 성막을 지었을 때는 모세 스스로 언약궤 앞에 들어갈 수 있었습니다. 그래서 모세가 하나님께 무엇이든지 말씀을 드리면 하나님은 언약궤의 두 그룹 사이에서 대답해주셨습니다. 그래서 모세는 하나님과 얼굴과 얼굴을 대면하며 친구처럼 대화를 나눌 수 있었습니다. 모세가 시내산에 올라가서 하나님 앞에 대면 예배를 드리고 내려왔을 때 그의 얼굴에는 환한 빛이 있었습니다. 그래서 모세는 이스라엘 백성이 두려워하기 때문에 얼굴에 수건을 썼습니다. 그런데 사도 바울은 오늘 우리에게는 그 수건이 벗겨졌다고 했습니다(고후 3:7-18). 우리는 이미 지성소 안에 들어와서 예배를 드리기 때문입니다.

지성소에 있는 언약궤는 하나님의 말씀이 나오는 곳이었습니다. 그러나 홉니와 비느하스가 세상의 불로 분향한 후 지성소에 들어갈 수 없게 되었습니다. 오직 대제사장만 일 년에 한 번 피를 가지고 들어가서 뿌리고 나왔지 하나님의 말씀을 들을 수는 없었습니다. 그러나 예수님께서 십자가 위에서 죽이시고 성전 휘장이 찢긴 후 우리는 지성소에 들어가게 되었습니다. 그래서 우리는 설교를 통해서 하나님의 말씀을 듣고 어떤 때는 너무 정확하게 하나님의 음성을 들을 때가 있습니다. 우리는 이미 각자가 성전을 지었습니다. 그리고 우리 안에 하나님의 구름이 꽉 차 있어야 합니다. 그래야 세상이 감히 우리 안에 들어오지 못하고 변화산의 예수님처럼 모세와 엘리야의 능력이 우리와 함께하게 되는 것입니다.

2. 하나님의 위대하심

이스라엘 백성은 성소에 큰 등잔대를 두어서 성소 안을 환하게 비추게 했습니다. 그러나 하나님의 보좌가 있는 지성소에는 등잔대가 없었습니다. 그래서 지성소는 빛이 없어 캄캄했습니다. 하나님께서는 솔로몬에게 "나는 캄캄한 데 있겠다" 고 말씀하셨습니다.

8:12, " 때에 솔로몬이 이르되 여호와께서 캄캄한 데 계시겠다 말씀하셨사오나"

성경에 보면 하나님은 빛이라고 말씀하셨고 하나님에게는 어둠이 조금도 없다고 말씀하셨습니다. 그런데 실제로 하나님께서 계신 지성소는 빛이 없고 모든 빛이 차단되어서 캄캄한 어둠만 있는 것입니다. 이것은 도대체 어떻게 된 일일까요? 그것은 이 세상에는 우리가 눈으로 볼 수 있는 빛만 있는 것이 아니라는 것입니다. 예를 들어서 어떤 사람이 앞을 보지 못하는 맹인이라면 그의 앞은 언제나 캄캄할 것입니다. 이것을 통해서 우리가 알 수 있는 것은 이 세상에 우리가 볼 수 있는 빛과 우리가 볼 수 없는 빛이 있다는 것입니다. 하나님의 빛은 정말 환한 빛이고 모든 것을 다 드러내시는 빛입니다. 하나님은 사람 마음의 생각과 거짓말과 양심을 속인 것과 모든 비밀을 다 드러내시는 빛입니다. 하나님의 나라는 이 빛으로 충만합니다. 그러나 사람의 눈에는 그 빛이 보이지 않기 때문에 마치 하나님이 캄캄한 데 계시는 것처럼 보이는 것입니다.

하나님이 얼마나 크신 분입니까? 예수님은 하늘은 하나님의 보좌요 땅은 하나님의 발등상이라고 말씀하셨습니다. 온 우주가 하나님의 손안에 있습니다. 그러나 하나님은 이 세상에 하나님의 이름을 주시는 성전을 마련하셔서 거기에 가기만 하면 언제든지 하나님을 만날 수 있게 하셨습니다. 어떤 유명한 교수를 만나려면 그의 연구실을 찾아가거나 만날 약속을 해야 합니다. 마찬가지로 성전은 하나님을 반드시 만날 수 있는 곳입니다. 하나님은 세상을 발로 밟으실 수도 있고 우주로 날려버리실 수도 있습니다.

이스라엘 백성의 성전은 원자폭탄이신 하나님을 그곳에 모시는 데 성공한 것입니다. 그런데 이제 우리는 하나님을 모실 수 있게 되었습니다. 우리는 모두 하나님의 원자폭탄입니다. 원자폭탄이 강할까요,

아니면 코로나19가 강할까요? 우리 가운데 하나님이 계시게 하려면 반드시 성경 말씀이 중심이 되는 예배를 드려야 합니다.

3. 인간의 연약함

인간의 머리가 아무리 대단하다고 해도 인간은 하나님이 계실 집을 지을 수 없습니다. 하나님은 너무나도 크신 분이시기 때문입니다. 하나님은 우주에 의자를 두고 앉아 계시고 지구 위에 발을 두고 계시기 때문에 우리가 하나님이 계신 집을 지으려고 하면 우주만한 성전을 지어야 할 것입니다. 이 지구상에 있는 성전은 단지 하나님의 이름을 두는 곳이었습니다. 이곳에 가기만 하면 틀림없이 하나님을 만날 수 있는 집이라는 뜻입니다. 하나님이 위대하신 것은 이스라엘 백성의 그 작은 성막과 성전에 계시는 데 성공하셨다는 것입니다. 이스라엘은 너무 불신앙이 심해서 몇 번 전멸을 당할 뻔했습니다. 그러나 기도가 이스라엘 백성을 살렸습니다. 그래도 그들은 하나님을 불신해서 애굽의 종이 되려고 했고 우상숭배에 자주 빠졌습니다. 참 기가 막힌 것은 이스라엘 백성이 광야에서 하나님의 언약궤와 함께 행진하면서도 그들은 개인적으로 우상을 가지고 있었다는 사실입니다.

그러나 하나님은 이스라엘 백성과 함께 계셨습니다. 솔로몬이 성전을 지었다는 것은 하나님이 다윗의 언약을 지키셨다는 뜻입니다(25-26절). 우리가 문자적으로 보면 다윗의 언약은 다윗의 후손이 왕에게 끊어지지 않는다는 말이지만 그 속 내막은 누구든지 생명 걸고 하나님의 말씀을 붙들고 나가면 사람들이 아무리 반대하고 어려움이 많아도 반드시 부흥이 일어난다는 뜻입니다. 그래서 다윗 때도 부흥이 일어났고, 솔로몬 때도 부흥이 일어났고, 히스기야 때에도 부흥이 일어났습니다.

8:29, "주께서 전에 말씀하시기를 내 이름이 거기 있으리라 하신 곳 이 성전을 향하여 주의 눈이 주야로 보시오며 주의 종이 이 곳을 향하여 비는 기도를 들으시옵소서"

솔로몬은 하나님의 성전에 하나님의 이름이 있기 때문에 두 가지는 틀림이 없다고 믿었습니다. 그 한 가지는 하나님의 눈이 항상 성전에 있다는 것입니다. 하나님은 성전에서 기도하는 자들을 언제나 살피고 계십니다. 그리고 또 한 가지는 하나님의 귀가 항상 이곳에 있다는 것입니다. 그래서 하나님은 성전에서 기도하는 사람의 소리를 항상 들으십니다.

그리고 솔로몬은 이스라엘 백성들을 대표해서 하나님께서 우리의 이런이런 기도를 들어달라고 기도했습니다. 그래서 대표기도하는 것은 왕의 권세를 가지고 기도하는 것이고 기도하는 사람은 왕 같은 제사장인 것입니다.

먼저 솔로몬은 이스라엘 백성이 하나님께 범죄하여 비가 오지 않을 때 기도하면 비를 내려달라고 기도했습니다. 그래서 성전에서의 기도는 비가 오게 하는 기도였습니다.

이스라엘 백성이 하나님의 말씀에 불순종하면 전쟁이 일어나서 많은 사람이 포로로 잡혀갔습니다. 그런데 그들이 포로로 잡혀간 곳에서 하나님의 뜻을 깨닫고 거기서 성전을 향하여 기도하면 하나님께서 그들을 용서하시고 불쌍히 여기셔서 포로에서 돌아오게 해 달라고 기도했습니다. 왜냐하면 하나님은 이미 이스라엘 백성을 철 풀무 같은 애굽에서 건져내신 적이 있기 때문입니다(47-53절).

우리나라에는 철 풀무와 같은 북한을 탈출해서 중국을 가로질러 미얀마나 태국을 통해서 우리나라로 들어온 사람들이 3만 5천 명이나 됩니다. 아마 중국에 있는 사람들은 백만 정도 된다고 합니다. 여성들은 인신매매로 팔리기도 하고 또 북한으로 도로 잡혀가기도 합니다.

북한에 도로 끌려가서 고생하고 매를 맞아도 한국 사람을 안 만나고 교회를 안 갔다고 하면 다시 풀어준다고 합니다. 어떤 사람은 탈북하는데 올케 언니가 십자가를 주면서 어떤 어려운 일 당해도 기도하면 하나님이 도와주신다고 했다고 합니다. 그래서 중국에서도 잡히고 태국에서도 북한으로 돌아갈 뻔했는데 기도하니까 다 풀려나서 한국에 왔다고 간증했습니다.

솔로몬에게 가장 안타까웠던 것은 죄를 안 짓는 백성이 없다는 것입니다. 결국 죄를 지으면 전쟁이 터지려고 하고 경제가 망하고 전염병이 돌게 되는 것입니다. 이때 하나님을 모르는 사람은 죄를 해결할 길이 없습니다. 그러나 우리가 성전을 향해서 기도하면 하나님이 해결해주시는 것입니다.

8:62, "이에 왕과 및 왕과 함께 한 이스라엘이 다 여호와 앞에 희생제물을 드리니라"

이스라엘 백성은 성전을 완공하고 난 후 온 힘을 다해서 하나님께 헌신했습니다. 그래서 소를 이만 이천 마리를 드렸고 양을 십이만 마리를 드렸습니다. 그리고 이스라엘 백성은 전부 다 모여서 7일을 먼저 하나님께 예배드리고 또 7일을 예배드렸습니다. 그들은 무려 14일을 하나님께 예배드렸던 것입니다. 이것은 대부흥의 날이었습니다. 그리고 이스라엘 백성이 집으로 돌아갔는데 기쁨이 충만했다고 했습니다(66절).

하나님은 우리 안에 계십니다. 우리도 이런 마음으로 하나님께 예배를 드리십시다. 그래서 코로나 전염병이 물러난 후 대부흥이 일어나기를 간절히 바랍니다.

12
성전보다 중요한 것

왕상 9:1-28

솔로몬은 하나님의 성전을 지어서 하나님께 복이란 복은 다 받은 사람이었습니다. 솔로몬은 지혜가 뛰어났고 부자였고 아름다운 여자들과 결혼하고 나라도 아주 부강했습니다. 만일 우리도 이렇게 될 수 있다면 얼마나 좋겠습니까? 우리도 하나님의 마음에 들어서 돈도 많고 넓은 아파트에서 살고 최고 좋은 대학을 나오고 인물도 아주 잘 생기고 결혼도 성공적으로 하고 유명한 대학의 박사학위도 가지고 있고 여러 곳에 다니면서 강연하면서 강연비도 많이 받는다면 참 좋을 것입니다.

이스라엘 백성은 축복이 어디서 오는 것을 알았습니다. 이 세상에서 성공한 사람들은 다른 사람들과의 경쟁에서 이기거나 혹은 남의 것을 빼앗아서 성공하지만 그들은 하나님으로부터 복이 온다는 것을 알았습니다.

1. 두 번째 나타나신 하나님

하나님은 다윗의 아들 솔로몬을 참으로 사랑하셨습니다. 그래서 그에게 세상에서 가장 뛰어난 지혜를 주셨는데, 솔로몬은 그 지혜를 가지고 하나님께 기도하는 일에 사용했습니다. 이것은 솔로몬의 삶의 우선순위가 하나님을 제일 중요하게 생각하고 있다는 것을 보여주는 것입니다.

> 9:1-2, "솔로몬이 여호와의 성전과 왕궁 건축하기를 마치며 자기가 이루기를 원하던 모든 것을 마친 때에 여호와께서 전에 기브온에서 나타나심 같이 다시 솔로몬에게 나타나사"

여기 "여호와께서 전에 기브온에서 나타나심 같이"라는 말은 솔로몬이 일천 번제를 드린 때를 말합니다. 솔로몬은 왕이 된 후 모든 일을 다 제쳐놓고 하나님 앞에서 기도하기 시작했습니다. 그가 일천 번제를 채웠을 때 하나님은 솔로몬에게 나타나셔서 물으셨습니다. "네가 원하는 것이 무엇이냐?" 이때 솔로몬은 "하나님이 저를 왕으로 세우셨는데 나라는 크고 사람들은 다 똑똑해서 도저히 제 머리로는 이들을 통치할 수가 없습니다. 하나님, 저에게 이 민족을 바른길로 이끌 수 있는 지혜를 주시기 바랍니다."라고 대답했습니다. 그때 하나님은 솔로몬의 요구사항이 하나님의 뜻에 적합했기 때문에 지혜도 주시고 부귀와 영화도 주시고 모든 것을 다 주시겠다고 약속하셨습니다. 이것이 하나님께서 첫 번째 솔로몬에게 나타나신 때의 일입니다.

그리고 난 후에 솔로몬은 모든 국력을 다 기울여서 두로 왕 히람의 도움을 받아 성전과 왕궁을 짓는 데 전념을 다 했습니다. 성전을 짓는 데 7년, 왕궁을 짓는 데 13년이 걸렸습니다. 그때 하나님이 두 번째 솔로몬에게 나타나셨습니다. 젊은 솔로몬이 왕이 된 후에 가장 먼저 성전을 짓고 왕궁을 짓는 데 전념한 것은 그의 마음이 최우선적으로 하나님을 향했다는 것을 보여줍니다. 솔로몬이 성전을 지었다고 해서 왕궁을 짓지 않을 필요가 없습니다. 그의 중심이 하나님을 향한 이상 하나님이 모든 것을 솔로몬에게 허락하셨기 때문입니다. 왕도 살 집이 있어야 하고 신하들과 회의도 해야 하고 재판도 해야 하기 때문에 하나님은 왕궁을 짓는 것도 기뻐하셨습니다. 하나님께서 솔로몬에게 이렇게 두 번째로 나타나신 것은 솔로몬의 기도에 응답하시며 축복하시기 위함이었습니다.

솔로몬은 성전을 다 지은 후에 작은 단을 만들어서 그 위에 무릎을 꿇고 두 손을 들고 하나님께 기도를 드렸습니다. 솔로몬은 우선 이 성전이 하나님이 계시기에는 너무 작다는 것을 인정하고, 우리가 죄를 지어서 비가 오지 않을 때 용서하셔서 비가 오게 하시고, 전쟁이 일어나서 포로로 붙들려 갔을 때 이 성전을 향하여 기도하면 돌아오게 하시고, 메뚜기나 깜부기 재앙이나 여러 가지 병이 생겼을 때 기도하면 하나님께서 들으시고 고쳐달라고 간구했습니다(8:27-53).

하나님께서는 솔로몬에게 네 기도를 다 들으셨다고 하시면서 진정한 축복의 비결을 가르쳐주셨습니다.

> 9:3, "여호와께서 그에게 이르시되 네 기도와 네가 내 앞에서 간구한 바를 내가 들었은즉 나는 네가 건축한 이 성전을 거룩하게 구별하여 내 이름을 영원히 그 곳에 두며 내 눈길과 내 마음이 항상 거기에 있으리니"

하나님은 말씀에 순종해서 지은 성전에서 드리는 기도를 들으셨습니다. 하나님은 솔로몬의 모든 기도를 다 들으셨고 응답하시겠다고 약속하셨습니다. 이 성전에는 항상 하나님의 이름이 있을 것이라고 했습니다. 그래서 이스라엘 백성이 성전에서 하나님의 이름을 부르기만 하면 하나님은 그들을 보시는 것입니다. 그뿐만 아니라 성전에 하나님의 눈이 있어서 하나님은 이스라엘의 형편이 어떤지 살피시고, 하나님의 귀가 있어서 이스라엘 백성이 드리는 기도를 전부 다 들으시겠다고 말씀하셨습니다.

그래서 솔로몬은 왕이 되었을 때 하나님께 일천 번제의 기도를 드려서 응답을 받았습니다. 그리고 솔로몬은 하나님께 성전을 지음으로 모든 재앙이나 전쟁에서 이기게 되는 응답을 받았습니다. 그래서 우리가 무엇인가 시작할 때는 항상 기도부터 먼저 해야 합니다.

2. 진정한 축복의 비결

하나님은 솔로몬의 일천 번제 기도를 기뻐하셨습니다. 그리고 하나님은 솔로몬이 다른 어떤 건물보다 하나님의 성전을 먼저 짓고 기도부터 한 것을 기뻐하시고 응답하셨습니다. 그런데 이스라엘 백성이 하나님으로부터 진정한 축복받는 비결은 따로 있었습니다. 그것은 바로 다윗이 행한 길을 따르는 것이었습니다.

> 9:4, "네가 만일 네 아버지 다윗이 행함 같이 마음을 온전히 하고 바르게 하여 내 앞에서 행하며 내가 네게 명령한 대로 온갖 일에 순종하여 내 법도와 율례를 지키면"

다윗의 신앙은 무엇보다 체험이 있는 신앙이었습니다. 다윗이 행한 길은 오직 하나님 율법의 말씀을 배우고 지키는 길이었습니다. 다윗은 하나님의 율법을 자신이 좋아했습니다. 공자의 글에도 아무리 사람이 공부를 열심히 한다고 해도 공부를 즐기는 사람은 이길 수 없다고 했습니다. 하나님은 다윗의 이런 충성된 신앙을 보고 이스라엘에 대한 생각을 바꾸셨습니다. 이스라엘 지도자들은 처음에는 하나님께 충성하는 것 같았는데 나중에는 배신했습니다. 그러나 하나님은 다윗의 믿음 생활을 보시고는 다윗은 믿을 수 있다고 생각하셨습니다. 그리고 하나님은 다윗에게는 모든 복을 다 주셔도 된다고 생각하셨습니다. 다윗은 하나님 말씀에 미친 사람이었기 때문입니다.

사실 우리가 하나님께 미치기는 어렵습니다. 하나님은 너무 크시기 때문입니다. 하나님은 우주보다 더 크시고 무한한 분이신데 우리가 어떻게 감히 하나님을 가까이하며 사랑할 수 있겠습니까? 그래서 하나님은 우리에게 하나님의 말씀을 주셨습니다. 우리가 하나님의 말씀을 읽고 그대로 살아보니까 하나님의 달콤한 맛을 느낄 수 있는 것입니다. 그래서 다윗은 하나님의 말씀은 송이꿀보다 더 달다고 했습니다.

그리고 다윗은 하나님의 말씀을 사랑했습니다. 다윗은 하나님 말씀의 가치는 금이나 은보다 더 사모할 것이라고 했습니다. 다윗은 자기가 하나님의 말씀을 사랑하니까 하나님이 함께 따라오시는 것을 알 수 있었습니다. 즉 하나님의 말씀과 하나님은 붙어있는 것이었습니다. 그래서 다윗은 하나님의 말씀을 미친 듯이 사랑했습니다. 무엇이든지 미친 듯이 사랑하는 사람은 감당할 수 없습니다.

하나님께서 솔로몬에게 요구하신 것은 오직 하나밖에 없었습니다. 그것은 바로 너의 아버지 다윗처럼만 믿으라는 것이었습니다. 다윗처럼만 믿으면 하나님은 모든 복을 다 주시겠다고 약속하셨습니다.

> 9:5, "내가 네 아버지 다윗에게 말하기를 이스라엘의 왕위에 오를 사람이 네게서 끊어지지 아니하리라 한 대로 네 이스라엘의 왕위를 영원히 견고하게 하려니와"

하나님이 다윗에게 약속하신 것은 그의 후손이 끊어지지 않고 영원히 이스라엘의 왕위에 오르게 된다는 것이었습니다. 그러나 진짜 내용의 복은 다윗의 후손이 오직 하나님의 말씀만 붙잡고 나가면 모든 전쟁을 이기고 부흥이 일어나게 하겠다는 뜻이었습니다. 이스라엘 백성의 최고의 복은 부흥입니다. 그래서 이스라엘 백성이 하나님의 말씀을 들을 때 가슴이 뜨거워지는데 그때 성령의 부으심을 받습니다. 이때 하나님은 원수를 이기게 하시고 병도 낫게 하시고 기도가 응답되게 하시고 복이란 복은 다 부어주시는 것입니다. 솔로몬의 진짜 복의 비결은 일천 번제나 성전이 아니라 하나님의 말씀에 미치는 것이었습니다.

3. 버림받는 성전

이스라엘 백성은 하나님의 성전을 짓는 데 모든 정성과 노력을 쏟았습니다. 하나님의 성전을 짓는 데 수백 달란트의 금이 들어갔고, 수많은 백향목이 쓰였고, 수만 명의 백성이 동원되었습니다. 성전 안은 완전히 금으로 발랐고, 놋기둥은 들 수도 없었고, 놋으로 된 바다는 풀장 같았습니다. 이 정도면 하나님께서 만족하시고 칭찬하실 것 같았습니다. 그러나 하나님은 이스라엘 백성을 칭찬하시지 않았습니다. 이 성전은 이스라엘 백성의 생명이고 자신들이 당연히 지어야 할 성전이었기 때문입니다. 교회는 많은 사업을 벌이기 전에 성전을 성전답게 하는 것이 가장 중요합니다. 그것은 바로 하나님의 백성을 하나님의 말씀으로 채우는 일입니다.

하나님은 성전을 건축한 이스라엘 백성에게 칭찬보다는 경고의 말씀을 하셨습니다. 즉 이스라엘 백성이 성전만 믿고 하나님의 말씀을 멀리하면 하나님은 이 성전을 집어던져 버릴 것이라고 하셨습니다. 그래서 모든 백성이 부서진 성전을 보고 그 이유를 물으면 이스라엘 백성이 애굽에서 건져내신 하나님을 배신했기 때문이라고 대답할 것입니다. 도대체 이 세상에서 그 백성을 애굽에서 건져내신 신이 어디 있습니까? 그런데 이스라엘 백성은 그 하나님을 버린 것입니다(6-9절). 이스라엘 백성이 우상을 따라간 이유가 어디에 있습니까? 더 잘 살고자 하는 욕심과 호기심 때문이었습니다.

솔로몬은 성전과 왕궁을 다 짓고 난 후 도와준 히람 왕을 만나 감사를 표했습니다. 그리고 갈릴리 성읍 스무 곳을 선물로 주었습니다. 그런데 히람이 와서 그 성을 보니 너무 초라했습니다. 그래서 그 성읍 이름을 '가불' 이라 했는데 불만이라는 뜻입니다. 솔로몬은 하나님의 땅을 이방인에게 줄 수 없었습니다. 그래서 못 쓰는 땅을 준 것 같습니다. 즉 기왕 버린 땅이니까 너희에게 주겠다는 뜻이었습니다. 히람은 그 땅 값으로 금 일백이십 달란트를 주었습니다(11-14절).

솔로몬은 게셀을 애굽으로부터 도로 받았는데, 게셀은 예루살렘 방어에 아주 중요한 곳이었습니다. 전에 애굽 왕 바로가 게셀을 빼앗고 불살랐는데 그 공주가 솔로몬의 왕비가 되니까 돌려주었습니다(15-16절). 게셀은 지금도 남아 있습니다. 또 게셀 사람들이 농사짓던 날짜가 토기에 새겨져 있어서 게셀 캘린더라고 해서 고고학적으로 중요한 자료로 보관하고 있습니다.

솔로몬은 예루살렘 안에 또 밀로를 지었습니다. 이것은 수비를 더 튼튼하게 하기 위한 것이었습니다. 그리고 항구를 새로 개발했는데 홍해 쪽의 '에시온게벨' 이었습니다. 또 오빌에서 금 사백이십 달란트가 솔로몬에게 들어왔습니다. 우리가 본문에서 보게 되는 것은 솔로몬에게 금이 자꾸 많아지고 있다는 것입니다. 결국 이 금이 솔로몬의 눈을 어둡게 해서 망하는 길로 가게 합니다.

우리에게 금은 많이 필요하지 않습니다. 오히려 금은 주의 종을 타락하게 만듭니다. 종교인들은 금 때문에 다 망하게 됩니다. 조금 부족하고 눈이 밝은 것이 나을 것입니다. 너무 돈에 욕심내지 마시고 하나님의 말씀에 욕심내시기 바랍니다.

13
스바 여왕의 방문

왕상 10:1-29

옛날에는 아프리카 전체에서 오직 에티오피아만 기독교 국가였다고 하는데 그것을 보면 에티오피아가 얼마나 대단한 나라인지 알 수 있습니다. 나일강 상류에 가면 나그함마디라고 하는 옛날 기독교 문서들이 나오는 곳이 있는데, 거의 전부 이단의 집단들이 있는 곳으로 알려지고 있습니다. 그런데 특이한 것은 옛날 에티오피아가 왕정이었는데, 왕들은 전부 솔로몬의 후손으로 알려져 있다는 사실입니다. 그러니까 스바 여왕이 솔로몬의 지혜를 묻기 위해서 갔을 때 그냥 자기가 궁금한 것만 물었던 것이 아니라 거기서 하루를 솔로몬과 잤던 것 같습니다. 그래서 왕들은 자신들이 솔로몬의 후손이라고 했습니다. 에티오피아 사람들은 다른 아프리카 사람들처럼 피부가 완전히 검지 않고 갈색 비슷하다고 합니다.

우리는 보통 스바라고 하면 두 곳을 생각합니다. 하나는 에티오피아를, 다른 하나는 사우디반도 끝에 있는 예멘이라고 생각합니다. 그러나 거의 대개 솔로몬을 찾아왔던 스바 여왕은 에티오피아 여왕이었다고 생각합니다. 한때 에티오피아는 에티오피아와 애굽까지 다스리는 거대한 나라였습니다. 솔로몬을 찾아온 스바 여왕의 나라는 가난한 나라가 아니라 대단히 부강한 나라였고, 이때 여왕은 이름이 마퀴다였다고 합니다. 사도행전에도 보면 에티오피아의 여왕 간다게의 궁내 대신이 예루살렘까지 가서 예배드리고 마차를 타고 오면서도 이사야서를 읽으면서 오다가 빌립을 만나서 세례를 받는 장면을 볼 수 있습니다(행 8:26-40). 이런 것을 보면 옛날 에티오피아 사람들의 하나님에 대한 신앙이 얼마나 대단했는지 알 수 있습니다. 그런데 20세기에 들어서 에티오피아에 공산주의 혁명이 일어나게 됩니다. 그때 에티오피아에 살던 수많은 유대인이 밤에 에티오피아를 탈출하게 됩니다. 〈타임〉지에서는 이것을 20세기의 출애굽이라고 했는데, 에티오피아에서 온 유대인은 백인 유대인이 아니라 흑인 유대인이었습니다.

한때 미국 하버드 대학의 마이클 샌델 교수가 《정의란 무엇인가?》라는 강의를 했는데 그 강의가 아주 인기가 있었고 그 책이 우리 말로도 번역이 되어 백만 권 이상이 팔렸습니다. 또 중국의 유물 중에서 병마용이라든지 만리장성, 자금성 같은 곳은 너무나도 유명하여서 한 해에도 수천만 명의 관광객이 구경하고 있습니다. 중국은 옛날 진시황 한 사람 때문에 가만히 앉아서 얼마나 많은 돈을 벌어들이고 있는지 모릅니다. 그런데 이 세상에 많은 보물이나 지식이 있지만, 그중에서 가장 가치 있는 보물은 바로 하나님의 말씀입니다. 옛날 이방인 중에서 하나님 말씀의 가치를 제대로 아는 사람이 있었는데, 그 사람이 바로 오늘 본문에 나오는 에티오피아의 여왕 마퀴다였습니다.

1. 지혜의 탐구

역사책을 읽으면서 가장 부러운 사람 중의 하나가 중국의 삼장법사입니다. 삼장법사라고 하면 어린이들은 이미 손오공을 통해서 잘 알고 있을 것입니다. 당시 당나라에는 제대로 된 불경이 없어서 불교가 완전히 엉망이었습니다. 그래서 삼장은 불교를 바로잡으려고 하면 먼저 인도에 가서 제대로 된 불경을 가지고 와야겠다고 생각해서 타클라마칸 사막을 건너서 몇 번씩이나 죽을 고비를 넘기면서 인도까지 찾아갔습니다. 그는 인도를 찾아가는 데 몇 년이 걸리고, 또 돌아오는 데 몇 년이 걸려서, 왕복 대략 17, 18년이 걸렸다고 합니다. 삼장은 자기 나름대로 진리를 찾아서 그 학교를 찾아가서 공부하고 또 불경을 구입해 한 짐을 지고 당나라로 돌아옵니다. 나라에서는 그를 위하여 절과 탑을 지어주고, 그는 그 불경을 중국어로 번역하면서 남은 생을 살아가게 됩니다. 사람이 자기가 진리라고 생각하는 것을 위하여 이렇게 목숨을 걸고 한평생을 바쳐서 연구하는 것은 참 아름다운 모습입니다.

그런데 아프리카에 그런 여왕이 있었습니다. 에티오피아의 스바 여왕입니다. 그녀는 2개의 나라 즉 애굽과 에티오피아를 다스리고 있었고, 부도 엄청나게 모아서 금과 보석이 수도 없이 많았습니다. 그녀는 처음에 큰 나라의 왕이 되고 많은 부를 모으면 행복할 줄 알았습니다. 그러나 만족할 수 없었습니다. 그래서 아마 아프리카와 사우디에서 똑똑하다는 사람은 다 모아서 자신에게 인생론을 가르쳐 달라고 한 것 같습니다. 그러나 그 수많은 아프리카의 지혜롭다는 사람 중에서 단 한 사람도 자신의 갈급함을 만족시켜주고 참 생명의 길로 인도해주는 자를 만날 수 없었습니다. 그래서 이 여왕은 깊은 고민에 빠지게 되었습니다.

그러던 어느 날 스바 여왕은 정말 굿 뉴스를 듣게 되었습니다. 그것은 바로 사막 건너 이스라엘에 솔로몬이라는 왕이 있는데, 지혜가 뛰어날 뿐 아니라 하나님의 지혜를 가지고 인생의 문제를 해결한다는 소식이었습니다. 물론 그 소식이 대단하기는 하지만 이스라엘은 너무 먼 곳에 있었습니다. 그리고 거기까지 자기가 직접 갔다 오려고 하면 나랏일에 공백이 생길 것입니다. 또 하나님의 말씀을 들으러 가면서 빈손으로 갈 수도 없었습니다. 더욱이 스바 여왕의 자리를 노리고 있는 주위의 나쁜 세력들도 있었습니다.

그러나 스바 여왕은 하나님의 말씀을 듣기로 결심했습니다. 물론 그 먼 곳까지 갔는데도 불구하고 솔로몬의 이야기가 다른 사람들의 이야기처럼 시시한 이야기일지도 모릅니다. 그러나 스바 여왕은 모험하기로 했습니다. 하나님의 말씀을 듣기 위해서라면 그 정도의 모험을 해야 한다는 것이 여왕의 판단이었습니다. 그래서 여왕은 치밀한 준비를 했습니다. 즉 지하에 동굴을 파서 자기가 나라를 비우는 것을 주위 나라들이 모르게 했고, 가짜 여왕을 세워서 자기가 나라를 지키고 있는 것처럼 가장했습니다. 그리고 나라에 있는 수많은 금과 보석과 향품을 낙타에 싣고 출발했습니다.

10:1-2, "스바의 여왕이 여호와의 이름으로 말미암은 솔로몬의 명성을 듣고 와서 어려운 문제로 그를 시험하고자 하여 예루살렘에 이르니 수행하는 자가 심히 많고 향품과 심히 많은 금과 보석을 낙타에 실었더라 그가 솔로몬에게 나아와 자기 마음에 있는 것을 다 말하매"

스바 여왕은 드디어 예루살렘에 도착했습니다. 그리고 하나님의 말씀을 듣기 전에 먼저 어려운 문제로 솔로몬을 시험했습니다. 그런데 솔로몬은 식물이나 동물이나 곤충이나 새들의 문제 등 알지 못하여 대답하지 못한 것이 하나도 없었습니다.

10:3, "솔로몬이 그가 묻는 말에 다 대답하였으니 왕이 알지 못하여 대답하지 못한 것이 하나도 없었더라"

스바 여왕은 상식적인 질문을 가지고 솔로몬에게 물었는데 막히는 것이 없이 줄줄 대답이 나오니까 자기 속에 있는 본질적인 문제를 물었던 것 같습니다. 그런데 솔로몬은 어느 누구도 알 수 없는 스바 여왕의 깊은 고민을 하나님의 영감으로 전부 다 얘기해 주었습니다. 아마 스바 여왕은 자신의 고민했던 문제들이 하나님 앞에서 다 풀리는 것을 보고 가슴이 뜨거워지기도 하고 시원해지기도 하고 울기도 하고 웃기도 했을 것입니다. 솔로몬의 머리와 가슴 속에는 하나님의 영이 흐르고 있었습니다. 그래서 솔로몬은 스바 여왕이 고민하고 있는 모든 문제를 다 해결해주었던 것입니다.

그래서 스바 여왕은 나중에 예수님에게 칭찬을 받게 됩니다(마 12:42). 그것은 스바 여왕이 솔로몬의 지혜의 말을 들으려고 그 남쪽 먼 곳에서 왔는데, 이스라엘 백성은 하나님의 아들이 오셔서 하는 말씀도 듣지 않았기 때문입니다. 그들은 스스로 똑똑하다고 생각했지만 사실은 가장 미련한 사람들이었습니다. 스바 여왕은 자기가 가지고 온 향품과 금과 보석을 전부 다 솔로몬에게 주었습니다. 하나님의 말씀을 듣는 가치로는 이것들이 조금도 아깝지 않았기 때문입니다. 지금도 아프리카의 보석은 아름답기로 유명합니다. 그리고 여왕이기 때문에 세계적인 향품을 모았을 것입니다. 그는 그것을 전부 솔로몬에게 주었습니다.

그리고 스바 여왕은 솔로몬의 지혜의 결과물을 보았습니다. 그 웅장한 성전과 왕궁과 정원에 있는 식물들과 신하들의 좌석과 성전에 올라가는 계단과 그 모든 것을 보고 놀라서 솔로몬에게 고백합니다. "내가 당신께 들은 것이 사실입니다. 나는 처음에 듣고 설마 그 정도일까 했는데 지금 보니 소문이 반도 안 되는 것을 알았습니다."라고. 그러면서 스바 여왕은 솔로몬의 신하들이 복되다고 했습니다. 그들은 솔로몬이 있어서 항상 하나님의 말씀을 들을 수 있기 때문이었습니다.

10:8, "복되도다 당신의 사람들이여 복되도다 당신의 이 신하들이여 항상 당신 앞에 서서 당신의 지혜를 들음이로다"

스바 여왕은 평생에 단 한 번 준비해서 단 한 번 솔로몬의 지혜를 듣고 은혜받았지만, 솔로몬의 신하들은 매일 하나님의 말씀을 들으니까 참 부럽다고 했습니다. 그런데 참 놀라운 것은 단 한 번 하나님의 말씀을 들은 사람은 감격하는데 늘 듣는 사람은 그 가치를 모른다는 것입니다. 그래서 그 말씀을 우습게 알고 세상 지식을 더 좋아하고 하나님의 지혜를 짓밟고 나중에 망하게 되는 것입니다. 그러므로 하나님의 백성도 하나님의 말씀을 한 번 빼앗겨 보아야 그 가치를 알게 되는 것입니다. 유다 백성이 하나님 말씀의 가치를 안 것은 예루살렘이 망하고 70년 동안 바벨론에서 종살이한 후였습니다.

스바 여왕은 금 백이십 달란트를 바쳤는데, 요즘 단위로 8톤이나 됩니다. 즉 금을 8톤 트럭 한 대에 가득 싣고 온 것과 같습니다. 그리고 향품은 이스라엘 역사상 그렇게 귀한 것이 많이 들어온 적이 없었습니다. 이것은 스바 여왕이 하나님의 말씀을 듣고 바친 헌금이었습니다.

2. 솔로몬의 부요

솔로몬은 사람들에게 하나님의 말씀을 가르치고 강사료를 받았던 것 같습니다. 요즘 대학교에서 강의를 들으려고 하면 수업료를 내어야 했듯이 솔로몬도 돈을 받고 하나님의 말씀을 가르쳤던 것 같습니다. 그랬더니 솔로몬의 수입이 엄청나게 많아지게 되었습니다. 솔로몬이 국가에서 받는 금이 매년 육백육십육 달란트였고, 무역하는 사람들도 금을 가져왔습니다. 솔로몬은 금을 다 쓸 데가 없으니까 금으로 방패를 만들어서 자신을 호위하게 했는데, 큰 방패는 한 개에 금이 육백 세겔이었습니다. 큰 방패는 전신을 가리는 것인데 이백 개를 만들었고, 작은 방패는 상반신을 가리는 것인데 삼백 개를 만들었습니다. 그래서 일단 솔로몬이 나타났다고 하면 온 세상이 금으로 다 번쩍였습니다. 그리고 솔로몬이 앉는 의자는 상아로 만들었고 금을 입혔습니다. 솔로몬 앞에는 여섯 계단이 있고 계단마다 양쪽에는 황금 사자가 있었습니다. 솔로몬이 마시는 모든 잔은 금이었고, 솔로몬 시대에는 은은 보석 축에도 들지 못하였습니다.

> 10:24-25, "온 세상 사람들이 다 하나님께서 솔로몬의 마음에 주신 지혜를 들으며 그의 얼굴을 보기 원하여 그들이 각기 예물을 가지고 왔으니 곧 은 그릇과 금 그릇과 의복과 갑옷과 향품과 말과 노새라 해마다 그리 하였더라"

솔로몬은 하나님이 주신 지혜를 예물을 받고 사람들에게 가르쳤습니다. 그래도 사람들이 얼마나 넘쳐나는지 매년 예물을 가지고 솔로몬의 지혜를 듣고 얼굴을 보기 위하여 오는 사람들이 넘쳤습니다.

우리에게 궁금한 것이 있습니다. 솔로몬이 이렇게 금으로 큰 방패와 작은 방패를 만들 정도로 금이 많았고 또 사람들에게 많은 예물을 받았는데, 이 많은 금이나 예물이 솔로몬에게 도움이 되었을까요, 마이너스가 되었을까요? 솔로몬은 하나님께 아무것도 바친 것 없이 거저 지혜를 얻었습니다. 하나님께서 솔로몬에게 주신 지혜는 영원한 것이 아니라 시간이 지나면 말라 없어지는 것이었습니다. 물론 솔로몬이 하나님이 주신 축복으로 부자가 될 수도 있습니다. 그러나 솔로몬이 그 금을 의지하지 않기 위하여 그 금들을 땅속에 파묻어버리고 늘 가난한 마음으로 하나님의 말씀에 갈급했더라면 이렇게 많은 금이나 예물이 필요하지도 않고 계속 샘솟는 듯한 지혜를 얻을 수 있었을 것입니다. 그러나 솔로몬은 금을 좋아하면서 자신의 영혼이 고갈되어 갔습니다. 결국 솔로몬은 마음의 답답함을 이기지 못해서 이방의 많은 공주와 결혼하게 되고 그들로부터 우상을 받아들이게 됩니다.

3. 솔로몬의 능력

처음 솔로몬이 왕이 될 때는 소년이었고 순전히 하나님의 능력으로 왕이 되었습니다. 그런데 솔로몬이 돈이 많아지고 금이 많아지게 되니까 솔로몬이 의지하는 것이 달라지게 되었습니다. 솔로몬은 더 이상 하나님을 의지하지 않고 자신의 군사력을 의지하게 되었습니다.

솔로몬은 말과 병거를 엄청나게 사 모으게 되었습니다.

10:26, "솔로몬이 병거와 마병을 모으매 병거가 천사백 대요 마병이 만이천 명이라 병거성에도 두고 예루살렘 왕에게도 두었으며"

솔로몬은 이스라엘이 군사력이 강한 나라가 되어야겠다고 생각했습니다. 물론 이스라엘에는 하나님이 계시지만 하나님은 눈에 보이지 않으시니까 눈에 보이는 확실한 무기를 많이 두어야겠다고 생각했던 것입니다. 솔로몬은 군사력이 약하면 주위에 있는 나라들이 쳐들어와서 자기 금을 다 빼앗아가리라는 것을 알았습니다. 그래서 솔로몬은 일단 병거부터 사 모았는데 천사백 대를 모을 수 있었습니다. 그리고 또 말을 타고 싸우는 마병이 만이천 명이나 되었습니다. 말이 너무 많으니까 말을 병거성에도 두고 예루살렘에도 두었습니다. 그리고 솔로몬은 말 장사를 또 했습니다. 그래서 북쪽에 있는 헷 족속에게 팔고 또 새로운 말은 애굽에서 사서 보충했던 것입니다. 그래서 솔로몬은 말 장사로 또 엄청나게 돈을 벌게 됩니다.

하나님께서는 다윗에게 말이나 마병을 두지 말라고 경계하셨습니다. 또 말이 있으면 뒷발 힘줄을 끊어서 불구로 만들라고 했습니다(삼하 8:4). 그래야 어려운 일 당했을 때 기도를 하게 되고 하나님의 불 말과 불 병거가 그들을 돕기 때문입니다. 솔로몬이 병거와 말을 산 것은 잘못일까요? 물론 잘못은 아닐 수도 있습니다. 그러나 그가 늘 하나님 앞에서 가난한 마음이 되어서 하나님만 의지하고 기도했더라면 이스라엘이 망하지 않았을 것입니다.

우리에게 부흥이 오면 축복은 덤으로 따라오게 되어 있습니다. 예수님은 제자들에게 "너희는 먼저 그의 나라와 그의 의를 구하라 그리하면 이 모든 것을 너희에게 더하시리라"(마 6:33)고 하셨습니다. 우리는 금을 사랑해서는 안 됩니다. 금이 없는 것보다는 있는 것이 좋습니다. 그러나 교회가 커지면 돈으로 모든 것을 하려고 하다가 망하게 됩니다. 돈은 없는 것으로 치고 늘 하나님 앞에 가난한 마음이 되어서 하나님만 의지하는 참 신앙인이 다 되시기를 바랍니다.

14

솔로몬의 타락

왕상 11:1-25

사람들은 목표가 있으면 그 목표를 향하여 열심히 노력하기 때문에 지루하지 않습니다. 그 사람은 인생의 의욕이 넘치고 하루하루 살아가는 것이 재미가 있을 것입니다. 그러나 자기가 원하는 목표를 다 이루어버리면 새로운 인생 목표라는 것이 없게 됩니다. 매일의 생활이 똑같아서 재미가 없고 의미가 없습니다. 매일 하는 것이 똑같은 것의 반복이기 때문입니다. 이때 사람의 마음속에는 권태라는 것이 찾아오게 됩니다. 이런 권태가 찾아오게 되면 재미를 찾아서 탈선하게 됩니다.

사람은 무엇인가 부족하고 인생의 목표를 달성하려고 애를 쓰고 자신의 삶에 변화가 있을 때 죄를 덜 짓게 됩니다. 사람들이 어렸을 때나 청년 때에는 자기 자신이 변하고 있고 환경이 변하고 있어서 죄를 지을 시간이 적습니다. 그러나 어른이 되고 회장이 되고 유명한 사람이 되었을 때는 더 이상 추구할 목표가 없어지게 됩니다. 그때 그 사람의 마음속에는 권태가 들어오게 되는데 성적인 범죄가 가장 쉽게 들어옵니다.

그래서 우리는 성공하고 유명해지는 것도 좋지만 인생의 목표를 이룬 다음에 찾아오는 권태를 어떻게 물리칠 것인가 하는 것을 생각해야 합니다. 그렇지 않으면 모두가 부정과 부패, 또는 미투 같은 것으로 다 넘어지게 됩니다. 우리 삶에는 변화가 필요합니다. 그러나 사람이 나이가 들수록 변화하는 것은 어려워지고 매일 똑같은 생활이 반복되게 됩니다. 그래서 우리 삶에 있어서 분명한 인생의 목표가 설정되어 있어야 합니다. 인생의 목표가 분명하지 않으면 이 권태를 이기지 못해서 죄를 짓고는 아닌 것처럼 위선적인 삶을 살게 되는 것입니다.

솔로몬은 하나님의 성전을 짓고 복이란 복은 다 받은 사람입니다. 솔로몬은 세계의 어떤 사람보다 지혜가 뛰어났습니다. 그는 수천의 잠언을 짓고 사랑의 노래를 지었으며, 학문적으로도 아주 뛰어난 소양을 가지고 있었습니다. 또 솔로몬은 부귀영화의 극치를 누렸습니다. 그러나 솔로몬에게는 만족이 없었습니다. 그 이유가 무엇이었을까요? 그는 모든 것을 다 가지고 있었기 때문입니다. 그러나 솔로몬의 마음속에 권태가 들어오게 되었습니다. 솔로몬은 이 세상에 자기가 가진 것으로는 도무지 만족할 수 없었습니다. 솔로몬의 머리는 뛰어나고 열정은 넘치는데 그것을 쏟아부을 만한 것이 없었습니다. 그래서 솔로몬은 좀 더 자신을 행복하게 해줄 수 있는 것을 찾아서 탈선하게 되었습니다. 바로 이스라엘 여자가 아닌 이방 여자와의 관계에서 즐거움을 찾는 것이었습니다. 그리고 그는 더 이상 여호와라고 말씀만 하시는 하나님이 아닌 더 짜릿한 기쁨을 주는 신들을 찾게 되었습니다. 그래서 솔로몬은 하나님의 말씀에서 탈선하게 됩니다.

1. 솔로몬에게 찾아온 권태

하나님은 솔로몬을 사랑하셔서 복이란 복은 다 부어주셨습니다. 솔로몬은 이 세상에서 자기가 본 것 중에서 좋은 것이란 좋은 것은 다 가졌습니다. 그러나 솔로몬에게는 만족이 없었습니다. 솔로몬이 모든 열정을 다 바쳐서 추구할 대상이 없었기 때문입니다. 그래서 솔로몬의 삶에 우울과 권태가 찾아오게 되었습니다. 만약 솔로몬이 자신이 인간이며 자기가 원하는 모든 것을 다 가졌을 때에 엄청난 권태가 찾아온다는 것을 알았더라면 그는 자신의 욕심을 줄였을 것입니다. 그러나 솔로몬은 자신의 욕망에 한계가 없었습니다. 그는 금이 많으니까 가지고 싶은 것은 다 가졌습니다. 그렇게 솔로몬이 욕심을 채우다 채우다 나중에 도저히 더 재미있는 것이 없으니까 외국의 여인들을 모으기 시작했습니다.

> 11:1, "솔로몬 왕이 바로의 딸 외에 이방의 많은 여인을 사랑하였으니 곧 모압과 암몬과 에돔과 시돈과 헷 여인이라"

솔로몬은 이스라엘 여인들보다 이방 여인들이 훨씬 더 자기를 만족시킬 수 있다는 것을 알게 되었습니다. 이스라엘 여인들은 아무래도 하나님을 믿었으므로 성적인 즐거움보다는 하나님에 대한 신앙을 더 중요하게 생각했기 때문입니다. 그리고 솔로몬이 처음에 좋아했던 여인들은 다 나이가 들어가게 되었습니다. 솔로몬은 자기가 늙어가는 것은 생각하지 않고 자기 아내나 첩들이 늙어가는 것만 보고 한탄했습니다. 솔로몬의 정부인은 바로의 딸이었습니다. 사실 이것 자체도 하나님이 썩 원하신 것은 아니었습니다. 그러나 하나님은 워낙 이스라엘이 작은 나라이고 솔로몬이 큰 나라의 인정을 받으려고 한다고 생각해서 아무 말씀도 하시지 않았습니다. 그러나 바로의 공주라고 해서 늙지 않는 것이 아니었습니다. 시간이 흐르고 세월이 흐를수록 바로의 공주도 늙어갔습니다. 솔로몬은 시골에 갔다가 술람미 여인을 만나서 사랑에 빠짐으로 '아가' 라고 하는 아주 뛰어난 작품을 남깁니다. 그러나 그때만 해도 솔로몬은 덜 늙었을 때이고 아직 싱싱할 때였습니다.

솔로몬은 나이가 들면서 이제는 아주 노골적으로 자기 육체를 만족시켜주고 행복하게 해줄 수 있는 여인들을 찾았습니다. 역시 그런 여인들은 모압과 암몬과 에돔과 시돈과 헷 여인들 같은 아주 젊은 이방 여인들이었습니다. 이 여인들은 십대 초반이나 중반의 나이였을 것입니다. 아무것도 모르고 버릇은 하나도 없지만 역시 젊은 몸을 가지고 있는 여인들이 솔로몬에게는 너무나도 좋았던 것입니다. 그런데 이런 여인들보다 나이가 훨씬 많은 솔로몬이 그들의 관심을 끌려고 하니까 금도 주어야 하고 그들의 요구를 다 들어주어야 했던 것입니다.

그러나 하나님은 일찍이 이방 여인들에 대하여 경고한 것이 있습니다.

> 11:2, "여호와께서 일찍이 이 여러 백성에 대하여 이스라엘 자손에게 말씀하시기를 너희는 그들과 서로 통혼하지 말며 그들도 너희와 서로 통혼하게 하지 말라 그들이 반드시 너희의 마음을 돌려 그들의 신들을 따르게 하리라 하셨으나 솔로몬이 그들을 사랑하였더라"

하나님께서는 하나님을 믿지 않는 민족의 여인들의 마음에 얼마나 음란한 것과 우상의 마음이 깊이 자리 잡고 있는지를 아셨습니다. 그래서 하나님은 절대로 모압이나 암몬이나 시돈 같은 이방 여인들을 사랑하거나 결혼하지 말라고 하셨습니다. 왜냐하면 그들은 벌써 외모가 이스라엘 여인들과는 달리 아주 성적이고, 어렸을 때부터 우상이 마음속에 있으므로 반드시 너희 마음을 돌이켜서 우상을 따르게 하기 때문이라고 말씀하셨습니다.

솔로몬이 아무리 지혜가 뛰어나고 영광스러운 왕이라 하더라도 이런 소녀들에게는 하나의 늙어가는 아저씨에 불과했던 것입니다. 아저

씨가 이런 아무것도 모르는 소녀의 마음을 끌려고 하면 그녀들이 시키는 대로 다 해주어야 했던 것입니다. 젊은 여자들에게 늙어가는 솔로몬은 돈주머니의 대상이지, 진정한 사랑의 대상이 되지 못했던 것입니다. 그리고 그 여인들은 얼마든지 솔로몬을 조종할 수 있었습니다. 솔로몬은 이방 여인들에게는 권태를 느끼지 않았습니다. 왜냐하면 그것은 바로 죄의 길이었기 때문입니다. 죄는 권태를 느끼지 않게 해줄 뿐 아니라 오히려 풀어주기까지 합니다.

> 11:3, "왕은 후궁이 칠백 명이요 첩이 삼백 명이라 그의 여인들이 왕의 마음을 돌아서게 하였더라"

여기서 후궁은 결혼식을 한 정식 부인을 말하고, 첩은 결혼식도 하지 않고 데리고 사는 여자들을 말합니다. 이들을 합치면 천 명이었습니다. 솔로몬은 자기 부인들의 이름이나 얼굴도 다 기억할 수 없었을 것입니다. 아마 그는 자기 부인을 부를 때도 번호로 불렀을지 모릅니다. 솔로몬은 처음에는 이스라엘 나라의 위상을 위해서 바로의 공주와 결혼하는 것이 필요하다고 생각했을 것입니다. 그러나 권태가 찾아온 후에는 여인들을 쇼핑하게 되었습니다. 그런데 이 여인들이 모두 솔로몬의 마음을 돌아서게 했습니다. 솔로몬은 이 여인과 만나면 모압 사람이 되었다가, 또 다른 여인을 만나면 아라비아 남자가 되고, 페르시아 남자가 되었다가, 이집트 남자도 되었던 것입니다. 솔로몬은 매일 저녁 옷과 말이 달라졌습니다. 이것은 솔로몬을 기가 막히게 재미있게 만들었습니다.

> 11:4-5, "솔로몬의 나이가 많을 때에 그의 여인들이 그의 마음을 돌려 다른 신들을 따르게 하였으므로 왕의 마음이 그의 아버지 다윗의 마음과 같지 아니하여 그의 하나님 여호와 앞에 온전하지 못하였으니 이는 시돈 사

람의 여신 아스다롯을 따르고 암몬 사람의 가증한 밀곰을 따름이"

그 뛰어난 머리를 가졌던 솔로몬도 나이가 들면서 마음이 많이 여성화가 되게 되었습니다. 그러니까 모든 여인이 솔로몬의 마음을 쥐고 흔들었습니다. 왜냐하면 그들의 말을 들어주지 않으면 더 이상 상대를 해주지 않기 때문입니다. 솔로몬은 끝까지 자기가 주인공이 되고 싶었고 옛날 젊었을 때의 관심과 영화를 누리려고 하니까 그렇게 하나님의 축복을 받고서도 하나님의 말씀을 떠나게 되었던 것입니다.

2. 솔로몬의 생애에 있었던 부흥

우리가 신앙생활을 하면서 언젠가 부흥이 일어난다는 것이 참으로 중요합니다. 여기서 부흥이라는 것은 성령이 넘치도록 부어지면서 우리 마음에 영원히 지워지지 않는 하나님의 도장을 찍어 놓기 때문입니다. 그래서 신앙 생활하면서 뜨거운 부흥을 경험했던 사람들은 가끔 하나님의 말씀을 듣지 못해서 신앙이 식어질 때는 있지만 하나님을 떠나지는 못합니다.

사도 바울이 말했듯이, 우리 가슴에 십자가가 있어서 세상이 이 십자가를 넘어서 우리에게 올 수 없고 우리도 그 십자가를 넘어서 세상으로 가지 못하는 것입니다. 부흥이 일어나면 우리 마음에 영원히 지워지지 않는 하나님의 흔적을 남기게 됩니다. 그런데 솔로몬에게는 이 뜨거운 부흥이 두 번이나 일어났었습니다.

11:9-10, "솔로몬이 마음을 돌려 이스라엘의 하나님 여호와를 떠나므로 여호와께서 그에게 진노하시니라 여호와께서 일찍이 두 번이나 그에게 나타나시고 이 일에 대하여 명령하사 다른 신을 따르지 말라 하셨으나 그

가 여호와의 명령을 지키지 않았으므로"

솔로몬은 하나님을 자기 인생에 가장 중요한 분으로 모시고 살아서 복이란 복은 다 받았습니다. 그러나 솔로몬의 마음이 변하게 됩니다. 왜냐하면 하나님은 재미가 없으시고 솔로몬에게는 인생의 다른 목표가 없었기 때문입니다. 그래서 하나님의 마음도 솔로몬을 떠나시게 됩니다. 여기 하나님께서 솔로몬에 대하여 진노하셨다는 표현은 우리 인간처럼 화를 내셨다는 것이 아니라 그를 포기하셨다는 뜻입니다. 하나님은 이제 솔로몬을 이방인 왕의 한 사람으로밖에는 생각하시지 않는 것입니다.

하나님께서 솔로몬에게 두 번이나 나타나셨다고 말씀했습니다. 한 번은 그가 일천 번제를 드렸을 때이고, 다른 한 번은 그가 성전을 완공했을 때입니다. 여기서 하나님이 나타나셨다는 것은 대부흥이 일어났다는 뜻입니다. 하나님은 솔로몬의 인생 초기에 두 번이나 그에게 대부흥을 주셨습니다. 그러나 솔로몬은 하나님의 말씀에는 귀를 틀어막고 새로운 신들을 섬기기 시작했습니다. 무엇인가 새로운 것이 거기에 있는 것 같았기 때문입니다.

그래서 우리 인생의 끝이 더럽고 추잡하지 않으려고 하면 하나님의 말씀이 우리 인생의 목표가 되어야 합니다. 세상일들은 하나님이 하라고 하시는 데까지만 하고, 하나님의 말씀을 자꾸 연구하고 듣고 순종하면 산에서 떨어지는 일은 없을 것입니다. 요즘 우리나라에서는 유명하거나 성공하는 것 이상으로 아름답게 은퇴하는 것이 더 어렵습니다. 우리가 죽기 전에 깨끗한 이름만 남겨도 그것은 대단한 것입니다. 그러나 솔로몬은 너무나도 추한 이름을 남겼습니다. 그래서 이미 솔로몬 때 이스라엘은 망했다고 할 수 있습니다. 이스라엘 백성이 이방신을 섬기면 하나님이 버리신다고 하셨기 때문입니다. 그러나 하나님은 다윗과의 언약 때문에 솔로몬 때에 망하는 것은 연기시켜 주시고 그 아들 대에 가서 망할 것이라고 하셨습니다. 그 대신에 한 지파만 붙여주겠다고 하셨습니다(11-13절). 사람이 한번 권태에 빠지면 하나님이 아무리 말씀하셔도 그 말이 귀에 들어오지 않고 결국 망하는 길로 가게 되는 것입니다.

3. 솔로몬의 가시

하나님의 종이나 하나님의 백성이 하나님의 말씀에 헌신하지 아니하면 하나님도 그들을 버리시게 됩니다. 그러면 그동안 없었던 가시들이 우후죽순같이 생기게 됩니다. 솔로몬이 하나님의 말씀에 귀를 닫으니까 가시(대적)들이 생기기 시작했습니다.

> 11:14, "여호와께서 에돔 사람 하닷을 일으켜 솔로몬의 대적이 되게 하시니 그는 왕의 자손으로서 에돔에 거하였더라"

첫 번째 가시는 에돔 사람 하닷이었습니다. 에돔은 원래 돌로 된 성이어서 참으로 뿌리를 뽑기가 어려운 나라였습니다. 그러나 하나님께서 다윗에게 은혜를 주셔서 에돔의 남자들을 거의 다 쳐 죽였습니다. 그러나 그 와중에 하닷이라는 아이를 여자아이로 가장해서 애굽으로 도피시키는 데 성공합니다. 그래서 미디안으로 갔다가 바란으로 가고(바란은 에돔 땅임), 거기서 애굽 왕에게로 갔는데, 애굽 왕이 이 아이를 굉장히 좋아해서 돌보아주고 나중에는 자기 부인의 동생까지 주어서 결혼을 시킵니다. 애굽은 이스라엘과 결혼 동맹을 맺은 나라인데 왜 애굽 왕은 솔로몬을 배반했을까요? 솔로몬의 교만이 꼴 보기가 싫었고 솔로몬이 너무 많은 여자를 두니까 바로의 딸도 남편의 부정을 친정에 다 일러바쳤던 것입니다. 하닷은 다윗과 요압을 아주 두려워하였는데, 다윗도 죽고 요압도 죽었다는 소문을 듣고 에돔으로 돌아와서는 이스라엘의 큰 원수가 됩니다.

또 하나님은 엘리아다의 아들 르손이라는 사람을 솔로몬에게 가시가 되게 하십니다(23-25절). 그는 다메섹으로 가서 자기가 다메섹 왕이라고 행세를 합니다. 그런데 하닷과 르손이 솔로몬 생전에 그렇게 가시 노릇을 하고 원수 노릇을 했는데, 솔로몬은 그들을 쫓아낼 힘이 없었습니다.

솔로몬의 지혜는 고난을 통과한 지혜가 아니었습니다. 일종의 교과서적인 지혜였습니다. 그러나 솔로몬은 자기 자신의 한계나 인간 이해에 부족했습니다. 인간은 결국 산에서 내려와서 죽어야 하는데 그는 절대로 자신의 명예나 인기를 포기하지 않으려고 했기 때문에 망하게 됩니다. 지금도 수많은 사람이 솔로몬의 길을 가고 있습니다. 그리고 끝에 가서는 낭떠러지에서 떨어져 죽습니다. 우리는 모두 성공했다고 교만하거나 잘난 체하지 말고 조심해서 인간의 산에서 내려와야 합니다. 부흥이 일어나면 권태를 이길 수 있습니다. 여러 번 부흥을 체험하셔서 이 권태를 이길 수 있기를 바랍니다.

15

또 다른 지도자

왕상 11:26-43

하나님이 우리에게 주시는 최고의 선물은 하나님의 말씀과 부흥입니다. 그런데 사람들이 이미 세상의 재미에 빠져서 하나님의 말씀이나 부흥을 시시하게 생각하면 하나님은 그 선물을 거두어 가실 뿐만 아니라 그들이 보기에 가장 시시하게 생각하고 천하게 생각하는 사람들에게 말씀을 주시고 부흥을 주시는 것입니다.

저는 영어성경을 구하기 위해서 전 세계를 뒤졌습니다. 그런데 놀랍게도 영어를 사용하는 나라 중에서 영어성경을 만드는 나라들이 거의 없었습니다. 영국과 캐나다, 호주 등등 전 세계에서 영어성경을 만드는 나라는 미국밖에 없었습니다. 한때 NIV 성경이 나왔을 때 영국에서도 많이 팔린 것으로 알고 있는데 이제는 성경을 파는 곳이 거의 없었습니다. 성경이 거의 팔리지 않는다는 것은 그만큼 크리스천들이 성경을 읽지 않는다는 것을 의미하는 것입니다. 그래도 우리나라에는 아직도 성경이 많이 팔리고 있습니다. 이것은 아직 우리나라에는 부흥의 희망이 있다는 것을 보여주는 것입니다.

하나님께서는 말씀과 부흥을 이스라엘 백성에게 주셨는데 그들이 그것을 시시하게 생각해서 방구석에 처박아 놓거나 아니면 쓰레기통에 넣어서 버릴 때 그 말씀을 이스라엘의 원수나 가장 비천한 사람에게 주셔서 그들에게 부흥이 일어나게 하시고 이스라엘의 축복을 주셨습니다.

솔로몬은 어렸을 때 하나님의 지혜를 구하고 성전을 지어서 복이란 복은 다 받았습니다. 솔로몬은 하나님으로부터 너무 많은 복을 받으니까 하나님의 복에 대하여 싫증이 나게 되었고 권태가 찾아왔습니다. 솔로몬은 이제 더이상 하나님의 말씀이 재미있지 않았습니다. 그 대신 솔로몬은 잃어버린 기쁨을 이방 여인들에게 찾았습니다. 그리고 결국 이방 여인들이 가지고 들어온 이방신들을 하나씩 섬기기 시작했습니다. 그래서 아스다롯과 그모스, 밀곰 같은 이방신을 섬겼고, 하나님의 말씀에 충성되지 않았습니다.

그래서 하나님께서는 다윗의 집과 이스라엘에 주셨던 축복을 빼앗아서 다른 사람에게 주시려고 하셨습니다. 그 사람이 바로 여로보암이었습니다. 여로보암의 직책은 쉽게 말해서 공사판 감독이었습니다. 여로보암은 솔로몬이 보기에는 너무나도 비천한 사람이었고 과부의 아들이었습니다. 솔로몬이 예루살렘에서 무너진 밀로와 다윗성을 재건하는 일을 했는데, 사람이 똑똑하고 부지런한 것을 보고 여로보암을 공사판 책임자로 세웠습니다. 그런데 하나님께서는 이스라엘 나라를 열 조각을 내어서 그중에서 열 지파를 여로보암에게 맡기고, 여로보암을 그곳의 왕으로 세울 계획을 세우셨습니다. 하나님의 은혜는 어느 누구도 영구적으로 독점할 수 없습니다. 누구든지 하나님 앞에서 열심을 내면 하나님이 그에게 기회를 주시는 것입니다.

1. 하나님이 택하심

솔로몬 때에 에브라임 족속 중에 여로보암이라는 청년이 있었습니다. 그는 과부의 아들이었는데 생활이 굉장히 어려웠고 세상적으로도 전혀 인정을 받지 못하는 사람이었습니다. 그러나 여로보암은 힘은 아주 센 장사였고 일을 맡으면 아주 부지런하게 했습니다. 그가 예루살렘 안에 부서진 밀로와 다윗의 성을 수리하는 곳에서 부지런히 일하다가 솔로몬의 눈에 띄게 되었습니다. 그래서 솔로몬은 여로보암이 아주 마음에 들어서 그에게 에브라임 족속을 감독하는 일을 시켰습니다. 그런데 솔로몬만 이 청년을 눈여겨본 것이 아니었습니다. 하나님께서도 여로보암이 하는 것을 눈여겨보았습니다. 여로보암은 아버지가 없다고 해서 기가 죽거나 나쁜 길로 빠지지 않고, 남들은 놀고 쉬고 있는 동안에 열심히 뛰어다녔고 힘을 다하여 일을 했습니다. 그리고 아마도 여로보암에게도 하나님을 믿는 믿음이 있었던 것 같습니다. 여로보암은 모든 일에 열심이었습니다.

하나님께서는 솔로몬과 유다 자손에게 주신다고 약속하셨던 축복을 여로보암에게 주시려고 생각하셨습니다. 그 이유는 솔로몬이 하나님과의 언약을 어겼기 때문입니다. 이스라엘 백성들은 다른 이방 백성들과 다른 점이 많았습니다. 그중의 하나가 하나님을 믿는 것이 하나님과 결혼하는 것과 같은 것이었다는 점입니다. 그러므로 이스라엘 백성이 하나님을 믿는 것이 지루해서 다른 신을 섬기거나 다른 민족의 음란한 풍습을 따라가는 것은 불륜을 저지르는 것과 같은 것입니다.

하나님은 솔로몬을 사랑하셨습니다. 그래서 솔로몬이 일천 번제를 드리고 지혜를 달라고 했을 때 하나님은 복이란 복은 솔로몬에게 다 부어주셨습니다. 솔로몬은 모든 일에 성공했습니다. 그에게는 말이나 마병도 많이 구하게 되었고 지혜도 무궁무진했습니다. 솔로몬에게는 부족한 것이 하나도 없습니다. 그 결과 솔로몬은 하나님의 축복에 싫증을 느끼게 되었고 이방의 여인들을 사랑하게 되었습니다. 예루살렘 여기저기에 지금까지 한 번도 본 적이 없던 이방 신전이 지어지게 되었습니다. 솔로몬은 결국 하나님과 한 약속을 깨트려버리게 되었습니다. 하나님과의 약속이 깨어지면 하나님이 주신 축복도 모두 반납해야 합니다. 하나님은 이제 이스라엘의 촛대를 옮기려고 하시는 것입니다. 그런데 그것을 에브라임 지파에서 가장 가난하고 비천했던 여로보암에게 옮기려고 하셨습니다.

하나님은 이스라엘 백성에게 주셨던 부흥의 촛대를 이방인들에게 주셨습니다. 옛날 교부시대에는 로마에 뛰어난 신학자들이 있었는데, 그들은 가장 핍박을 많이 당했던 영국으로 가고, 나중에는 신대륙으로까지 가게 됩니다. 이 부흥의 불길이 한국까지 오게 되었습니다. 우리는 일본 강점기와 6.25 전쟁을 지나면서 정말 하나님 믿는 열심 하나로 살았습니다. 주일 예배와 새벽기도와 부흥회를 하면서 뜨겁게 하나님을 믿었습니다. 그러나 우리는 벌써 하나님의 말씀에 지루함을 느끼고 있고 신앙에 권태를 느끼고 있습니다. 우리는 솔로몬이 가지고 있던 그 놀라운 복을 받았다가 빼앗길 위기에 있습니다. 그러나 이때 우리는 얼마든지 돌이킬 수 있습니다. 우리가 여로보암 이상으로 열심을 내고 하나님 앞에 부지런하면 얼마든지 촛대를 빼앗기지 않을 수 있습니다. 그러나 한 번 식은 불은 다시 붙이기 참 어렵습니다.

2. 하나님이 주신 표징

여로보암은 하나님이 자기를 보고 계시며 자기에 대하여 엄청난 계획을 가지고 계신다는 것을 생각하지도 못하고 있었습니다. 그러나 하나님은 어느 날 드디어 여로보암에게 하나님의 계획을 증표로 보여주셨습니다.

이때 이스라엘에는 아히야라는 선지자가 있었습니다. 여로보암은 예루살렘에서 일을 보고 난 후 예루살렘 성문을 나서고 있었습니다. 그때 그는 길에서 아히야 선지자를 만나게 됩니다. 이때 아히야는 갑자기 자기가 입고 있던 새 옷을 벗어서 옷을 쭉쭉 찢기 시작했습니다. 이것을 보고 여로보암은 깜짝 놀랐습니다. 여로보암은 도대체 무슨 일인지 물어보려고 선지자에게 가까이 갔습니다. 선지자는 자기 옷을 열두 조각으로 찢었습니다. 그리고는 엄청난 말을 여로보암에게 했습니다. 선지자는 여로보암에게 옷 열두 조각 중에서 열 조각을 가지라고 했습니다. 여로보암은 도무지 이해되지 않았지만, 옷 조각을 가지라고 하니까 헤아려서 열 조각을 가졌습니다.

그때 선지자는 이렇게 말했습니다.

> 11:31, "여로보암에게 이르되 너는 열 조각을 가지라 이스라엘의 하나님 여호와의 말씀이 내가 이 나라를 솔로몬의 손에서 찢어 빼앗아 열 지파를 네게 주고"

선지자가 여로보암에게 준 것은 찢어진 옷 조각이었지만, 이것은 사실 이스라엘 열두 지파였습니다. 하나님은 "내가 솔로몬이 다스리고 있는 이스라엘을 열두 조각으로 찢어 빼앗아 열 지파를 너에게 주겠다"고 말씀하셨습니다. 여로보암은 졸지에 이스라엘 거의 대부분 지파의 왕이 된 것입니다. 하나님은 오직 다윗을 위하여 그리고 예루살렘 성전을 위하여 한 지파만 솔로몬에게 주겠다고 말씀하셨습니다. 그 지파가 유다 지파이고, 레위 지파는 성전 예배를 위하여 솔로몬을 따라가게 됩니다. 그때 이스라엘은 엄청나게 번창하고 있을 때였고 감히 이스라엘을 쪼개어 딴 나라로 만든다는 것은 아무도 생각하지 못할 때였습니다. 그런데 하나님은 아무 자격도 없고 사람들이 알아주지도 않는 여로보암에게 대부분의 이스라엘 지파를 주어서 왕이 되게 하겠다고 말씀하셨습니다. 지금 찢어져 있는 옷 조각이 바로 이스라엘의 모습이었던 것입니다. 그 옷은 새 옷이었고 아주 비싼 옷이었습니다. 하나님께서 가장 사랑하시는 이스라엘이었습니다. 그러나 솔로몬은 하나님의 축복에 권태를 느껴서 이스라엘을 누더기로 만들어 놓았던 것입니다.

하나님께서는 솔로몬이 하나님을 버리고 시돈 사람의 아스다롯과 모압 사람의 그모스와 암몬 자손의 밀곰 같은 이방신을 섬기고, 그 아버지 다윗같이 하나님을 믿지 않고 하나님 보시기에 정직하지 않아서 이스라엘을 누더기로 만들어버렸다고 말씀했습니다. 하나님께서는 솔로몬의 손에서 나라를 빼앗기는 차마 할 수 없고 그 아들의 손에서 나라를 빼앗아서 열 지파를 여로보암에게 주겠다고 말씀하셨습니다. 하나님은 여로보암이 열두 조각으로 찢어진 이스라엘을 하나로 만들기를 원하셨습니다.

여로보암은 열 조각을 하나로 만드는 데는 성공했지만, 그 옷을 이상하게 만들어서 두고두고 이스라엘에 신앙의 걸림돌이 되게 했습니다. 우리는 하나님의 증표를 꼭 기억해야 하고 소중하게 생각해야 합니다.

하나님께서 다윗을 위해서 한 지파를 남겨놓았는데, 그것은 부흥을 위해서라고 말씀하셨습니다.

> 11:36, "그의 아들에게는 내가 한 지파를 주어서 내가 거기에 내 이름을 두고자 하여 택한 성읍 예루살렘에서 내 종 다윗이 항상 내 앞에 등불을 가지고 있게 하리라"

다윗의 후손들은 언제나 기름 덩어리입니다. 단지 자신들이 하나님의 말씀을 멀리해서 기름이 마른 것이지, 누구든지 정신을 차리고 하나님께 전적으로 자신을 던지기만 하면 부흥은 일어날 수 있습니다. 그래서 하나님은 레위 지파와 한 지파는 남겨두신다고 하셨습니다. 우리는 다윗의 후손이고 기름걸레와 같아서 불을 붙이기만 하면 언제든지 부흥이 일어날 수 있습니다. 그래서 나라가 크든 작든 너무 신경 쓸 필요가 없는 것입니다.

3. 여로보암이 가져야 할 용기

여로보암은 선지자 아히야로부터 공사판 감독에 불과한 자기를 이스라엘 왕으로 삼겠다는 하나님의 엄청난 계획을 듣고 무슨 생각을 해야 하겠습니까? 여로보암은 열심도 있었고 믿음도 있었습니다. 그래서 그는 열 조각의 옷을 하나님이 주시는 증표로 생각해서 간직했습니다. 그리고 하나님은 여로보암에게 "너는 다른 것은 아무것도 생각하지 말고 오직 하나님의 말씀만 붙들어라. 그러면 다윗과 같이 될 것이라" 고 약속하셨습니다.

> 11:38, "네가 만일 내가 명령한 모든 일에 순종하고 내 길로 행하며 내 눈에 합당한 일을 하며 내 종 다윗이 행함 같이 내 율례와 명령을 지키면 내가 너와 함께 있어 내가 다윗을 위하여 세운 것 같이 너를 위하여 견고한 집을 세우고 이스라엘을 네게 주리라"

솔로몬은 하나님의 말씀에 권태를 느껴서 좀 더 새로운 것을 찾다가 이방 여인과 이방 종교에 빠져서 자신은 물론이고 이스라엘까지 걸레를 만들고 말았습니다. 이방 종교나 이방 문화에는 특이한 것이 많이 있습니다. 하나님은 그런 이방 종교나 신은 다 가짜니까 없애고 죽이라고 했습니다.

여로보암은 어차피 가진 것이 없는 밑바닥 인생이었습니다. 그는 단지 공사판 감독에 불과했습니다. 여로보암이 자신은 어차피 공사판에서 구르던 천박한 사람이니 한번 죽는다고 생각하고 하나님의 말씀에 순종해보자고 했으면 아마 다윗에 버금가는 왕이 될 수 있었을지 모릅니다. 그리고 유다보다 훨씬 부흥되고 축복받는 나라가 될 수 있었을 것입니다. 그러나 사람이 아무것도 없을 때는 겁나는 것이 없는데 일단 무엇인가 가진 것이 생기면 그것을 빼앗기기 싫어하게 됩니다. 그래서 여로보암은 이스라엘이 찢어진 것은 기웠지만 하나님의 말씀으로는 돌아오지 않았습니다. 이스라엘 백성이 전부 부흥되고 하나님의 말씀에 은혜를 받으면 왕 자리에서 쫓겨날 것이 두려웠기 때문입니다.

그래서 여로보암은 솔로몬의 아들로부터 지파 10개를 빼앗는 데는 성공하지만, 그 옷을 하나님께서 원하는 옷으로 만들지 않고 이상한 옷으로 만들어버렸습니다. 그는 하나님이 있어야 할 자리에 금송아지 우상, 즉 번영의 신앙, 축복의 신앙을 갖다 두어서 이스라엘로 하여금 결국 망하는 길로 이끌어가고 말았습니다.

우리가 아무리 보잘것없어도 용기를 가질 필요가 있습니다. 다윗은 비천한 신분이었지만 하나님의 말씀대로 해보자고 해서 부흥을 일으켰습니다. 여로보암도 공사판 출신의 비천한 신분이지만 한번 하나님의 말씀대로 해보자고 결심했으면 다윗과 같이 되었을 것입니다. 그러나 그는 그만한 용기가 없었습니다. 그래서 금송아지를 하나님이라고 섬기게 함으로 이스라엘을 잘못된 길로 가게 했습니다. 여로보암은 첫 단추를 송아지 단추로 꿰는 바람에 이스라엘은 하나님의 부흥에서 영영 멀어지게 되었습니다. 우리는 기왕 가진 것이 없기 때문에 망해도 겁날 것 없다는 마음가짐으로, 다윗처럼 하나님 말씀에 순종하며 그 길을 따라가시기를 바랍니다.

16
르호보암의 강경책

왕상 12:1-24

이미 돌아가신 지 오래되었지만 부산 복음병원의 장기려 박사는 가난한 환자들을 많이 도운 인술로 아직도 존경받는 분이십니다. 한번은 제가 고신대 복음병원에 부흥회 강사로 갔는데, 복음병원에서 저의 숙소로 장기려 박사가 쓰시는 방을 내어주었습니다. 방은 낡았지만 탁자에 앨범이 있었는데, 장 박사와 함석헌 씨가 같이 찍은 사진이 있었습니다. 장기려 박사는 평양에서 병원을 하고 있었는데, 6.25가 일어나니까 전쟁이 금방 끝날 줄 알고 큰아들만 데리고 남쪽으로 내려오셨습니다. 그런데 이것이 부부가 평생 서로 갈라지는 길이 되고 말았습니다. 이분은 자기 부인이 살아 있을 것이기에 이중 결혼할 수 없다고 해서 끝까지 독신을 지키셨습니다. 또 그분은 가난해서 치료비를 내지 못하는 분이 있으면 뒷문을 열어주면서 빨리 도망치라고 했다는 일화도 있습니다. 이분이 돌아가시고 아들이 서울의대 교수가 되었습니다. 아들은 의사로서 평양에 갈 기회가 있어서 어머니를 찾아갔는데 어머니가 그때까지 살아계셨습니다. 그러나 어머니는 이미 치매가 와서 아들도 잘 알아보지 못했다고 합니다.

우리나라는 남북이 갈라지면서 엄청난 손실을 겪었습니다. 아마 남북한이 통일되었다면 일본보다 우리 경제가 훨씬 발전했을 것입니다. 그리고 6.25 전쟁으로 그나마 남아있던 모든 것이 재가 되고 300만 명 이상의 사람들이 죽거나 실종되었습니다. 그러나 북한이 공산화되면서 북한에 있던 많은 크리스천이 남한에 내려와서 교회를 세워서 남한 복음화에 엄청난 도움이 되었습니다. 그러나 남북한은 아직도 나누어져서 대결하고 있으므로 긴장상태에 있습니다.

이스라엘은 다윗과 솔로몬 때 대부흥을 일으켰습니다. 다윗 때에는 영적인 부흥의 바람이 불면서 이스라엘이 번듯한 큰 나라가 되었습니다. 솔로몬은 하나님으로부터 물질적인 복을 받아서 부한 나라가 되었습니다. 그러나 솔로몬은 많은 이방 여인을 사랑하고 그들의 마음을 사로잡기 위하여 우상 신전을 예루살렘에 많이 지음으로 하나님의 언약에서 떠나게 되었습니다. 그러므로 젊은 시절의 성공도 중요하지만 아름답게 늙으면서 인생의 무대에서 내려오는 것이 더 중요합니다.

1. 하나님의 뜻이 변경됨

르호보암은 아버지 솔로몬으로부터 엄청난 부와 명예와 군사력을 물려받았습니다. 아마 이 세상에서 부모로부터 가장 많은 유산을 물려받은 사람 중의 하나가 솔로몬의 아들 르호보암일 것입니다. 그러나 르호보암은 하나님의 뜻이 변경되고 있는 것을 몰랐습니다.

하나님은 솔로몬부터 꼴 보기 싫어서 제거하려고 하셨습니다. 그러나 하나님은 솔로몬의 일천 번제를 기억하셨습니다. 그때 솔로몬은 참 순수하고 아름다웠고 열정적이었습니다. 그리고 하나님은 솔로몬이 온 힘을 다해서 예루살렘 성전을 지었던 것을 기억하셨습니다. 그래서 하나님은 솔로몬이 죽을 때까지 기다리셨습니다. 그러나 하나님의 계획은 변하고 있었습니다. 원래 하나님의 계획은 다윗의 후손이 영원히 이스라엘 왕이 되고 이스라엘을 하나님의 말씀으로 잘 다스리는 것이었습니다. 그러나 솔로몬에게 실망하고는 그에게 주셨던 그 부흥의 촛대를 다른 사람에게 주시려고 계획하셨습니다.

솔로몬의 아들 르호보암은 아버지 솔로몬으로부터 엄청난 유산을 물려받았습니다. 우리는 그것이 왕궁을 채우고 있는 금이고, 이스라엘의 여러 성을 채우고 있는 말이나 병거라고 생각하기 쉽습니다. 그러나 그것보다 더 중요한 것이 있었습니다. 그것 중 하나는 일천 번제였습니다. 솔로몬은 어린 나이에 왕이 되어 이스라엘을 끌고 나갈 자신이 없을 때 일천일을 하나님 앞에 엎드려서 기도하고 번제를 드림으로 하나님의 응답을 받은 체험이 있었습니다. 이것은 그야말로 엄청난 유산이었습니다. 그렇다면 르호보암도 왕이 되었을 때 백성과 언약을 맺기 전에 하나님의 성전에 들어가서 엎드려 기도하고 번제를 드리면서 하나님께 지혜를 달라고 간구해야 할 것입니다.

그리고 솔로몬이 르호보암에게 남겨주었던 또 다른 유산이 있었습니다. 그것은 바로 잠언이라는 성경이었고, 시편이라는 할아버지 다윗의 시였습니다. 잠언은 솔로몬이 르호보암을 위해서 자기가 신앙이 가장 좋을 때 이스라엘 왕이나 백성은 어떻게 살아야 한다는 것을 가르친 말씀이었습니다. 그렇다면 르호보암이 아버지와 할아버지가 남긴 귀한 말씀을 잘 이해하고 순종했다면 틀림없이 아버지 솔로몬이 이방 여인들의 육체에 빠지고 예루살렘에 많은 이방 신전을 지은 것이 하나님과의 약속을 배반하는 행위라는 것을 알았을 것입니다. 우리는 부모나 선배가 한 일이라고 해서 무조건 다 옳다고 생각하면 안 됩니다. 성경이 그것은 틀렸다고 하면 그것은 틀린 것입니다. 예수님 당시에 유대 지도자들은 조상의 교훈을 철저히 지키면서 성경은 지키지 않았습니다. 그때 예수님은 유대인들에게 너희는 어떻게 조상들의 교훈은 지키면서 하나님의 말씀은 지키지 않느냐고 책망하셨습니다(마 15:1-20).

하나님은 사랑하셨던 자들이 하나님의 말씀을 지키지 않으면 그들에게 주셨던 촛대를 빼앗아서 가장 낮고 비천한 자들에게 촛대를 옮기십니다. 그러면 그 비천한 곳에서 신앙적인 부흥이 일어나면서 아주 유명한 곳으로 변하게 됩니다. 그 대신 촛대를 빼앗긴 곳은 한때는 유명했지만, 점점 쇠퇴해서 나중에는 거의 망하게 되는 것입니다.

솔로몬 때 예루살렘 안에 있는 밀로와 다윗성이 많이 무너지게 되었습니다. 그래서 밀로를 다시 쌓고 다윗성을 다시 쌓을 때, 에브라임 지파의 여로보암이 아주 부지런하고 성실하여 솔로몬의 눈에 들어 공사판 감독까지 되었습니다. 그런데 어느 날 솔로몬은 좋지 않은 소식을 듣게 됩니다. 선지자 아히야가 자기 새 옷을 열두 조각으로 잘라서 그중에 열 개를 여로보암에게 주었다는 것입니다. 그래서 솔로몬이 여로보암을 죽이려고 군사를 보내니까 이것을 눈치 챈 여로보암은 애굽으로 도망쳐서 거기에 숨어서 살았습니다. 그리고 솔로몬이 르호보암에게 물려주었던 금과 말과 명예는 우상숭배라는 독이 있었습니다. 르호보암은 그 독을 마셨던 것입니다.

2. 이스라엘 백성의 요구

본문에 르호보암이 왕이 되는 장면이 나오는데 지금까지의 전통과는 다른 모습을 보게 됩니다. 지금까지 다윗이나 솔로몬은 예루살렘에서 선지자가 왕이 될 사람의 머리에 기름을 부어서 왕을 삼았습니다. 그러나 세월이 많이 흐르면서 이스라엘도 많이 변하게 되었습니다. 왕과 이스라엘 백성은 세겜에서 왕을 세우게 됩니다.

12:1, "르호보암이 세겜으로 갔으니 이는 온 이스라엘이 그를 왕으로 삼고자 하여 세겜에 이르렀음이더라"

이스라엘의 왕이 될 때 가장 중요한 역할을 하는 사람은 선지자였습니다. 사울도 선지자 사무엘이 머리에 기름을 부었고, 다윗도 선지자 사무엘이 머리에 기름을 부었습니다. 솔로몬은 왕의 나귀를 타고 기혼 샘물로 가서 거기서 선지자 나단이 그의 머리에 기름 부어 왕으로 삼습니다. 다시 말해서 이스라엘은 누가 자기가 왕이 되고 싶다고 해서 스스로 왕이 되는 것도 아니고 백성이 원한다고 해서 왕이 되는 것이 아니었습니다. 이스라엘의 왕은 하나님이 원하는 사람이 되는 것입니다.

그런데 이스라엘 백성은 이때까지만 해도 솔로몬의 아들 르호보암을 왕으로 삼기를 원했습니다. 아직 그들의 머리에는 다른 사람이 들어와 있지 않았습니다. 여로보암이 몰래 애굽에서 돌아와 있었지만, 대부분 백성은 몰랐습니다. 백성은 르호보암을 왕으로 섬기기 위하여 세겜에 모였는데 거기서 예루살렘까지는 오지 않았습니다. 이것이 첫 번째 잘못이었습니다. 여기서 세겜이라는 곳은 정치적인 중심지일지 몰라도 하나님이 정하신 곳은 아니었습니다. 이스라엘 왕이라고 하면 당연히 선지자가 와서 어디서 왕이 될 사람에게 기름을 붓겠으니까 거기로 모이라고 해야 하는데 그런 말을 하는 선지자가 아무도 없었습니다. 이스라엘이 부강해지면서 하나님의 말씀을 멸시하고 선지자를 업신여겼기 때문입니다. 단지 르호보암만 자기가 왕의 아들이니까 당연히 왕이 될 것으로 생각해서 백성이 모여있는 세겜으로 갔던 것입니다.

그리고 또 하나의 잘못은 백성이 르호보암에게 왕이 될 조건을 요구했다는 것입니다. 솔로몬이 그동안 이스라엘 백성을 너무 많이 억압했다는 것입니다. 그의 식탁은 백성에게 너무 부담스러웠고 세금도 너무 높았다는 것입니다. 그리고 계속 공사를 많이 해서 백성에게 노역을 많이 시켰다는 것입니다. 그러므로 백성은 르호보암에게 왕의 식탁 부담도 줄여주고, 세금도 줄여주고, 노역도 너무 심하게 하지 않게 하면 우리 온 이스라엘이 르호보암을 왕으로 삼고 섬기겠다고 했습니다.

이때 르호보암은 딜레마에 빠지게 되었습니다. 그것은 처음 왕이 되었을 때 백성에게 따끔한 맛을 보여주어서 왕을 우습게 여기지 못하게 할 것인가, 아니면 처음부터 그들의 요구를 들어주어서 그들의 마음을 달래고 부드럽게 할 것인가 하는 문제였습니다. 즉 르호보암이 강경책을 써서 백성을 누를 것인가, 온건책을 써서 사람들의 마음을 싸매어 나갈 것인가 하는 문제였습니다. 여기서 답은 정해져 있습니다. 하나님의 말씀이 답입니다. 그러나 르호보암은 사람들의 말을 듣기를 원했습니다. 그래서 르호보암은 백성에게 3일의 시간을 주면 내가 다시 와서 대답하겠다고 제안했습니다.

우선 르호보암은 아버지 때 왕을 보좌했던 나이 든 신하들에게 조언을 구했습니다. 이제 백성이 세금을 낮추어주고 공사도 줄이고 식탁도 줄이라는 데 어떻게 하면 좋겠느냐고 자문을 구했습니다. 그러니까 늙은 왕의 신하들은 사실 솔로몬이 정치를 잘한다고 했지만, 식탁은 너무 부담스러웠고 세금도 너무 많았고 공사도 너무 많이 한 것이 사실이므로 이제는 식탁도 줄이고 세금도 낮추고 공사도 꼭 필요한 것만 하겠다고 대답하라는 것이었습니다.

그러나 르호보암은 자기 또래의 젊은 사람들의 자문도 구했습니다. 그랬더니 그들은 나이 든 신하들과는 정반대의 말을 했습니다. 즉 왕이 처음부터 백성의 기를 꽉 눌러놓아야 감히 고개를 쳐들지 못하지, 처음부터 그들의 요구에 넘어가면 나중에 감당하지 못한다고 하면서 강경책을 써야 한다고 주장했습니다. 그래서 “나는 아버지보다 더 크게 될 사람이기 때문에 내 새끼손가락은 아버지 허리보다 더 굵다. 아버지는 너희를 채찍으로 징계했지만 나는 전갈로 너희를 쳐서 더 고통스럽게 하겠다" (10-11절)고 대답하라고 했습니다.

정답은 무엇입니까? 왕은 이스라엘의 목자입니다. "나는 이스라엘의 목자로서 이스라엘 백성을 푸른 초장과 맑은 시내로 인도할 것이며 하나님의 말씀대로 인도하겠다. 그리고 아버지 솔로몬이 아무리 유명해도 그가 틀리게 한 곳은 고치겠다" 고 말을 해야 했습니다.

그러나 르호보암은 삼 일 후 세겜에서 백성을 다시 만난 후 자기 또래 젊은 사람들이 조언한 대로 강경책으로 대답했습니다.

> 12:14, "어린 사람들의 자문을 따라 그들에게 말하여 이르되 내 아버지는 너희의 멍에를 무겁게 하였으나 나는 너희의 멍에를 더욱 무겁게 할지라 내 아버지는 채찍으로 너희를 징계하였으나 나는 전갈 채찍으로 너희를 징치하리라 하니라"

르호보암이 이 젊은 사람들의 조언을 들은 이유는 자신감이 없었기 때문입니다. 자신감이 있으면 사람들이 하는 옳은 이야기를 바로 들어줄 수 있는 것입니다.

3. 여로보암의 반역

르호보암이 백성의 요구를 거절하고 강경책으로 다스리겠다고 선언하니까 그때까지 숨어 있던 사람이 정체를 드러냅니다. 그는 아히야가 옷 조각 열 개를 주었던 여로보암이었습니다. 사실 르호보암이 얼마든지 좋은 대답을 할 수도 있었지만, 예루살렘의 그 수많은 우상 신전과 귀신들이 그의 분별력을 흐리게 하고 교만하게 해서 포학한 말로 대답하게 했던 것입니다.

그러나 이때는 이스라엘 안에 이미 음모가 다 진행된 상태에 있었습니다. 르호보암이 대답하는 것을 보고 자기 아버지 솔로몬처럼 그대로 하겠다고 하면 우리 열 지파는 이스라엘에서 떨어져 나가자고 이미 의논이 되어 있었습니다. 그 지도자는 애굽에서 몰래 들어온 여로보암이었는데, 그때 이스라엘 열 지파가 떨어져 나가면서 여로보암을 왕으로 추대했습니다.

> 12:20, "온 이스라엘이 여로보암이 돌아왔다 함을 듣고 사람을 보내 그를 공회로 청하여 온 이스라엘의 왕으로 삼았으니 유다 지파 외에는 다윗의 집을 따르는 자가 없으니라"

그러니까 르호보암이 선지자의 기름 부음과 모든 것을 무시하고 사람들의 의견을 듣고 이스라엘을 통치하려고 했던 발상을 보면, 그가 얼마나 교만하게 되었는지 알 수 있습니다. 잠언에 보면, 교만은 패망의 선봉이라고 교훈하고 있습니다(잠 16:18).

이스라엘 백성은 왕이 전혀 자기들의 말을 듣지 않는 것을 보고 "우리는 다윗과 아무 상관이 없다"고 하면서 모두 자기 장막으로 돌아가 버렸습니다. 그래서 르호보암은 예루살렘 사람들과 베냐민 지파의 왕이 되었을 뿐이었습니다(16-17절). 그래도 르호보암은 사태의 심각성을 알지 못하고 노동 감독 아도람을 보내어서 강제로 이스라엘 백성을 르호보암에게 돌아오게 하려고 했는데, 그들은 아도람을 돌로 쳐 죽여 버렸습니다. 그것을 보고 르호보암은 놀라서 병거에 올라서 예루살렘으로 도망쳐 목숨을 건졌습니다.

열 지파가 반역했으니까 당연히 르호보암은 열 지파를 응징하고 나라를 하나 되게 해야 할 것입니다. 그래서 유다 온 지파와 베냐민 지파에서 군대를 모으니까 18만 명이 모였습니다. 르호보암은 이 군사로 이스라엘 열 지파와 싸우려고 했습니다. 그때 하나님의 선지자 스마야가 나타나 올라가서 싸우지 말라고 했습니다(24절). 왜냐하면 이스라엘은 형제이므로 내전을 해서는 안 될 뿐 아니라 유다가 이길 가능성이 없었기 때문입니다. 하나님은 유다를 보호하기 위하여 일시적인 생각대로 싸우려고 하지 말고 어리석어 보이지만 참으라고 했습니다. 그런데 이때는 르호보암이 이 선지자의 말을 듣고 전쟁하지 않았으므로 이스라엘은 내전을 피하게 됩니다.

하나님의 나라는 사람의 많고 적음이나 크고 작은데 달려 있지 않습니다. 하나님의 말씀에 헌신하여 성령의 기름이 나오면 되는 것입니다. 그러나 르호보암이 지금까지 한 행동을 보면 금이나 말과 사람은 많았을지 모르지만, 성령의 역사는 얼마나 말랐는지 알 수 있습니다. 이번 코로나는 우리에게 좋은 기회가 될 수 있습니다. 사람의 수는 적어도 더 뜨겁게 하나님을 사랑하면 우리가 있는 모든 곳에서 큰 부흥이 일어날 것입니다.

17

여로보암의 탈선

왕상 12:25-33

우리 세대에 정말 구별하기 어려운 것이 있다면, 그것은 참된 종교와 가짜 종교의 구별입니다. 우리가 생각하기에 참된 종교는 하나일 것 같은데 사람들은 진리에 도달하는 길은 여러 가지 있다고 하면서 끝에 가서는 다 만나게 된다고 주장합니다. 그래서 어떤 천주교 추기경은 어느 절이 완공되었을 때 거기에 가서 부처에게 절을 했습니다. 그리고 어떤 스님은 천주교 성당에 가서 강론하기도 했습니다. 어떤 목사는 설교하면서 얼마나 사람을 웃기는지 자기를 연예인이라고 말합니다. 우리가 과연 그런 연예인의 말을 하나님의 말씀으로 생각할 수 있느냐 하는 생각이 듭니다.

예루살렘이 멸망한 후 유대인이나 기독교인이 애굽에 많이 살았습니다. 특히 알렉산드리아에 많이 있었는데, 나일강 상류에 있는 나그함마디라는 곳에는 기독교의 일파가 있었습니다. 그런데 이들은 상당히 이단적인 신앙을 가지고 있었습니다. 최근에 그들이 보던 문서들이 발굴되었습니다. 그중에는 도마 복음서도 있고 가룟 유다 복음서도 있고 이상한 묵시록도 있었습니다. 그런데 신앙은 없고 학문적으로 연구하는 학자들이 이러한 것들이 가치가 있다고 해서 발표하는데, 예수님이 막달라 마리아와 결혼했다고도 하고 예수님이 가룟 유다와 약속하고 팔렸다는 주장도 하고 있습니다. 그것에 기초해서《다빈치 코드》라는 책과 영화가 만들어져 많은 사람이 보았습니다.

그런데 이것은 어제오늘의 일이 아닙니다. 이것은 수천 년 전부터 일어났던 일입니다. 드디어 하나님께서는 예루살렘에 우상의 신전을 세운 솔로몬을 징계하셔서 그 아들 르호보암 대에 이스라엘 열두 지파 중에서 10지파가 떨어져 나가 따로 나라를 만들어버리고, 르호보암에게는 두 지파만 남아 있게 되었습니다. 하나님은 여로보암이라는 아주 이름 없는 공사판 감독에게 왕이 될 수 있는 기회를 주셨고, 드디어 북쪽 이스라엘의 왕이 되었습니다. 이스라엘 열 지파니까 상당히 큰 나라였습니다. 그런데 여로보암은 이때 인간적인 생각에 빠지게 됩니다. 그것은 아무 자격도 없는 자기가 왕이 되었기 때문에 언젠가는 그 자리에서 쫓겨날 것이라고 생각해서 가짜 하나님을 만들어내었습니다. 그런데 안타깝게도 이 가짜 하나님이 이스라엘이 멸망할 때까지 이스라엘의 신앙을 지배하게 됩니다.

1. 여로보암의 두려움

여로보암은 에브라임 지파 사람입니다. 북쪽 이스라엘의 왕이 된 여로보암을 두렵게 한 것은 예루살렘 신앙이었습니다. 예루살렘은 모든 이스라엘 백성의 신앙의 중심이었고 정신적인 기둥이었습니다. 거기에 하나님의 성전이 있습니다. 그리고 이스라엘 백성은 일 년에 적어도 세 번은 성전에 올라가서 제사를 드리게 되어 있습니다. 여로보암이 진정으로 두려워했던 것은 이스라엘 백성이 자꾸 예루살렘으로 제사드리러 가다보면 결국 하나님의 신앙이 살아나게 되고, 그러면 결국 다시 다윗의 후손을 섬기게 되는 것이 아니냐 하는 것이었습니다. 그래서 여로보암은 이스라엘 백성이 예루살렘에 제사드리러 가는 것을 막아야 하겠다는 생각을 가지게 되었습니다. 그렇게 하려면 가짜 하나님을 만들 수밖에 없었습니다.

> 12:25-26, "여로보암이 에브라임 산지에 세겜을 건축하고 거기서 살며 또 거기서 나가서 부느엘을 건축하고 그의 마음에 스스로 이르기를 나라가 이제 다윗의 집으로 돌아가리로다"

여로보암이 이스라엘 백성이 성전에 제사드리기 위하여 예루살렘에 갔다가 다시 르호보암을 좋아하고 나라를 빼앗길 가능성이 있다는 것을 고민하는 것은 당연하다고 볼 수 있습니다. 그러나 이럴 때 그가 해야 할 일이 무엇입니까? 하나님께 기도하는 것입니다. 이때 여로보암이 신앙적인 생각을 했었더라면 좋을 뻔했습니다.

그런데 여로보암은 이 문제를 가지고 인간적으로 엄청나게 고민했습니다.

> 12:27, "만일 이 백성이 예루살렘에 있는 여호와의 성전에 제사를 드리고자 하여 올라가면 이 백성의 마음이 유다 왕 된 그들의 주 르호보암에게로 돌아가서 나를 죽이고 유다의 왕 르호보암에게로 돌아가리로다 하고"

여로보암은 이스라엘 백성이 자꾸 예루살렘 성전에 올라가면 자기에게서 마음이 멀어지고 자기를 죽이고 르호보암을 섬기게 될 것이라고 생각한 것입니다. 여로보암에게 있어서 이것은 아주 어려운 숙제였습니다. 이것을 신앙의 힘으로 풀어야 하는데, 그는 인간적으로 풀려고 했습니다.

여기서 여로보암은 하나님의 약속을 믿지 못했습니다. 하나님이 아히야 선지자를 통해서 옷 조각 열 개를 주었는데 그것을 가지고 있는 한 하나님은 약속을 지키실 것입니다. 그리고 이스라엘 백성은 조상들의 기업을 중요시하기 때문에 다 돌아오게 되어 있습니다. 그리고 예루살렘에 솔로몬이 지은 우상의 신전을 보기 싫어서라도 돌아오게 될 것입니다. 그러나 여로보암은 하나님의 그 약속을 믿지 못했습니다.

저 역시 처음 교회를 개척했을 때 저의 설교가 마음에 들지 않는다고 해서 교인들이 무더기로 떠나곤 했습니다. 그러나 저는 다 떠나도 좋다고 생각했습니다. 왜냐하면 제가 교회를 개척한 것은 교인을 많이 끌어모으려는 목적으로 한 것이 아니었기 때문입니다. 그렇게 몇 년 지나지 않아서 폭발적인 부흥이 일어나기 시작했습니다.

2. 금송아지

아마 여로보암은 이 문제를 놓고 혼자 고민한 것은 아닌 것 같습니다. 그는 신하들을 모아놓고 이 문제를 심각하게 의논한 것 같습니다. 이때 내린 결론이 예루살렘과 비슷한 종교를 만들어서 백성으로 하여금 예루살렘에 가지 못하게 하자는 계획이었습니다. 그래서 생각하게 된 것이 금송아지 우상 두 개를 만드는 것이었습니다. 하나는 벧엘에 두고, 하나는 단에 두었습니다.

> 12:28-30, "이에 계획하고 두 금송아지를 만들고 무리에게 말하기를 너희가 다시는 예루살렘에 올라갈 것이 없도다 이스라엘아 이는 너희를 애굽 땅에서 인도하여 올린 너희의 신들이라 하고 하나는 벧엘에 두고 하나는 단에 둔지라 이 일이 죄가 되었으니 이는 백성들이 단까지 가서 그 하나에게 경배함이더라"

이스라엘 백성의 마음속에 금송아지 우상에 대한 신앙은 굉장히 뿌리가 깊은 것입니다. 이스라엘 백성이 출애굽 해서 시내 광야까지 왔을 때 모세는 하나님의 말씀을 받으러 시내산에 올라갔습니다. 그러나 모세가 사십일이 지나도 내려오지 않으니까 이스라엘 백성은 아론에게 몰려와서 "이 사람 모세는 어떻게 되었는지 모르겠다. 그러니까 우리가 하나님을 만들어서 우리를 인도하게 하자"라고 하면서 모든 이스라엘 백성이 금귀걸이를 꺼내어 금송아지 우상을 만들었습니다.

그런데 왜 하필 이때 이스라엘 백성은 모세 때 실패했던 금송아지 우상을 만들었을까요? 이스라엘 백성은 대대로 양을 치던 유목민이었습니다. 그러나 그들이 사는 이스라엘은 평지가 많아서 농사짓는 곳이었습니다. 농사짓는 곳에서 가장 중요한 것은 소입니다. 소가 쟁기를 잘 끌어야 땅을 깊이 팔 수 있고 농사가 잘됩니다.

이스라엘 백성이 시내산에서도 금송아지를 만든 이유는 앞으로 젖과 꿀이 흐르는 땅으로 가게 될 텐데 그곳은 농사짓는 땅이고 지금까지 바다를 가르고 사막에서 인도하신 하나님으로는 부족하다고 생각했기 때문입니다. 그래서 하나님은 모세에게 빨리 산에서 내려가라고 하셨습니다. 모세가 산에서 내려와 보니 이스라엘 백성이 금송아지를 만들어놓고 거기에 절하고 춤추고 있었습니다. 그때 하나님은 이스라엘 백성을 다 멸하려고 하셨지만, 모세의 기도로 간신히 목숨을 건지게 되었습니다. 그리고 모세는 그 금송아지를 부수고 갈아서 백성에게 물에 타서 마시게 했습니다(출 32장 참조).

그런데 이때 여로보암도 똑같은 생각을 한 것 같습니다. 예루살렘이나 남부 유다는 산지여서 목축에 유리하지만, 북부 이스라엘 지방은 평지라서 농사짓기에 좋았습니다. 그래서 여로보암도 이스라엘이 농사를 잘 지어야 잘살게 되는데, 그렇게 하려면 소가 우리의 신이 되어야 한다고 생각했던 것입니다. 여로보암은 백성에게 우리가 하나님을 믿지 않는 것이 아니라고 설명했습니다. 단지 이 금송아지를 여호와 하나님이라고 생각할 뿐이라고 했습니다. 더욱이 이 금송아지를 둔 곳 중 하나는 벧엘인데, 벧엘은 야곱이 하나님을 만난 곳이었습니다. 그러니까 이스라엘 백성은 저 멀리 예루살렘까지 가지 않아도 가까운 곳에서 하나님께 제사드릴 수 있어서 좋아했습니다. 더욱이 자기들은 농사를 짓는데 거기에 도움이 되는 금송아지를 하나님으로 모시니까 더 복을 받을 것 같았습니다.

하나님께서는 이스라엘 백성에게 어떠한 형상으로도 하나님을 만들지 말라고 명령하셨습니다. 왜냐하면 하나님의 말씀에 하나님의 능력이 있기 때문입니다. 그러나 이스라엘 백성은 눈에 보이는 것이 없으면 아무것도 없다고 생각했습니다. 우리나라 사람들도 최근 동상을 만드는 것을 굉장히 좋아하는 것 같습니다. 조심해야 합니다. 결국 하나님은 아합 왕 때 이스라엘에 3년 반 동안 비를 주시지 않음으로 진정으로 비를 내리시는 신이 누구신지 보여주셨습니다.

그러나 이스라엘 백성은 끝내 금송아지 우상을 포기하지 못했습니다. 그것에는 이유가 있습니다. 이스라엘 백성은 하나님의 축복을 믿고 또 세상의 성공을 믿었기 때문입니다. 이러한 사고방식이 오늘날 우리나라 기독교에도 퍼져 있습니다. 우리 기독교는 하나님의 축복을 믿습니다. 그리고 세상의 성공도 믿습니다. 그러니까 교회도 큰 것이 좋고 세상에서도 성공하는 것이 좋은 것입니다. 세상과 신앙, 이 두 가지를 모두 가지니까 언제나 유다보다 열 배 정도 성공했다고 생각했습니다. 과연 그럴까요?

3. 이스라엘의 영원한 걸림돌

여로보암이 약간 변질된 종교를 만드니까 이스라엘 백성은 대환영했습니다. 귀찮게 예루살렘까지 올라가지 않고 가까운 곳에서 제사드릴 수 있게 되었기 때문입니다. 사람들은 어떻게 해서든지 편하게 믿으려고 합니다. 그리고 또 할 수만 있으면 자기중심적으로 믿으려고 합니다. 결국 사람들은 여호와 하나님보다는 금송아지 우상이 편하고 유익했던 것입니다.

> 12:31-32, "그가 또 산당들을 짓고 레위 자손 아닌 보통 백성으로 제사장을 삼고 여덟째 달 곧 그 달 열다섯째 날로 절기를 정하여 유다의 절기와 비슷하게 하고 제단에 올라가되 벧엘에서 그와 같이 행하여 그가 만든 송아지에게 제사를 드렸으며 그가 지은 산당의 제사장을 벧엘에서 세웠더라"

또 여로보암은 거기에다가 제사장 제도까지 완전히 바꾸어버렸습니다. 그는 하나님이 제사장으로 명하신 레위족을 그 자리에서 쫓아내고 누구든지 돈만 내면 제사장 직책을 시켜주었습니다. 그러니까 제사장이 골치 아픈 율법을 설교하지 않고 세상 이야기만 하니까 백성은 좋아했습니다. 그리고 산당을 다시 만들어서 점도 치고 거짓 예언자들도 받아들였습니다. 그리고 대속죄일 날짜까지도 고쳤습니다. 원래는 7월 15일인데 이것을 8월 15일로 고쳐서 백성을 교묘하게 속였습니다. 이스라엘의 제사장은 율법을 하나도 몰랐습니다. 그러니까 오는 사람마다 자기 멋대로 축복을 했습니다.

여로보암이 이렇게 한 행위는 하나님 신앙의 궤도를 완전히 이탈한 것이었습니다. 이것은 고속도로에서 차가 가드레일을 들이박고 언덕으로 떨어지는 것이고, 기차가 탈선해서 제멋대로 달리는 것과 같고, 배가 정해진 항로를 떠나서 암초가 있는 곳으로 가는 행로와 같았습니다.

여로보암은 왕이 되어 세겜에 성을 짓자마자 하나님을 배반했습니다. 여로보암은 백성을 다윗의 길과 전혀 다른 길로 인도했습니다. 지금 우리나라 교회도 금송아지 교회가 판을 치고 있습니다. 하나님의 축복과 세상의 성공을 다 원하지 않는 목회자나 교인은 없을 것입니다. 그것을 위해서 예배당이 우상이 되고 있고, 교회 안에도 큰 십자가를 걸어놓습니다. 이제 우리는 하루라도 빨리 이 궤도를 수정해야 합니다. 하나님의 말씀만 가지고 믿어야 합니다.

여로보암이 과소평가했던 것은 이스라엘 백성이 조상들이 준 기업을 자기 생명같이 중요하게 생각하기 때문에 예루살렘에 가더라도 반드시 돌아온다는 신앙입니다. 그리고 하나님의 말씀에 순종하는 나라는 망하지 않습니다. 그렇게 하나님 말씀에 순종했더라면 이스라엘이 처음에는 좀 힘들어도 나중에는 유다보다 더 큰 부흥을 일으켰을 것입니다. 그러나 이스라엘에는 그런 부흥이 일어나지 않았습니다. 그 이유는 처음부터 잘못된 길로 들어섰기 때문입니다.

18
젊은 선지자의 등장

왕상 13:1-10

권력을 가진 자가 악한 마음으로 나쁜 결정을 내리고 시행하려고 할 때 바로 찾아가서 그 결정은 잘못된 결정이라고 말하기는 대단히 어렵습니다. 그런 말을 한 대가로 자기 목숨을 내놓아야 하기 때문입니다. 예를 들어 독일의 히틀러가 모든 유대인을 잡아서 가스실에서 죽일 때 그것을 감히 반대하는 독일 지도자나 장군은 없었습니다. 그 결과 육백만 명의 유대인이 아무 이유도 없이 가스실에서 죽게 됩니다. 그때 나타난 영웅이 있었는데 그는 군대에 식기를 납품하던 사람이었습니다. 그는 자기 나라 군인들이 유대인들을 무조건 가스실에서 죽이는 것을 보고는 할 수 있는 대로 자기 업체에 유대인을 많이 고용했습니다. 군대에 필요한 물건을 납품하는 회사에 취직한 유대인은 죽이지 않기 때문이었습니다. 그 회사에 취직한 유대인들의 명단이 '쉰들러 리스트' 였습니다. 얼마 전에 그 리스트에 있었던 당시 최연소 어린이가 늙어서 죽었다는 신문 보도가 있었습니다.

신약에서 세례 요한이 헤롯 안티파스가 동생의 아내를 취하여 자기 부인으로 삼는 것을 보고 그것은 부도덕한 일이라고 책망했다가 감옥에 갇히게 되고 나중에는 목이 베어 죽게 되는 장면을 읽게 됩니다(마 14:1-12). 마르틴 루터는 처음에는 수도사가 되기 위해서 당시 가장 엄격했던 수도원에 들어가서 신앙 훈련을 했지만 자신의 영혼의 고민을 해결할 수 없었습니다. 그래서 그의 스승이 그를 비텐베르크 대학의 성경학 교수로 보내었는데 그가 로마서나 시편을 연구하다 보니까 당시 최고의 권위를 가졌던 교황이 면죄부를 발행해서 판매하는 행위는 틀렸다는 것을 알고 95개의 반박문을 비텐베르크 성당 정문에 박아 놓게 됩니다. 그는 숱한 회유와 파문을 받았지만 끝까지 자신의 신앙을 지키고 종교개혁을 완수하게 됩니다.

하나님께서 솔로몬 왕에게 주신 축복은 독으로 변하게 되었습니다. 그는 하나님이 주신 축복을 주체하지 못해서 수많은 이방 여인들과 육체적인 쾌락에 빠졌고 그 결과 수많은 이방 신전들이 예루살렘에 세워지게 되었습니다. 하나님은 실망하셔서 솔로몬에게 주신 축복은 거두시지 않지만 그 아들 르호보암 때에 가서 무려 열 지파가 갈라져 이스라엘 나라로 떨어져 나가게 되었습니다. 하나님의 칼날은 이렇게 무서운 것입니다. 그러나 열 지파의 이스라엘 왕이 된 여로보암은 자신의 자리를 빼앗길까 봐 굉장히 불안해하고 하나님을 영구적으로 배신하는 길을 가게 됩니다.

1. 여로보암의 인간적인 생각

여로보암은 하나님께서 아히야라는 선지자를 통해서 약속하신 대로 이스라엘 열 지파의 왕이 되었습니다. 그러나 여로보암의 마음은 하나님의 약속에도 불구하고 자꾸 불안해졌습니다. 그 이유는 이스라엘 백성이 여호와께 제사를 드리기 위하여 자꾸 예루살렘을 찾아가다 보면 나중에라도 마음이 변하여 자기를 죽이고 도로 옛날 이스라엘로 돌아갈 것 같은 생각이 들었기 때문입니다. 우선 여로보암은 생각해 보았습니다. 그것은 자기가 여호와의 율법을 붙들어봐야 이스라엘에서 자기를 좋아할 사람은 아무도 없고 하나님의 말씀을 붙든다고 해서 돈이 생기는 것도 아니고 군대가 강해지는 것도 아니었습니다.

그런데 하나님을 금송아지로 바꾸면 많은 유익이 있었습니다. 우선 이스라엘 백성은 귀찮게 예루살렘까지 갈 필요가 없었습니다. 그들은 얼마든지 가까운 벧엘이나 단에서 예배드릴 수 있었습니다. 그리고 북쪽은 평지였기 때문에 농사짓기에 좋은 땅이었습니다. 이스라엘 백성이 농사를 잘 지어야 그것을 팔아서 부자가 될 텐데 바다를 가른 여호와보다는 농사짓는 송아지가 훨씬 더 매력적인 것이었습니다. 그리고 금송아지는 하나님의 축복도 믿고 세상의 성공도 믿는 것이기 때문에 하나님만 믿고 기다리는 것보다 몇 배의 성공 효과가 있었습니다.

그래서 여로보암은 옛날 조상들이 출애굽 했을 때 만들었다가 실패했던 금송아지 우상을 다시 만들었습니다. 그리고 이것을 단과 벧엘에 세우고 여로보암은 직접 벧엘에 있는 금송아지에게 분향했습니다. 아마 왕이 직접 분향하는 데다가 처음 드리는 제사였기 때문에 구름떼 같은 이스라엘 백성이 모였을 것입니다. 여로보암의 첫 제사는 대단히 성공적인 것 같아 보였습니다. 그러나 그때 유다에서 온 한 무명의 젊은 선지자가 나타나서 이 모든 제사는 틀렸다고 지적했습니다.

13:1, "보라 그 때에 하나님의 사람이 여호와의 말씀으로 말미암아 유다에서부터 벧엘에 이르니 마침 여로보암이 제단 곁에 서서 분향하는지라"

여로보암이 금송아지 우상을 만들어서 하나님이라고 했을 때, 이것이 틀렸다는 것을 아는 사람들이 분명히 있었을 것입니다. 레위 지파 사람들은 알았을 것이고, 각 지파에서도 바른 신앙을 가진 사람들이 반드시 있었을 것입니다. 그러나 그들은 왕의 권세가 무서워서 모두 입을 다물고 있었습니다. 그런데 유다에서 온 이름 없는 한 무명의 하나님의 사람이 벧엘까지 올라와서 왕이 분향하고 있는 곳에서 이 금송아지와 이 제사는 엉터리라고 소리를 쳤던 것입니다. 그리고 그 증표로 제단이 갈라지고 제물로 드린 재가 제단에서 밑으로 쏟아질 것이라고 예언했습니다.

> 13:2, "하나님의 사람이 제단을 향하여 여호와의 말씀으로 외쳐 이르되 제단아 제단아 여호와께서 이와 같이 말씀하시기를 다윗의 집에 요시야라 이름하는 아들을 낳으리니 그가 네 위에 분향하는 산당 제사장을 네 위에서 제물로 바칠 것이요 또 사람의 뼈를 네 위에서 사르리라 하셨느니라 하고"

이 사람은 너무나도 용감한 하나님의 사람이었습니다. 그는 여로보암 왕이 보는 앞에서 "제단아, 제단아"라고 하면서 앞으로 다윗의 후손 중에 요시야라 이름하는 사람이 태어날 것인데, 그가 이 금송아지에 제사하는 제사장을 다 죽여서 이 제단에 사를 것이고 죽은 사람의 뼈까지 무덤에서 꺼내어 제단 위에서 태울 것이라고 했습니다. 신의 제단에 사람을 죽여서 바치거나 죽은 사람의 뼈를 태우는 것은 그들을 영원히 저주하는 것이었습니다.

그리고 그 증거가 무엇인가 하면, 지금 보이는 이 단이 갈라지고 재가 밑으로 쏟아지는 것이라고 했습니다.

> 13:3, "그 날에 그가 징조를 들어 이르되 이는 여호와께서 말씀하신 징조라 제단이 갈라지며 그 위에 있는 재가 쏟아지리라 하매"

하나님은 가짜 제단이 갈라지게 하시고 그 위에 바친 짐승들의 재가 땅에 쏟아지게 하셨습니다. 이것은 하나님께서 받지 않으시는 제사라는 뜻입니다. 그런데 여기서 왜 하필 요시야라는 이름이 나옵니까? 요시야는 유다가 바벨론에 망하기 직전에 유다의 왕이었습니다. 사실 그는 그렇게 했습니다. 그는 벧엘까지 가서 제단 위에 죽은 사람들의 뼈를 불살랐습니다. 그러나 그것은 아주 후대에 벌어진 일이었습니다. 아마 하나님께서는 이스라엘 백성이나 여로보암을 갑자기 억지로 복종시키는 것보다는 스스로 깨달을 수 있도록 충분한 시간을 주신 것 같았습니다. 그러나 그들은 바른 신앙으로 돌아오지 않고 결국 앗수르에 나라가 멸망한 후에 유다의 요시야가 올라와서 뼈들을 단 위에서 다 태우게 됩니다. 결국 하나님께서는 이 금송아지가 당장은 그들에게 기쁨을 주고 부를 줄지 몰라도 망하는 길이라는 것을 보여주시고 요시야를 통해서 확증하셨던 것입니다.

2. 하나님의 표적

여로보암 왕이 분향하고 있을 때, 유다에서 온 무명의 한 선지자가 나타나서 제단이 갈라지고 재가 쏟아질 것이라고 예언하니까 여로보암 왕은 화가 머리끝까지 나게 되었습니다. 감히 왕이 직접 하고 있는 이 제사를 엉터리라고 하니까 왕은 참을 수 없었습니다. 그래서 여로보암 왕은 손을 펴서 그 무명의 젊은 선지자를 가리키면서 "저 놈을 잡으라!"고 소리 질렀습니다. 그런데 놀라운 것은 그 말을 한 즉시 왕의 손이 굳어지면서 굽혀지지 않았다는 것입니다. 왕의 손은 뻗은 채로 굳어져 버렸습니다. 이것은 바로 이 젊은 선지자가 한 예언이 모두 하나님의 말씀이라는 증거였습니다.

그리고 여호와께서 말씀하신 대로 제단은 갈라지면서 제단 위에 있는 재가 아래로 쏟아졌습니다.

> 13:4-5, "여로보암 왕이 하나님의 사람이 벧엘에 있는 제단을 향하여 외쳐 말함을 들을 때에 제단에서 손을 펴며 그를 잡으라 하더라 그를 향하여 편 손이 말라 다시 거두지 못하며 하나님의 사람이 여호와의 말씀으로 보인 징조대로 제단이 갈라지며 재가 제단에서 쏟아진지라"

이제 여로보암 왕은 손이 뻣뻣하게 되어 거두지 못하므로 사람들의 웃음거리가 되었을 뿐만 아니라 이제는 나라를 다스리거나 아무 일도 할 수 없었습니다. 여로보암의 팔은 마치 깁스한 팔처럼 굳어져서 쓸모없는 팔이 되고 말았습니다. 여로보암이 머리를 쓰고 백성의 지지를 얻어서 금송아지 우상과 제단을 만들었지만, 하나님의 말씀 한마디로 그의 팔은 불구가 되고 말았고 더 이상 이스라엘을 다스릴 수 없게 되었습니다. 하나님의 말씀으로 굳어버린 팔은 무슨 방법으로도 굽힐 수 없었습니다. 여로보암은 하나님의 말씀을 무시하고 자기 멋대로 금송아지를 만들었다가 장애인이 되고 말았던 것입니다. 그는 아무것도 할 수 없었습니다.

이때 여로보암이 할 수 있는 유일한 일은 하나님께 돌아가는 체하는 수밖에 없었습니다. 이때 여로보암이 용기가 있어서 완전히 하나님께 돌아갔더라면 좋았을 뻔하였는데, 그는 금송아지를 포기하지 못했습니다. 그 대신에 여로보암은 하나님의 사람에게 나를 위하여 기도해서 팔이 다시 굽혀지게 해 달라고 부탁했습니다. 이것은 여로보암이 자기 팔이 굳어진 것이 하나님께서 하신 일임을 안다는 것을 의미합니다. 그래서 하나님의 사람이 하나님께 기도해서 여로보암의 팔이 정상적으로 되게 해 달라고 했더니 팔이 다시 굽혀지게 되었습니다.

> 13:6, "왕이 하나님의 사람에게 말하여 이르되 청하건대 너는 나를 위하여 네 하나님 여호와께 은혜를 구하여 내 손이 다시 성하게 기도하라 하나님의 사람이 여호와께 은혜를 구하니 왕의 손이 다시 성하도록 전과 같이 되니라"

하나님은 얼마나 자비로우신지요. 하나님을 배반하고 악한 일을 했던 여로보암에게 또 기회를 주셔서 선지자의 기도로 그의 팔은 정상적으로 돌아오게 되었습니다. 하나님은 아무리 악한 자라 하더라도 회개하고 돌아올 조짐이 보이면 하나님은 그 기도를 들어주시고 기회를 주십니다.

우리 교회 한 장로님은 공장에서 일하다가 장갑이 기계에 딸려 들어가는 바람에 손이 완전히 부서져 버렸습니다. 손을 꺼내어 보니까 뼈가 여기저기 튀어나와 있고 팔은 완전히 고깃덩어리처럼 되었습니다. 의사들은 그에게 팔을 잘라야 한다고 했지만, 마지막 순간에 만난 의사가 최선을 다해보겠다고 해서 일일이 그 부서진 뼈를 맞추고 볼트로 끼워서 손을 완전하게 회복시켰습니다. 아마 장로님은 자신의 손만 보면 그때 하나님의 은혜를 기억할 것입니다. 우리가 이런 것을 볼 때 하나님이 우리의 기도를 얼마나 잘 들어주시는지 알 수 있습니다.

3. 여로보암의 협상

여로보암은 금방 눈앞에서 하나님의 말씀과 기도의 능력이 나타나는 것을 보고서도 또 인간적인 생각에 빠지게 되었습니다. 그것은 바로 이렇게 능력 있는 하나님의 사람을 자기가 데리고 있게 되면 얼마나 막강한 능력을 가진 왕이 되겠느냐 하는 것이었습니다. 그래서 여로보암 왕은 이 무명의 선지자를 매수할 생각을 했습니다.

> 13:7, "왕이 하나님의 사람에게 이르되 나와 함께 집에 가서 쉬라 내가 네게 예물을 주리라"

여로보암은 하나님의 사람에게 맛있는 음식도 주고 금과 은 같은 예물도 많이 주고 아주 높은 직책도 주어서 아예 이스라엘에 붙들어 둘 생각을 했던 것 같습니다. 그래서 "우리 집에 같이 가서 거기서 먹고 쉬자. 내가 내 팔이 돌아온 답례를 하겠다."고 했습니다.

그러나 이미 하나님은 이 선지자에게 엄히 경계하셨습니다. 즉 "너는 이스라엘에서는 왕의 집에 들어가서도 안 되고 거기서는 떡이나 고기를 얻어 먹어서도 안 되고 물까지 마셔도 안 된다."고 말씀하셨습니다. 하나님께서 젊은 선지자에게 이렇게 말씀하신 것은 하나님에게 있어서 영혼이 돌아오는 일이 얼마나 긴급하고 중요한 일인지 보여주는 것입니다. 그래서 하나님은 이 젊은 선지자에게 하나님의 말씀만 전하고 너는 거기 사람들에게 붙들려서 대접받지 말고 물도 마시지 말고 빨리 돌아오라고 하신 것이었습니다.

그래서 이 하나님의 사람은 여로보암에게 "왕의 집 절반을 준다고 해도 나는 왕의 집에 들어갈 수 없고 떡도 먹을 수 없고 물도 마실 수 없습니다. 하나님께서 나에게 명령하시기를 너는 이스라엘에 가서 떡도 먹지 말고 물도 마시지 말고 갔던 길로 오지 말고 다른 길로 해서 오라고 말씀하셨기 때문입니다."라고 말을 했습니다. 그래서 그 젊은 선지자는 그 엄청난 능력을 행하고도 보수나 물이나 떡을 일절 받지 않고 다른 길로 유다로 돌아오려고 길을 떠났습니다.

하나님의 종들에게 중요한 것은 하나님의 말씀으로 사람들을 돌이켜 바른 길로 돌아오게 하는 것입니다. 하나님의 종들은 오직 하나님이 주신 명령을 이행하는 것을 최우선적으로 생각해야 합니다. 더욱이 하나님의 종들은 오직 하나님의 영광만을 위하여 일을 해야 합니다. 그래서 하나님의 종들은 자기 이름을 내고 자기가 대접받으면 안 됩니다. 하나님의 종들은 하나님으로부터 능력을 거저 받았으니 거저 주는 것뿐입니다. 영혼을 구하는 것은 긴급한 것입니다. 그리고 그것은 오직 하나님의 은혜이기 때문에 대가를 요구해서는 안 됩니다. 그리고 하나님의 종들은 때때로 물도 마시지 못하고 목이 갈한 채로 하나님의 임무를 완수해야 합니다. 목이 마르다고 해서 물을 얻어먹으려고 하다 보면 다른 일에 관심이 갈 수 있기 때문입니다. 그래서 하나님의 종은 오직 하나의 목표만을 향해서 질주해야 합니다.

요즘 우리나라에서는 기독교가 변질되어 하나님을 위한 기독교가 아니라 나를 위한 기독교가 되었습니다. 내가 교회에서 인정받고 세상적으로 성공하는 것이 잘 믿는 것이 되었습니다. 즉 하나님의 축복과 세상의 성공을 같이 믿는 것입니다. 이것이 바로 금송아지 신앙이 아니고 무엇이겠습니까? 그래서 목회자들은 하나님의 축복도 설교하지만, 세상의 성공도 많이 설교합니다. 그러면 교인들이 기뻐하고 사람들이 몰려들어서 큰 교회로 성장합니다. 그러나 이것은 참된 신앙이 아닙니다. 이것은 모두 멸망할 수밖에 없는 금 송아지의 길로 가는 것입니다.

19
늙은 선지자의 유혹
왕상 13:11-34

세계 이차대전이 끝나고 분단된 나라가 두 나라가 있었습니다. 처음에는 이 분단이 대단하지 않은 것 같았습니다. 독일에서는 서로 편지를 주고받고 왕래도 했지만, 사람들은 동독에서 서독에 가면 돌아오지를 않았습니다. 그래서 결국 베를린에는 높은 담이 생기고 그 위에 또 철조망을 쳐서 이동을 막았지만, 동독 사람들은 그 위를 넘어서 서독으로 넘어갔습니다. 그러니까 동독 군인들은 넘어가는 사람들을 총으로 쏴서 죽였습니다. 이제는 그 담과 장벽이 무너졌습니다. 우리나라도 북한 사람들이 남한으로 넘어오지 못하게 비무장지대에 철망을 세우고 막으니까 두만강을 건너서 중국으로 넘어가 미얀마나 태국을 통해서 한국으로 온 사람들이 3만 5천 명이나 됩니다.

절대 권력을 잡은 자가 잘못할 때 직접 대면해서 그에게 틀렸다고 직언하기 어렵습니다. 자기의 목숨이 걸린 문제이기 때문입니다. 또 노인이 되면 자기가 그동안 누리던 모든 것을 내려놓고 평범한 사람이 된다는 것을 인정하기 어렵습니다. 자기를 좋아하던 모든 사람의 마음이 변해서 젊은 사람에게 관심이 쏠릴 때 속으로 시기심이 생겨서 그가 망하기를 바라게 됩니다.

우리는 이 두 가지가 모두 여로보암이 금송아지 우상을 만들었을 때 나타나는 것을 보게 됩니다. 여로보암이 이스라엘 백성을 예루살렘에 가지 못하게 하려고 금송아지 우상을 만들고 제사드릴 때 유다에서 올라온 무명의 선지자가 잘못된 제사라고 소리를 쳤을 때, 여로보암이 화가 나서 '저 놈 잡으라' 고 했는데 그 손이 접히지 않았습니다. 결국 그는 그 젊은 선지자의 기도를 받고나서야 팔이 접히게 되었습니다. 이 장면을 거기에 참석했던 모든 사람이 다 보았던 것입니다. 그래서 이 엄청나고 놀라운 장면을 본 한 늙은 선지자의 아들이 집으로 뛰어가서 아버지에게 자기가 본 것을 그대로 알려주었습니다. 그러면서 "하나님은 살아계시며 오늘 엄청난 하나님의 능력이 나타나서 여로보암이 불구가 되었다가 그 사람의 기도로 겨우 치료가 되었습니다."라고 말했습니다. 그렇지만 결국 이 늙은 선지자 때문에 젊은 하나님의 종은 죽게 됩니다.

1. 젊은 선지자의 실수

젊은 하나님의 종은 여로보암이 금송아지 우상을 만들고 거기에 절하며 분향할 때 나타나서 이 금송아지는 아무것도 아니고 지금 여러분은 하나님을 배신하고 있다고 소리를 쳤습니다. 그때 화가 머리끝까지 난 여로보암은 군인들에게 '저 놈 잡으라!' 고 소리를 질렀는데 갑자기 그 선지자를 가리킨 손이 굳어져 버렸습니다. 그는 이제 불구가 되어서 모든 사람의 웃음거리가 되었고 아무것도 할 수 없게 되었습니다. 그래서 여로보암은 젊은 하나님의 종에게 팔이 굽혀지도록 기도해 달라고 부탁했습니다. 젊은 종은 여로보암의 팔을 그대로 뻣뻣하게 두면 좋았겠는데 또 하나님께 기도해서 여로보암의 팔이 돌아오게 되었습니다. 그리고 하나님의 징조대로 제단이 갈라지면서 제단 위의 재들이 땅으로 다 쏟아지게 되었습니다. 이 엄청난 장면을 본 여로보암은 젊은 선지자에게 자기 집으로 가자고 하면서 대접을 하고 예물을 주겠다고 했습니다.

이때 젊은 선지자는 여로보암이나 이스라엘 백성이 모두 다 하나님을 믿는다고 생각해서 비밀까지 다 이야기해버렸습니다. 젊은 선지자는 하나님께서 자기에게 이스라엘에 가서 떡이나 물이나 아무것도 먹지 말고 가던 길로 오지 말고 다른 길로 돌아오라고 했다고 전했습니다. 하나님이 보시기에 이스라엘의 떡과 물은 죄로 오염이 되었고, 왕과 백성의 마음이 금송아지로부터 하나님께로 돌아오는 것이 선지자가 대접을 받는 것보다 더 중요했기 때문입니다. 간교한 여로보암은 하나님의 선지자를 대접하고 자기 할 일은 다 했다고 생각할 수도 있었습니다. 이것이 그의 첫 번째 실수였습니다.

그런데 이 젊은 선지자는 이스라엘 땅에 가서 떡이나 물이나 대접받지 말고 갔던 길로 오지 말고 다른 길로 오라는 하나님의 말씀까지 다 말해 버렸습니다. 사실 "갔던 길로 오지 말고 딴 길로 오라"고 하신 것은 사람들이 따라와서 선지자를 모시고 가려는 것을 막기 위한 것이었습니다. 이것은 비밀로 하고 말하지 않는 것이 자기가 사는 길이었습니다. 그러나 이 젊은 선지자는 자기 가는 길까지 다 말해버렸습니다. 이것이 그의 큰 실수였습니다. 우리는 아무리 하나님의 백성이라 하더라도 미래의 일은 말하지 않는 것이 좋습니다. 사람들이 그 길을 알면 무슨 음모를 꾸밀 수 있기 때문입니다.

이 젊은 선지자의 엄청난 말씀의 능력을 본 한 늙은 선지자의 아들들은 집에 빨리 가서 아버지에게 자기가 본 것을 다 말했습니다.

13:11-12, "벧엘에 한 늙은 선지자가 살더니 그의 아들들이 와서 이 날에 하나님의 사람이 벧엘에서 행한 모든 일을 그에게 말하고 또 그가 왕에게

드린 말씀도 그들이 그들의 아버지에게 말한지라 그들의 아버지가 그들에게 이르되 그가 어느 길로 가더냐 하니 그의 아들들이 유다에서부터 온 하나님의 사람의 간 길을 보았음이라"

그동안 이스라엘에는 하나님 말씀의 능력이 나타난 적이 거의 없었습니다. 아마 솔로몬 때부터 이스라엘에는 하나님의 능력이 나타나지 않았을 것입니다. 그때 이미 이스라엘 부흥의 불길은 꺼져 있었기 때문입니다. 그런데 한 젊은 하나님의 종이 그 능력을 가지고 있었습니다. 아직 하나님의 말씀은 살아서 역사하고 능력이 있었던 것입니다. 그래서 아들들의 말을 들은 늙은 선지자는 이 젊은 선지자를 붙들어서 하나님의 능력을 받는 것을 배우려고 했는지 모르겠지만, 나귀에 안장 지워서 젊은 선지자가 간 길을 따라갔습니다.

젊은 선지자는 물도 마시지 못하고 그 먼 길을 왔다가 가니까 피곤해서 상수리나무 아래 앉아서 쉬고 있었습니다. 그때 늙은 선지자가 나귀를 타고 따라와서 이 젊은 선지자가 나무 밑에 앉아서 쉬는 것을 보고 "그대가 유다에서 온 하나님의 사람이냐?" 고 물었습니다. 이 젊은 선지자가 그렇다고 말을 하니까 늙은 선지자는 자신의 집에 가서 음식을 먹고 쉬었다가 가라고 청했습니다. 그랬더니 이 젊은 하나님의 종은 여로보암에게 했던 말을 똑같이 반복했습니다. "하나님은 이스라엘에서 물도 마시지 말고 떡도 먹지 말고 갔던 길로 오지 말고 딴 길로 오라고 했습니다" 라고 대답했습니다.

그때 늙은 선지자는 이 젊은 선지자를 속였습니다. 그는 젊은 선지자에게 자기도 선지자인데 선지자로 치면 너의 엄청난 선배라고 했습니다. 그리고 "나에게 천사가 나타나서 말을 했는데 하나님의 말씀이 너는 네 집으로 그를 데리고 가서 떡도 마시게 하고 물도 마시게 한 후에 보내라고 했다" 고 속였던 것입니다.

13:18, "그가 그 사람에게 이르되 나도 그대와 같은 선지자라 천사가 여호와의 말씀으로 내게 이르기를 그를 네 집으로 데리고 돌아가서 그에게 떡을 먹이고 물을 마시게 하라 하였느니라 하니 이는 그 사람을 속임이라"

이 말을 듣고 젊은 선지자는 혼동이 생겼습니다. 우선 그 늙은 선지자는 새까만 선배 선지자라는 사실입니다. 그리고 내가 하나님의 말씀대로 해야 하나 아니면 선배의 말씀을 따라야 하는 혼동이었습니다. 그런데 젊은 선지자에게 더 혼동을 준 것은 "천사가 새로운 지시를 내렸다"는 말이었습니다. 젊은 선지자는 영감을 통해서 하나님의 말씀을 들었지만, 이 늙은 선배 선지자는 천사가 지시했다고 했습니다.

여기서 우리는 확인하고 넘어가야 할 것이 있습니다. 사람이 성경 말씀을 가지고 성령에 감동받아서 하는 설교가 권위가 있습니까? 아니면 천사가 나타나서 우리에게 하는 말이 권위가 있습니까? 아니면 생생한 꿈을 통해서 본 것이 권위가 있습니까?

우리는 대개 천사가 한 말이 가장 권위가 있으리라 생각할 것입니다. 천사가 나타나는 일은 너무나도 드문 일이고, 천사는 하나님의 말씀을 직접 대언하는 존재이기 때문입니다. 그러나 가장 권위가 있는 것은 하나님의 종이 영감을 통해 하나님의 말씀을 받아서 전하는 것입니다. 그러나 이 젊은 선지자는 겸손한 사람이었던 것 같습니다. 늙은 선지자가 천사가 자기에게 이렇게 지시했다고 하니까 "나 같은 것이 뭐가 대단하다고, 천사가 선배 선지자에게 하신 말씀대로 하자." 고 하면서 늙은 선지자를 따라갔습니다.

2. 늙은 선지자의 시샘

늙은 선지자는 젊었을 때는 분명히 하나님의 영감이 임해서 하나님의 말씀을 전했을 것입니다. 그러나 언제부터인가 그에게서 하나님의 말씀이 없어졌습니다. 그는 말로만 선지자이지 능력 없는 타이틀만 가진 선지자였던 것입니다. 그러나 하나님의 말씀이 살아있는 능력의 젊은 종에게 나타나서 기적을 일으키니까 얼마나 반갑고 좋은 일입니까? 더욱이 이 늙은 선지자가 여로보암의 제사에도 가지 않은 것을 보면 그는 금송아지 우상이 엉터리라는 것을 알았던 것입니다. 그러나 그는 그것을 왕 앞에서 막을 용기가 없었습니다. 그에게는 능력이 없었기 때문입니다. 그러나 한편으로 이 늙은 선지자에게는 젊은 선지자에 대한 시기심이 생겼습니다. '왜 하나님의 능력이 나에게는 임하지 않고 경험도 없는 이 젊은 친구에게 임하는 거지?' 라는 생각이 든 것입니다.

사람이 늙으면 여러 가지 현상이 생기게 됩니다. 그중의 하나가 젊은 자에 대한 시샘입니다. 그리고 늙으면 무대에서 잘 내려오지 않으려고 마이크를 한번 잡으면 말이 아주 많아지게 되는 것입니다. 전에는 자기에게 쏠렸던 모든 관심이 젊은 사람에게 쏠릴 때 견딜 수 없는 시기심이 생기는 것입니다. 아마 이 늙은 선지자의 아들들도 집에 와서 이 젊은 선지자의 이야기만 했을 것입니다. 그래서 이 늙은 선지자는 젊은 선지자가 결점이 있기를 바랐고 실수하기를 바랐고 망하기를 바랐던 것입니다. 그러나 이 젊은 선지자가 너무 하나님의 말씀대로 바로 하니까 이 늙은 선지자는 이 젊은 선지자를 망치기 위해서 자기가 직접 나서서 젊은 선지자를 따라갔던 것입니다. 그래서 늙어서 자리에서 물러나면 할 말이 많고 간섭할 것이 많아도 그냥 입을 다물고 있든지 아니면 딴 데로 가든지 하는 편이 나은 것입니다. 자기 눈으로 보면 간섭을 하게 되어 있기 때문입니다.

늙은 선지자는 젊은 선지자를 설득해서 자기 집으로 데리고 왔습니다. 그리고 물을 마시게 하고 떡을 먹게 했습니다. 목이 마르던 젊은 선지자가 물을 마시니까 얼마나 시원했는지 모릅니다. 그리고 아침 일찍 떠난다고 떡을 먹지 못했던 젊은 선지자가 떡을 먹으니까 새로운 기운이 솟는 것 같았습니다. 그때 이 시기심 많은 늙은 선지자에게 하나님 말씀이 임했습니다. 아마 이때 늙은 선지자는 몽롱한 가운데서 자기가 무슨 말을 하는지 몰랐을 것입니다. 하나님 경고의 말씀이 이 늙은 선지자의 입에서 튀어나왔습니다.

> 13:21하-22, "네가 여호와의 말씀을 어기며 네 하나님 여호와께서 네게 내리신 명령을 지키지 아니하고 돌아와서 여호와가 너더러 떡도 먹지 말고 물도 마시지 말라 하신 곳에서 떡을 먹고 물을 마셨으니 네 시체가 네 조상들의 묘실에 들어가지 못하리라"

'조상들의 묘실에 들어가지 못한다'는 말은 그가 집에 가지 못하고 죽는다는 뜻입니다. 이 예언을 하고 늙은 선지자는 자기가 무슨 말을 했는지도 모르고 젊은 선지자를 위해서 나귀를 준비하고 안장을 지워서 보냈습니다.

이 젊은 선지자는 불편한 마음이 생겼습니다. 그것은 바로 얼마 전에 늙은 선지자가 한 말 때문입니다. 갑자기 이 늙은 영감이 치매에 걸린 것처럼 자기가 아는 하나님의 말씀을 전하면서 집에 못 가고 죽는다는 것입니다. 그리고는 이 늙은 선지자는 곧 자기 정신으로 돌아왔습니다. 젊은 선지자는 자신의 문제를 잘 알지 못하고 있었던 것 같습니다. 늙은 선지자는 젊은 선지자를 잘 대접해주고 걸어서 가면 힘이 드니까 나귀까지 한 마리 주었습니다. 요즘으로 치면 자가용까지 하나 얻어 타고 집으로 가게 된 것입니다.

3. 하나님의 징계

13:24, “이에 그 사람이 가더니 사자가 길에서 그를 만나 물어 죽이매 그의 시체가 길에 버린 바 되니 나귀는 그 곁에 서 있고 사자도 그 시체 곁에 서 있더라”

젊은 선지자가 기분 좋게 유다에 있는 자기 집으로 가는데 사자가 길에서 그를 기다리고 있었습니다. 사자는 젊은 선지자를 보자마자 덤벼들어서 물어 죽이고 그 시체 곁에 서 있었습니다. 그 사자는 더 이상 선지자의 시체를 뜯어 먹지 않았습니다. 그리고 사자는 나귀도 물어 죽이지 않았고, 나귀는 사자를 보고도 도망치지 않고 사자 곁에 그대로 서 있었습니다. 길을 지나가던 사람들이 보니까 젊은 선지자의 시체가 있고 그 곁에 사자가 서 있었습니다. 그리고 나귀도 그대로 서 있었습니다. 이것은 놀라운 일이었습니다. 사자가 사람을 물었으면 뜯어 먹어야 하는데 죽이기만 하고 뜯어 먹지 않았습니다. 그리고 사자는 나귀를 해치지 않았고 나귀는 도망을 치지도 않았습니다. 이것은 하나님께서 사자에게 할 일을 지시하셨던 것입니다. 하나님의 천사가 나귀가 도망가지 못하도록, 사자가 선지자를 뜯어먹지 못하도록 지키고 있었던 것입니다.

길을 지나가던 사람들은 늙은 선지자를 찾아가서 자기들이 본 것을 전했습니다. 늙은 선지자는 한편으로는 기쁘면서도 다른 한편으로는 슬펐습니다. 자기가 시기했던 능력의 종이 죽어서 기뻤지만, 또 그 능력의 종이 죽어서 슬펐던 것입니다. 늙은 선지자는 그 이야기를 듣고 “이는 여호와의 말씀을 어긴 하나님의 사람이로다”라고 했습니다. 이 늙은 선지자는 이 젊은 선지자로 하여금 돌아오게 한 것이 자기라고는 말하지 않았습니다.

늙은 선지자는 나귀를 타고 가서 젊은 선지자가 죽은 데를 가보니까 사람들에게 들은 그대로였습니다. 사자가 서 있고 젊은 선지자가 죽어 있고 그 옆에 나귀가 있었습니다. 사자가 선지자를 뜯어먹지도 않고 나귀도 죽이지 않은 것은 하나님의 징계라는 것을 보여주는 것이었습니다. 늙은 선지자는 나귀에 젊은 선지자를 싣고 와서 장례를 치르고 자식들에게 내가 죽으면 이 젊은 선지자의 묘실에 장사를 지내되 내 뼈를 그의 뼈 옆에 두라고 했습니다. 그 이유는 나중에 요시야라는 사람이 나타나면 모든 선지자나 제사장의 뼈를 다 꺼내어서 이 단 위에서 불태울 텐데 이 젊은 선지자는 하나님의 종이므로 건드리지 않을 것이기 때문입니다. 그래서 그 뼈 옆에 자기 뼈를 두면 사람들이 자기 뼈도 건드리지 않고 그냥 둘 것을 알았기 때문입니다(31-32절).

아직 하나님 말씀의 능력을 가진 종이 있었습니다. 그러나 그는 늙은 종의 속임수에 빠져서 죽었습니다. 그는 자신의 말이 천사의 말보다 더 위력이 있다는 것을 몰랐습니다. 우리는 하나님의 말씀을 처음부터 끝까지 지켜야 우는 사자 같은 마귀의 공격을 이길 수 있습니다.

20
여로보암 아들의 죽음

왕상 14:1-20

우리나라의 한 동양철학 교수는 미국 하버드 대학에서 박사학위를 받았습니다. 그는 텔레비전 프로그램에서 《논어》를 현대 생활에 적용해서 엄청난 인기를 끌었습니다. 그러나 그의 강의는 항상 기독교를 비판해서 인기를 끌었습니다. 그의 어머니는 교회 권사님이셨다고 하는데, 그는 중국 고서에 그치지 않고 성경 요한복음을 강의하고 마가복음을 강의하고 기독교에서는 정경으로 인정하지 않는 도마복음 같은 것을 강의했습니다. 그의 강의는 전부 기독교를 욕하는 것이고 우리나라의 정통성을 부정하는 내용이었습니다. 그런데 그 사람이 사이비 좌파 학자라는 것을 알고는 대중의 관심이 많이 떨어지고 지금 얼마나 많은 사람이 그를 욕하고 미워하는지 모릅니다. 사람들은 그를 대표적인 사이비 학자로 생각하고 있습니다.

자기가 틀린 길을 걷고 있다고 생각되면 바로 결단을 내려서 그 길을 떠나 바른길로 돌아와야 하는데, 그러면 돈이나 인기에 손해를 보기 때문에 결국 인기와 돈에 매여서 망할 때까지 악하고 더러운 길에서 벗어나지 못하는 사람들이 많이 있습니다.

1. 여로보암이 돌아올 기회

하나님께서는 자비하셔서 아무리 악한 길을 가는 사람이라도 회개하고 돌아올 기회를 주십니다. 그래서 하나님은 여로보암이 금송아지 우상을 버리고 하나님께로 돌아올 기회를 주셨습니다. 그 기회가 바로 여로보암이 벧엘에서 금송아지에게 분향할 때 있었던 유다에서 온 하나님의 사람의 책망이었습니다. 그 젊은 선지자는 여로보암과 수많은 이스라엘 백성 앞에서 이 금송아지는 참 신이 아니며 너희들은 모두 하나님을 배반하고 떠나고 있다고 책망했습니다. 그리고 이 제단은 갈라질 것이며 그 위에 바친 짐승들의 재는 땅에 다 쏟아질 것이라고 예언했습니다. 그때 여로보암은 하나님 말씀의 능력을 보았습니다. 여로보암은 화가 나서 '저 놈 잡으라' 고 하면서 팔을 뻗었는데 그만 팔이 굳어져 버려 불구가 되어버렸습니다. 여로보암은 하나님께서 자기가 하는 일을 기뻐하지 않는다는 것을 체험했습니다.

그래서 여로보암은 그 하나님의 사람에게 자기 팔이 나을 수 있도록 하나님께 기도를 해 달라고 부탁해서 하나님의 사람이 기도했더니 팔이 전과 같이 정상적으로 돌아오게 되었습니다. 그리고 그때 제단이 갈라지면서 제단 위에 있던 재들이 땅에 다 쏟아졌습니다. 바로 이때가 여로보암이 하나님께 돌아올 수 있는 기회였습니다. 이때 여로보암이 하나님께 '하나님, 제가 믿음이 없어서 왕위를 빼앗길까 봐 이스라엘 백성이 예루살렘으로 가지 못하도록 금송아지를 만들었습니다' 라고 고백하고, 금송아지를 부수고 예루살렘에 갈 사람들은 가도 좋다고 백성에게 선포했더라면 하나님께서는 여로보암의 지난 허물을 아예 기억하지도 않으시고 그를 축복하셨을 것입니다.

그런데 여로보암은 분명히 하나님의 능력을 보았고 하나님의 뜻을 알았지만 하나님의 능력을 보면서도 하나님께 돌아오기를 원치 않았습니다. 여로보암은 이스라엘에서 무혈혁명에 성공함으로 백성의 인기가 굉장히 높아졌기 때문입니다. 여로보암에 대한 이스라엘 백성의 지지는 대단했습니다. 그리고 금송아지 우상을 살려두면 틀림없이 이스라엘 백성은 자기에게 많은 금과 은을 바쳐서 부요하게 될 것입니다. 만약 여로보암이 백성들 앞에서 회개하고 "내가 지금까지 한 것은 틀린 짓이다. 나는 다윗의 믿음으로 돌아가겠다"고 선언한다면 오히려 이스라엘 백성이 여로보암을 거부하고 자기를 죽일 가능성이 컸습니다. 그래서 여로보암은 자기 길이 틀린 줄 알면서도 금송아지 우상의 길에서 돌이키지 아니하고 그 악한 길을 계속 갔던 것입니다.

> 13:33-34, "여로보암이 이 일 후에도 그의 악한 길에서 떠나 돌이키지 아니하고 다시 일반 백성을 산당의 제사장으로 삼되 누구든지 자원하면 그 사람을 산당의 제사장으로 삼았으므로 이 일이 여로보암 집에 죄가 되어 그 집이 땅 위에서 끊어져 멸망하게 되니라"

여로보암은 금송아지만이 아니라 산당을 많이 만들었습니다. 그리고 산당의 제사장 자리는 모두 일반 백성에게 돈을 받고 팔았습니다. 결국 여로보암은 이 금송아지가 걸림돌이 되어서 이스라엘에는 부흥이 일어나지 않았습니다. 그리고 이스라엘은 영적으로 죽은 이스라엘이 되었습니다. 결국 여로보암만 망한 것이 아니라 이스라엘 전체가 멸망하게 되었습니다. 그러나 하나님은 여로보암이나 이스라엘 백성이 하나님께 돌아올 수 있도록 많은 시간과 기회를 주셨습니다.

여로보암이 하나님의 사람의 기적을 금송아지와 연결하지 못한 것은 문제였습니다. 우리 시대에 일어나는 모든 일이 우리의 신앙과 다 관계가 있습니다. 코로나나 북한의 핵이나 미세먼지 등을 우리 신앙과 연결하지 못하고 자기 가는 길을 끝까지 가고야 마는 것이 우리의 문제입니다.

2. 여로보암의 아들을 치심

대개 남자가 가장 가슴 아플 때는 부인이 병들거나 아니면 아들이 병들어 먼저 죽을 때입니다. 지금 백 세가 넘게 살면서 인기를 누리고 있는 어떤 교수님은 과거에 부인이 중풍에 걸려서 15년 넘게 누워서만 지내는 바람에 그 모든 수발을 다 들어야 했습니다. 그는 지금 당장은 장수하기 때문에 만인의 부러움을 사고 있지만, 그에게는 정말 고통스러운 과거가 있었던 것입니다. 어떤 집에서는 부모가 모두 똑똑해서 S대를 나왔는데 아이는 뇌성마비에 걸려서 잘 움직이지 못한다든지 혹은 자폐증으로 아무 데서나 소리를 지르고 다른 아이를 때린다든지 하면 그 부모는 얼굴을 들기가 어려울 것입니다. 우리가 아는 선교사나 부목사 출신 중에는 아기가 조산하는 바람에 기관들이 덜 만들어져서 여러 번 수술해야 했고, 그 엄청난 치료비 때문에 고통을 받아야 했습니다. 때로는 자녀가 부모보다 먼저 죽는 경우도 있습니다. 이 모든 것이 우리를 겸손하게 하고 끝까지 하나님을 의지하게 하시는 고통의 손길입니다.

하나님께서는 여로보암이 하나님께 돌아오지 않고 더 강하게 금송아지를 경배하고 엉터리 제사장을 세우고 나중에는 아스다롯이라는 음란한 우상까지 섬기는 것을 보시고, 여로보암의 아들을 치셔서 죽을병에 걸리게 하셨습니다. 이때 여로보암은 비로소 하나님의 종을 찾았습니다. 즉 혹시 아들이 살길이 있을까 물어보려고 한 것입니다. 이때가 여로보암이 하나님께 돌아올 수 있는 두 번째 기회였습니다.

여로보암의 아들은 여로보암의 후계자인데 그 아들이 죽어버리면 여로보암에게 무슨 소망이 있겠습니까? 지금 여로보암은 내려갈 데까지 다 내려간 것입니다. 그러나 이 순간에도 여로보암은 하나님께 정직하지 못했습니다. 여로보암은 사람의 눈만 피하면 하나님을 속일 수 있다고 생각했습니다. 그래서 여로보암은 자기 부인에게 선지자 아히야를 찾아가라고 했습니다. 선지자 아히야는 자기 옷을 열두 개 조각으로 찢어서 여로보암이 왕이 될 것이라고 예언했던 선지자였습니다. 그런데 여로보암은 자기 부인에게 다른 사람의 부인인 것처럼 변장하고 가라고 했습니다. 왜냐하면 자기는 이 금송아지 우상을 버리기 싫었기 때문입니다. 그 대신 선지자를 속여서 아들이 살 수 있는 방법만 물어보면 된다고 생각했던 것입니다. 여로보암은 끝까지 하나님 앞에서 정직하지 못했습니다. 지금 자식이 죽게 되었는데 자존심이나 체면 같은 것이 무슨 필요가 있습니까?

그것을 보여주는 성경이 바로 호세아서입니다. 하나님께서는 호세아 선지에게 바람이 나서 다른 남자와 관계해서 사생아를 낳은 여자를 사랑하라고 하셨습니다. 이것이 바로 이스라엘이나 여로보암의 모습이었기 때문입니다. 금송아지 우상을 섬기는 이스라엘 백성은 모두 아버지를 모르는 사생아였습니다. 그런데 하나님은 이들을 다시 사랑하겠다고 말씀하셨습니다. 그러나 여로보암은 끝까지 하나님을 속이려고 했습니다.

여로보암이 하나님을 속일 수 있다고 생각한 데는 이유가 있었습니다. 그것은 아히야 선지가 나이 많아서 앞을 보지 못했기 때문입니다. 여로보암이 직접 아히야 선지를 찾아간다면 선지자는 그의 목소리를 알아들을 수 있겠지만 부인을 보내면 아무리 선지자라 하더라도 누구 부인인지 어떻게 알겠습니까? 더욱이 여로보암의 부인이 평범한 여자의 옷을 입고 변장해서 간다면 누구인지 어떻게 알겠습니까? 그래서 이 평범한 여자가 선지자 앞에서 울면서 자기 아들을 살려달라고 붙들고 늘어진다면 선지자가 속고 살길을 가르쳐줄지도 모른다는 것이 여로보암의 생각이었습니다. 그래서 여로보암의 부인은 왕비가 아닌 것처럼 변장하고 아히야 선지를 찾아갔습니다. 이것은 여로보암이 하나님을 너무 우습게 아는 행동이었습니다.

하나님께서는 여로보암의 부인이 아히야의 방에 들어가기도 전에 여로보암의 처가 다른 여자인 것처럼 변장하고 올 것이라고 아히야에게 미리 알려주셨습니다. 아마 아히야 선지는 앞을 보지 못하기 때문에 분명히 그를 돕는 종이 있었을 것입니다. 그 종은 아히야에게 "선지자님, 어떤 부인이 선지자님을 꼭 뵙고 싶다고 찾아왔습니다"라고 말을 했을 것입니다. 그때 아히야의 입에서는 정말 깜짝 놀랄 말이 나왔습니다. "여로보암의 아내여 들어오라. 어찌 네가 다른 사람인 체하느냐?"라고 했습니다. 여로보암의 처는 연기를 하기도 전에 자신의 정체를 선지자는 다 알고 있었습니다. 그리고 아히야 선지는 앞을 보지 못하면서도 여로보암의 처를 통해 여로보암을 책망했습니다.

> 14:7하-9, "내가 너를 백성 중에서 들어 내 백성 이스라엘의 주권자가 되게 하고 나라를 다윗의 집에서 찢어내어 네게 주었거늘 너는 내 종 다윗이 내 명령을 지켜 전심으로 나를 따르며 나 보기에 정직한 일만 행하였음과 같지 아니하고 네 이전 사람들보다도 더 악을 행하고 가서 너를 위하여 다른 신을 만들며 우상을 부어 만들어 나를 노엽게 하고 나를 네 등 뒤에 버렸도다"

하나님께서 여로보암에게 원하셨던 것은 그가 다윗의 길을 따르는 것이었습니다. 그러나 여로보암의 고민은 이스라엘 백성이 다윗을 좋아하지 않는 것이었습니다. 그들은 다윗이라고 하면 진절머리를 쳤습니다. 그런데 여로보암마저 새 정치를 하지 않고 다윗처럼 하나님의 말씀만 붙잡고 나간다면 이스라엘 백성이 여로보암을 좋아하겠습니까? 그래서 여로보암은 백성을 만족시키기 위하여 금송아지를 만들었습니다. 여로보암은 하나님을 자기 등 뒤로 버렸습니다. 옛날 사람들은 쓰레기를 버릴 때 자루에 넣어서 보지도 않고 등 뒤로 버렸습니다. 여로보암은 하나님을 완전히 쓰레기 취급을 했던 것입니다. 그래서 하나님께서도 여로보암과 그 후손을 쓰레기같이 버리려고 하신다는 것입니다.

선지자는 아무리 눈이 멀어도 모든 것을 다 알고 있었습니다. 하나님의 영감이 그에게 말씀을 주셨기 때문입니다. 이삭은 눈이 멀었을 때 야곱에게 속아서 에서인 줄 알고 축복했습니다(창 27:1-29). 이때 이삭은 영성이 상당히 떨어졌을 때였습니다. 사울은 전쟁을 앞두고 신접한 여인을 찾아가면서 왕이 아닌 것처럼 변장해서 찾아갔습니다. 그러나 하나님은 그녀의 입을 통하여 그가 사울 왕인 것을 말씀하게 하셨습니다. 그리고 하나님은 신접한 여인의 입을 통하여 그가 다음 날 죽을 것을 예언하셨습니다(삼상 28:3-25).

여로보암은 끝까지 하나님을 속이려 했습니다. 그러나 하나님은 속지 아니하셨습니다. 여로보암이 하나님을 속였기 때문에 하나님도 여로보암을 쓰레기 치우듯이 치우겠다고 말씀하셨습니다.

> 14:10, "그러므로 내가 여로보암의 집에 재앙을 내려 여로보암에게 속한 사내는 이스라엘 가운데 매인 자나 놓인 자나 다 끊어 버리되 거름 더미를 쓸어 버림 같이 여로보암의 집을 말갛게 쓸어 버릴지라"

하나님께서는 여로보암 집 위에 하나님의 저주가 놓여 있다고 말씀하셨습니다. 그래서 여로보암과 관계되는 모든 사람은 다 거름 더미 즉 쓰레기와 같기 때문에 쓰레기 치우듯 쓸어 버리겠다고 말씀하셨습니다.

3. 하나님의 저주

하나님께서는 여로보암의 부인에게 저주를 말씀하셨습니다.

첫째는 여로보암의 모든 식구가 저주의 죽음을 죽을 것이라고 했습니다.

14:11, "여로보암에게 속한 자가 성읍에서 죽은즉 개가 먹고 들에서 죽은 즉 공중의 새가 먹으리니 이는 여호와께서 말씀하셨음이니라 하셨나니"

여로보암의 자녀나 친척이나 신하들은 성안에서 죽어도 백성이 본체만체해서 그 시체를 개들이 뜯어 먹게 된다는 것입니다. 사람의 시체를 뜯어 먹은 개는 아주 공격적이 됩니다. 그리고 개가 없는 들에서 죽은 자는 까마귀나 독수리 같은 새가 뜯어 먹게 된다고 했습니다.

14:12, "너는 일어나 네 집으로 가라 네 발이 성읍에 들어갈 때에 그 아이가 죽을지라"

여로보암은 아들을 살려보려고 부인을 변장시켜서 보내었는데, 부인의 발이 성읍에 들어가는 순간 아이는 죽을 것이라고 했습니다. 그 예언대로 그녀가 성안에 들어가서 문지방을 넘어가려고 할 때 아이는 죽었습니다. 하나님은 아무리 죄를 지어도 겸손한 자에게는 은혜를 주십니다. 그러나 여로보암과 그의 부인은 하나님을 속이려고 했지 겸손하지 못했습니다.

그래도 하나님께서는 여로보암의 아들이 다행이라고 했습니다. 그가 일찍 죽으므로 나라의 더러운 꼴을 보지 않을 수 있었기 때문입니다. 죽은 여로보암의 아들이 몇 살이었는지 모르겠지만, 그래도 그의 마음이 하나님을 향하여 선한 마음을 품었다고 말씀하셨습니다. 이 아이는 성전을 좋아했던 것입니다. 그리고 예루살렘 성전에 가보고 싶어 했습니다. 그래서 하나님은 이 아이를 세상의 죄에 오염되기 전에 먼저 데려가셨습니다.

하나님은 이 금송아지 때문에 이스라엘을 쳐서 물에서 자라는 갈대

같이 흔들릴 것이라고 하셨습니다. 그리고 이 좋은 땅의 갈대를 뽑아서 유브라데 강 너머의 외국 땅에 던져버릴 것이라고 말씀하셨습니다. 하나님이 우리의 미래입니다. 하나님을 의지하는 자는 절망 가운데도 살길이 있습니다. 그러나 하나님을 버리는 자는 당장은 잘 살아도 결국은 뿌리째 흔들리고 결국 버려질 것입니다.

결국 여로보암은 죽습니다. 여로보암이 아무리 욕심을 부리고 인기를 끌려고 했지만 결국 그가 왕 노릇한 기간은 22년밖에 되지 못했습니다. 그런데 그 짧은 인생이 행복한 것도 아닙니다. 저주받은 행복이 무슨 행복이겠습니까? 사람들은 그 짧은 기간 잘난 체하려고 영생을 팔아버리고 자기 영혼을 팔아버리는 것입니다. 그래서 영혼 없는 사람이 되어버리고 마는 것입니다. 우리가 하나님 축복의 중요성을 알지 못해서 세상의 영광으로 하나님의 영광을 팔아버린다면 그의 인생은 망한 인생이 될 것입니다.

21

르호보암의 타락

왕상 14:21-31

사람은 누구든지 어렸을 때는 꿈이 있고 순수합니다. 그러나 어느 날 그는 세상의 맛을 보게 됩니다. 그것은 술일 수도 있고 여자일 수도 있고 쾌락일 수도 있습니다. 그리고 그 악한 늪에서 헤어 나오지 못하고 평생을 허비하다가 나중에 아주 악한 사람이 되어서 죽게 되기도 합니다.

이스라엘에서 사람들이 기대를 많이 했던 왕은 역시 4번 타자인 르호보암이었습니다. 르호보암은 아버지 솔로몬으로부터 막대한 영토의 나라와 부를 유산으로 물려받았습니다. 그러나 르호보암은 아버지의 탈선을 주의 깊게 보지 못했습니다. 아버지 솔로몬이 젊었을 때는 꿈이 있었습니다. 그래서 일천 번제를 드려서 나라를 바른길로 이끌 수 있는 지혜를 얻었고 하나님의 성전을 완공했습니다. 솔로몬은 하나님으로부터 복이란 복은 다 받았습니다. 그러나 그 많은 복 안에는 독도 들어 있었습니다.

르호보암은 아버지가 하나님을 잘 믿는다고 하면서 이방 여인과 많이 결혼하는 것을 보았다면 그것은 틀렸다고 직언해야 했습니다. 그리고 아버지 솔로몬이 많은 우상의 신전을 지었을 때 그것은 잘못된 것이라고 말하고 싸웠어야 했습니다. 그러나 르호보암은 마흔이 될 때까지 아무런 꿈이 없었습니다. 르호보암은 자기가 할 것이 아무것도 없었습니다. 아버지 솔로몬이 모든 것을 다해버렸기 때문이다. 원래 아버지가 너무 뛰어나면 자식들은 굉장히 스트레스를 받게 됩니다. 왜냐하면 그가 아무리 공부를 잘해도 아버지는 어렸을 때 이것보다 훨씬 뛰어났다고 하면서 비교하기 때문입니다. 그래서 서울대 교수의 자녀들은 두 부류가 있는데 자기 아버지보다 더 뛰어나든지, 아니면 완전히 다른 방면으로 빠져 버리는 것입니다. 그렇게 빠지지 않으면 아무리 잘해도 사람들의 인정을 받지 못하기 때문입니다.

그런데 르호보암은 자신감 하나는 대단했던 것 같습니다. 그는 북쪽 이스라엘 백성에게 "내 새끼손가락이 아버지 허리보다 더 굵고 아버지는 채찍으로 너희는 다스렸지만 나는 전갈로 너희를 다스리겠다"고 말한 것을 보면 알 수 있습니다. 르호보암은 아버지가 살아계시는 동안에는 잠잠히 있었지만 아버지가 돌아가시기만 하면 자신의 세상이 올 줄로 생각했던 것입니다. 그러나 세상은 그렇게 만만하지 않았습니다.

1. 르호보암이 물려받은 유산

르호보암은 그 당시 세계에서 자기 아버지로부터 가장 많은 유산을 물려받은 사람이었습니다. 솔로몬의 집과 지하실에는 금으로 가득 차 있었습니다. 그리고 르호보암은 아버지의 나라 이스라엘을 고스란히 물려받았습니다. 나라가 열두 지파였고, 자기 집에는 자기 마음대로 쓸 수 있는 어마어마한 금이 있었습니다. 그런데 르보호암에게는 아버지 솔로몬으로부터 물려받은 아주 특별한 유산이 있었습니다. 그것은 아버지가 젊고 신앙이 아주 좋았을 때 앞으로 르호보암을 위하여 하나님의 영감으로 쓴 책이었습니다. 책은 두 권이 있었는데 하나는 르호보암을 위해서 썼고, 다른 하나는 일반인을 위해서 썼습니다. 그 하나는 잠언이고, 다른 하나는 전도서였습니다. 이 두 책은 금으로 환산할 수 없는 어마어마한 보물이었습니다.

'잠언'은 아버지가 아들에게 가르치는 내용인데, 여호와를 경외하는 것이 지식의 근본이라고 강조합니다. 그리고 나쁜 여자와 세상의 지식을 가까이하지 말라고 경계하고 있습니다. 이스라엘의 복은 하나님의 말씀을 듣고 싶으면 얼마든지 들을 수 있을 정도로 진리를 바겐세일 하는 나라니까 그 하나님의 말씀을 따라가라고 했습니다. 더욱이 음녀를 따라가면 당장은 유쾌할 줄 몰라도 얼마 가지 않아서 멸망으로 떨어진다고 했습니다. 그리고 절대로 술을 사랑하지 말라고 교훈했습니다. 그리고 나쁜 사람의 조언을 듣지 말고 항상 하나님 앞에서 정직하고 겸손하라고 했습니다. 그리고 '전도서'에서는 이 세상 모든 것이 헛되다고 하면서 사람이 아무리 성공하고 부자가 되어도 죽을 때는 가난한 자와 다 똑같다고 했습니다. 단지 자신에게 주어진 상황에 만족하며 너무 늦기 전에 조물주를 기억하라고 강조했습니다. 르호보암이 아무리 금이 많아도 이 두 가지 책만 잘 연구했으면 절대로 망하는 길로 가지 않았을 것입니다. 그러나 르호보암은 보물을 가지고 있으면서도 그것을 사용할 줄 몰랐습니다.

영화 〈피아니스트〉를 보면 독일이 폴란드를 점령하고 유대인들을 아우슈비츠 수용소로 보낼 때 그 가운데 쇼팽의 피아노곡을 잘 연주하는 피아니스트가 있었습니다. 그는 오케스트라 동료의 도움으로 여러 번 목숨을 건집니다. 그리고 그는 혼자 있을 때도 계속 손을 움직이면서 마음으로 쇼팽을 연주해서 손이 녹슬지 않게 했습니다. 그리고 아무리 독일군을 피해서 도망을 쳐도 손은 다치지 않도록 조심했습니다. 어느 날 그가 독일군 장교에게 자신의 정체가 탄로 났을 때도 자기가 할 줄 아는 것은 피아노를 치는 것밖에 없다고 해서 그 독일 장교 앞에서 피아노를 연주해서 살아남습니다. 드디어 전쟁이 끝났을 때 그 피아니스트는 수많은 청중 앞에서 쇼팽의 곡을 연주합니다. 그 때 저는 그 위대한 장면을 보고 눈물을 흘렸습니다. 도대체 쇼팽이 무엇이고 음악이 무엇이며 피아노가 무엇이기에 사람들은 저렇게 목숨을 바쳐서 자기 손을 지키고 목숨을 지키는가 생각했습니다. 그리고 나는 복음을 위하여 '저런 비전을 가지고 있는가' 나 자신을 돌아보게 되었습니다.

그런데 르호보암은 엄청난 금과 여인에게 싸여서 황홀하게 지내는 동안 자기가 지켜야 할 하나님의 말씀이 무엇인지 생각하지 않았습니다. 그래서 잠언과 전도서는 있으나 마나 한 교훈의 책이 되고 말았습니다.

> 14:21, "솔로몬의 아들 르호보암은 유다 왕이 되었으니 르호보암이 왕위에 오를 때에 나이가 사십일 세라 여호와께서 자기 이름을 두시려고 이스라엘 모든 지파 가운데에서 택하신 성읍 예루살렘에서 십칠 년 동안 다스리니라 그의 어머니의 이름은 나아마요 암몬 사람이더라"

아마 솔로몬에게는 부인이 천 명이나 있었기 때문에 자녀들이 많았을 것입니다. 그러나 그중에서 가장 두드러지는 아들은 르호보암이었습니다. 만약 르호보암이 젊은 나이에 하나님의 말씀을 부지런히 공부하고 할아버지 다윗의 시를 연구했다면, 아버지 솔로몬이 예루살렘에 많은 우상의 신전을 짓는 것이 멸망할 죄라는 사실을 알았을 것입니다. 그 죄는 아버지가 지었지만 그 책임은 자기가 져야만 하는 것이었습니다. 르호보암이 이것을 알았더라면 왕이 되자마자 아버지처럼 일천 번제를 드리고 어떻게 하면 이스라엘이 우상으로부터 벗어날 수 있는지 물어보았을 것입니다. 그러면 하나님은 솔로몬의 죄를 르호보암 다음 대로 넘겨주셨을 것입니다. 그리고 설사 여로보암을 위시한 이스라엘 백성이 세금을 줄여주겠느냐고 물었을 때도 나는 백성을 하나님의 양으로 생각할 것이며 하나님의 말씀대로 통치할 것이라고 대답했을 것입니다. 그러나 르호보암은 젊은 사람들의 말만 듣고 자신감만 가지고 대답했다가 나라가 아주 작게 쪼그라들게 되었습니다.

2. 르호보암의 불만

르호보암은 이스라엘 백성에게 대답 한번 잘못하는 바람에 열 개의 지파를 도둑맞게 되었습니다. 이스라엘 백성은 르호보암을 찾아와서 사실 솔로몬이 한 것은 독재였고, 그 많은 금도 왕만 부자가 되는 것이지 백성은 더 가난해졌다고 했습니다. 그래서 왕의 식탁도 좀 많이 줄이고 세금도 줄여주고 공사도 많이 안 했으면 좋겠다고 했습니다. 그러나 르호보암은 자기가 처음부터 백성의 말에 숙이고 들어가면 그들에게 목이 잡혀서 아무것도 하지 못하는 무능한 왕이 될 것이라고 생각했습니다. 약한 자들이 무엇인가 불평하는 것은 실제로 거기에 문제가 있기 때문에 이야기를 하는 것입니다. 그러나 르호보암은 미리 백성을 눌러 놓기 위해서 아버지보다 더 강한 독재를 하겠다고 말함으로 여로보암에게 열 지파를 빼앗기게 됩니다.

르호보암은 여로보암과 전쟁해서 나라를 찾으려고 했지만 하나님은 선지자를 보내어서 전쟁하지 말라고 경고하셨습니다. 르호보암은 이스라엘 백성의 반역이 오래가지 않고 금방 자기에게 돌아올 것이라고 생각했던 것 같은데, 이스라엘은 돌아오지 않고 독립국가가 되어버렸던 것입니다. 르호보암은 하나님의 말씀을 듣고 전쟁하지 않은 것이 후회가 되었습니다. 르호보암이 하나님의 말씀을 들은 결과는 나라가 확 쪼그라드는 것이었습니다. 르호보암은 아버지 솔로몬보다 더 강한 왕이 되려고 했지만 겨우 두 지파만 다스리는 나라가 되었을 뿐입니다. 그때 르호보암은 하나님의 말씀에 순종하니까 더 망하는구나 생각하게 되었습니다.

그러나 르호보암이 두 지파를 다스리는 것은 반드시 나쁘다고 할 수 없습니다. 왜냐하면 열두 개 지파 모두 하나님의 말씀으로 충만하여 부흥이 일어나게 하려면 르호보암의 힘으로는 무리였기 때문입니다. 오순절에 성령이 임하실 때도 다락방에서 기도하던 백이십 명의 성도들에게 먼저 임했던 것입니다. 르호보암도 두 개 지파만 같이 모여서 기도하고 우상도 없애면 더 부흥이 일어날 수 있었을 것입니다. 영토만 큰 것이 좋은 것이 아니라 부흥이 일어나는 나라가 복 받은 나라입니다.

그래서 르호보암은 하나님에 대하여 반항심이 생겼습니다. 그가 하나님의 말씀에 순종해봐야 나라는 더 쪼그라들고 자신의 체면은 말할 수 없이 손상되니까 이제 더욱 더 하나님이 싫어하는 짓을 골라서 하게 되었습니다.

> 14:22-23, "유다가 여호와 보시기에 악을 행하되 그의 조상들이 행한 모든 일보다 뛰어나게 하여 그 범한 죄로 여호와를 노엽게 하였으니 이는 그들도 산 위에와 모든 푸른 나무 아래에 산당과 우상과 아세라 상을 세웠음이라"

르호보암은 하나님이 자기를 축복해주지 않으니까 더 반발해서 조상들이 했던 것보다 더 심하게 악을 행하고 우상 숭배를 하였습니다. 그래서 산꼭대기나 푸른 나무 아래에 전부 산당을 만들고 우상과 아세라 상을 세워서 적극적으로 우상 숭배를 하였습니다. 우리가 아무리 하나님께 반항한다고 해도 하나님은 상처를 입지 않으십니다.

르호보암은 먼저 자신의 뿌리를 살펴보아야 했습니다. 그의 뿌리는 암몬이었습니다. 그는 물론 예루살렘에서 태어났고 예루살렘에서 자랐지만, 그의 어머니는 암몬 여자였습니다. 아마 암몬 공주였을 것입니다. 그러니까 어머니의 사상 속에는 우상 숭배가 들어 있었던 것입니다. 르호보암이 아버지의 잘못된 사치나 그 많은 여자와의 결혼을 거부하고 어머니의 우상 숭배를 거부하고 고아같이 자기 혼자 힘으로 일어섰더라면 하나님께서 그의 아버지가 되어주셨을 것입니다.

14:24, "그 땅에 또 남색하는 자가 있었고 여호와께서 이스라엘 자손 앞에서 쫓아내신 국민의 모든 가증한 일을 무리가 본받아 행하였더라"

'남색하는 자' 라는 것은 남자가 여성이나 동성애자에게 몸을 파는 것을 뜻합니다. 이것은 르호보암이 자포자기하지 않는 이상 일어날 수 없는 일이었습니다. 다시 말해서 예루살렘에 게이들이 많았고 그들이 돈을 받고 남자나 여자에게 자기 몸을 팔았던 것입니다. 그리고 가나안 땅 원주민들의 우상 숭배가 다시 돌아오게 되었습니다.

3. 복을 빼앗아가시는 하나님

나라가 토막이 나고 온 나라 안에 우상 숭배와 음행이 있었지만 르호보암에게는 믿는 것이 있었습니다. 그것은 아버지 솔로몬이 남겨주신 어마어마한 금이었습니다. 르호보암은 그 금으로 나라를 사더라도 북쪽 나라를 다 살 수 있을 것으로 생각했습니다. 그러나 하나님은 강도를 준비하셔서 르호보암이 가지고 있던 모든 금을 다 빼앗아가게 하셨습니다.

14:25-26, "르호보암 왕 제오년에 애굽의 왕 시삭이 올라와서 예루살렘을 치고 여호와의 성전의 보물과 왕궁의 보물을 모두 빼앗고 또 솔로몬이 만든 금 방패를 다 빼앗은지라"

애굽 왕 시삭은 이스라엘이 부강해지는 것을 강력하게 견제하는 세력이었습니다. 그래서 여로보암도 솔로몬이 죽이려고 하니까 시삭에게로 도망쳐서 살았습니다. 애굽의 바로의 딸은 정식 왕비였는데, 그가 자식이 있었는지 없었는지 모르지만 암몬 공주의 아들 르호보암이 왕이 되었습니다. 애굽 왕 시삭은 이것이 큰 불만이었습니다. 거기에다가 여로보암은 예루살렘에 아직 금이 많이 있다는 정보를 시삭에게 주었고, 시삭이 많은 군대와 병거를 끌고 와서 공격하니까 르호보암은 항복하고 말았습니다.

사실 이때 하나님은 유다를 멸망시킬 수도 있었지만 다윗과의 약속을 생각해서 르호보암의 목숨만은 살려주었습니다. 그래서 시삭은 하나님의 성전에 바쳐진 금과 왕궁의 어마어마한 금까지 모두 다 약탈해버렸습니다. 그리고 솔로몬의 가장 큰 자존심이었던 금 방패 큰 것 200개와 작은 것 300개를 모두 약탈해 가버렸습니다. 이제 유다는 나라만 쪼그라든 것이 아니라 금까지 모두 다 빼앗겨서 가난하게 되었습니다. 르호보암이 가지고 있던 금은 나라를 지킬 수 없었습니다. 하나님께서 르호보암의 금까지 약탈당하게 하신 것은 '이제 네가 의지할 것은 아무것도 없다. 이제 하나님을 믿는 신앙으로 돌아오라'는 뜻이었습니다. 그러나 르호보암은 자기 위신이나 체면을 지키는 데 급급했습니다. 그래서 금 대신 놋으로 방패를 만들어서 왕궁 문을 지키는 시위대에게 주어서 자기를 호위하게 했습니다.

미국의 유명한 암 센터 원장이 한국인이었는데, 한국 사람들이 그에게 오면 앞으로 자기가 얼마나 살게 되냐를 꼭 묻는다는 것입니다. 더욱이 그것에 아주 집착하는 사람이 한국인 의사 환자라는 것입니다. 그러나 사람이 얼마나 살지는 아무도 모른다는 것입니다. 보통 미국 사람들은 암에 걸려도 암과 같이 살면서 직장 생활을 하다가 죽는데, 한국 사람들은 직장을 그만두고 오직 암 투병에만 전념하다가 죽는다는 것입니다. 그런데 가끔 한국 사람들 중에 강한 신념을 가진 사람들이 오는데 그들은 모두 크리스천이라고 합니다. 이 사람들은 하나님이 치료하신다는 믿음을 가지고 와서 치료를 받는데 기적이 많이 일어난다고 합니다. 우리가 다른 가능성이 없을 때 하나님만 붙들고 죽자고 늘어지면 하나님께서 살길을 주실 것입니다.

22

아비얌의 부패

왕상 15:1-8

솔로몬의 아들 르호보암 때 드디어 이스라엘은 두 개의 나라로 나누어지게 됩니다. 이때 북쪽 이스라엘은 열 개 지파가 떨어져 나갔기 때문에 두 개 지파만 남은 유다에 비하여 다섯 배 정도로 큰 나라가 됩니다. 르호보암은 40세에 왕이 되어서 17년 나라를 다스리고 죽습니다. 그러면 르호보암은 57세에 죽은 셈이 되는데 당시의 평균 수명을 넘기는 나이였다고 볼 수 있습니다. 르호보암이 이렇게 늦게 왕이 된 것은 아버지 솔로몬이 너무 오래 살았기 때문인데, 얼마전 영국의 사정과 비슷한 것 같습니다.

이제 르호보암이 죽고 그 아들 아비얌이 유다의 왕이 되어서 겨우 3년 동안 유다를 다스리다가 죽습니다. 그런데 아비얌을 역대서에서는 아비야라고 기록하고 있습니다. 아비얌과 아비야는 같은 인물입니다. 그러나 그 의미는 큰 차이가 있습니다. '아비야' 는 '여호와가 세우신 아버지' 라는 뜻입니다. 히브리어에서 '야' 는 여호와를 나타냅니다. 그리고 '아비' 는 아버지를 말하는 것입니다. 그런데 '얌' 은 '바다' 를 뜻합니다. 그래서 '아비얌' 이라고 하면 바닷물이나 다스리는 시시한 왕이라는 뜻입니다. 옛날에 우리나라도 아주 악한 통치를 한 왕은 'ㅇ조'나 'ㅇ종'이라고 부르지 않고 'ㅇㅇ군'이라고 불렀습니다. 그 대표적인 인물이 연산군과 광해군입니다. 그 대신 '세종' 같은 왕은 지금도 모든 백성의 존경을 받고 있습니다.

아비얌에 대해서는 딱 한 절로 그의 모든 업적이 평가되고 있습니다.

> 15:3, "아비얌이 그의 아버지가 이미 행한 모든 죄를 행하고 그의 마음이 그의 조상 다윗의 마음과 같지 아니하여 그의 하나님 여호와 앞에 온전하지 못하였으나"

아비얌은 자기 아버지 르호보암이 행했던 우상 숭배나 악한 통치를 본받고 그 조상 다윗같이 하나님 앞에서 신실하지 못하였기 때문에 그는 악한 통치자였고 나라를 다스린 기간도 길지 못했습니다. 그러나 역대하 13장에 보면 아비야의 업적이 나오는데, 그가 원래부터 나쁜 왕은 아니었다는 사실을 알게 됩니다. 오히려 아비야는 하나님의 큰 축복을 받고 큰 기도의 응답을 받고 전쟁에서 승리하기도 했습니다. 그러나 그 큰 승리 후에 아비얌은 마음이 교만해져서 악한 왕으로 타락했던 것입니다.

1. 인간의 방법과 하나님의 방법

아비얌 때에는 북쪽 이스라엘과 전쟁을 많이 했다고 말씀하고 있습니다.

> 15:7상, "아비얌과 여로보암 사이에도 전쟁이 있으니라"

이들은 같은 이스라엘 백성이고 모두 같은 하나님을 믿는 백성이기 때문에 두 개의 이스라엘로 각자 잘 발전하고 부흥하면 좋을 텐데 뜻대로 잘되지 않았습니다. 즉 이스라엘이 두 개로 갈라지니까 서로 땅을 조금이라도 더 차지하기 위하여 전쟁을 많이 했습니다. 더욱이 북쪽 이스라엘은 제사장을 마음대로 세우기 위해 레위 족속들을 다 쫓아내는 바람에 많은 레위인이 예루살렘으로 내려왔습니다. 그리고 이스라엘 열 지파 중에서 성전을 사모하고 하나님의 말씀대로 살고 싶어 하는 사람들은 조상의 기업을 포기하고서라도 이스라엘을 버리고 남쪽 유다로 내려왔습니다. 그래서 남쪽 유다는 처음보다 상당히 부흥하게 되었습니다. 결국 서로 땅을 더 차지하려고 싸우고 또 이스라엘에서 유다로 많이 내려오는 바람에 드디어 이스라엘과 유다는 아비얌 때 큰 전쟁을 벌이게 됩니다.

이때 아비얌은 전쟁할 수 있는 사람 40만 명을 모으게 되었습니다. 그리고 이때까지만 해도 아비얌은 하나님을 잘 믿고 있었기 때문에 성전과 제사장의 기도의 능력을 믿고 있었습니다. 그러나 이스라엘은 역시 큰 나라였습니다. 여로보암은 이스라엘 사람 80만 명을 모았는데 이 숫자는 유다 군사의 배가 되는 숫자였습니다.

이때 아비얌은 하나님의 말씀을 가지고 이스라엘 사람을 책망했습니다. 즉 하나님께서 다윗의 후손을 통하여 이스라엘을 다스리겠다고 말씀하신 것은 '소금 언약' 이라고 했습니다(대하 13:5). 소금은 아무리 시간이 지나도 그 맛이 변할 수 없는 것처럼 하나님께서 다윗의 후손을 통하여 이스라엘을 다스린다는 것은 변하지 않는 소금 언약이라고 했습니다. 그런데 솔로몬이 이방 여인들을 끌어들이는 바람에 우상이 예루살렘에 들어오고 또 르호보암이 하나님을 구하는 마음이 굳세지 못한 틈을 타서, 여로보암이 난봉꾼들과 잡배들을 끌어모아 이스라엘 열 지파를 떼어서 이스라엘을 도둑질해서 나갔다고 질책했습니다.

지금 이스라엘은 여로보암이 큰 무리를 모았고 금송아지를 가지고 나와서 유다와 전쟁하려고 하고 있습니다. 그러나 유다는 여호와께서 우리 하나님이 되시고 여호와를 섬기는 사람들은 모두 레위 자손 제사장인데 이들은 모두 아침저녁으로 하나님께 번제를 드리며 저녁마다 성전 등잔대에 불을 붙이고 하나님의 계명을 지키는 사람들로 모두 기도하는 사람들이라고 했습니다. 이때 아비얌은 여호와 하나님이 우리와 함께 계시고 제사장이 나팔을 불면서 진군할 텐데 너희들은 여호와와 싸우지 말라고 길게 설교했습니다.

아비얌은 이때까지만 해도 여호와 하나님을 의지하고 하나님의 말씀을 소중하게 생각하고 있었습니다. 그래서 아비얌이 의지하는 것은 여호와 하나님이었고 기도하는 제사장들이었습니다. 아비얌이 하나님의 말씀을 가지고 이스라엘 백성을 책망하는 동안에 여로보암은 인간적인 방법을 썼습니다. 그것은 자기편의 군사가 월등히 많으므로 반을 나누어서 유다 백성 뒤에서 복병을 숨겼다가 공격하게 한 것입니다. 이때 유다는 일단 숫자가 이스라엘의 절반밖에 되지 않았습니다. 그러나 그들은 하나님을 의지하고 기도의 힘을 의지했습니다.

> 대하 13:13, "여로보암이 유다의 뒤를 둘러 복병하였으므로 그 앞에는 이스라엘 사람들이 있고 그 뒤에는 복병이 있는지라"

우리가 이 세상을 보면 인간적인 방법을 쓰는 사람들이 늘 이기는 것 같습니다. 일단 그들은 군사력이 월등하게 많습니다. 그리고 그들은 복병이라든지 아니면 다른 비인간적인 무기를 사용하기 때문에 하나님의 백성이 앞뒤로 공격을 받으면 겁을 집어먹고 무너질 수밖에 없습니다. 우리는 하나님을 믿는다고 하지만 늘 현실 앞에 무너질 때가 많습니다. 아무리 하나님이 우리 편이라고 하고 우리에게 기도가 있다고 하지만, 40만 명에 비하여 80만 명은 월등하게 많은 숫자입니다. 이 적은 인원을 가지고 배나 되는 적들을 이길 수 있겠습니까? 더욱이 적은 복병을 숨겨두어서 앞과 뒤 양쪽에서 공격할 때 여기에 대비되어 있지 않은 유다 백성은 우왕좌왕할 수밖에 없었을 것입니다. 결국 이스라엘과 유다의 싸움은 인간적인 방법이 이기느냐 하나님의 방법이 이기느냐 하는 싸움이었습니다.

우리는 기업을 경영하고 직장 생활이나 심지어 목회할 때도 인간적인 방법을 쓰는 사람들이 하나님만 믿고 기다리는 사람들보다 훨씬 빨리 성공하는 것을 볼 수 있습니다. 오히려 하나님을 믿고 기도만 하는 사람들은 아무것도 하지 않는 사람들이고 무능한 사람들로 생각될 때가 많습니다. 그래서 세상적인 방법 앞에 자신감을 잃어버리거나 혹은 스스로 열등감을 가지고 무너지려고 할 때가 많은 것입니다.

제가 처음에 개척 교회를 할 때는 일 년 만에 몇백 명씩 모아서 성공하는 것이 대유행이었습니다. 사람들은 그런 목회자를 유능하다고 칭찬했습니다. 그러나 저 같은 경우에는 몇 년을 죽으라고 설교해도 교인이 80명 정도밖에 되지 않았습니다. 게다가 제 설교가 마음에 들지 않는다고 해서 20명 정도가 다른 교회로 가버리니까 오히려 60명으로 줄어들었습니다. 설상가상으로 교회가 있는 건물이 팔리는 바람에 거리에 나앉게 되었습니다. 겨우겨우 어떤 교회가 떠난 장소를 구해서 그곳에서 자리 잡았는데 갑자기 불이 붙기 시작했습니다. 즉 부흥의 역사가 일어나기 시작한 것입니다. 우리가 하나님을 의지하면 굶어 죽을 것 같고 도저히 이 세상에 살아남을 것 같지 않을 때가 있습니다. 그러나 죽을 각오를 하고 끝까지 하나님을 의지하면 부흥이 따라오게 됩니다.

2. 유다의 비결

유다 백성은 앞에 적이 있고 뒤에는 복병이 기습 공격을 하니까 대책이 없었습니다. 이스라엘의 복병이 유다의 약한 쪽부터 치기 시작하니까 유다는 뒤에서부터 무너질 수밖에 없었습니다. 이때 유다 백성은 앞뒤로 포위되어서 전멸을 면치 못하게 되었습니다.

이때 유다 백성이 한 일이 무엇입니까? 그들은 하나님께 부르짖었습니다. 그리고 제사장들은 나팔을 불었습니다.

> 대하 13:14, "유다 사람이 뒤를 돌아보고 자기 앞 뒤의 적병으로 말미암아 여호와께 부르짖고 제사장들은 나팔을 부니라"

하나님의 백성에게는 비밀이 하나 있습니다. 그것은 그들이 말씀을 붙들고 위기 때 소리를 지르면 기적이 일어난다는 것입니다. 이것은 여호수아가 여리고를 공격할 때 하나님께서 보여주셨습니다. 이스라엘 백성이 여리고를 하루에 한 바퀴씩 돌고 일곱째 날 일곱 번 돌고 소리를 질렀을 때 여리고성은 사람이 손을 대지도 않았는데 무너져 내렸습니다. 또 하나님은 기드온 때도 이것을 보여주셨습니다. 삼백 명밖에 안 되는 군사들이 무려 십삼만 오천 명이나 되는 미디안 군사들을 향해 밤에 소리를 지르고 나팔을 불었을 때 그 많은 군사가 패닉 상태에 빠져서 자기들끼리 죽이고 도망을 쳤습니다.

또 여기서 제사장들이 나팔을 불었다는 것은 백성에게 하나님의 말씀으로 그들을 깨우치는 것입니다. 즉 하나님의 백성이 세상의 잠을 자지 못하도록 깨우는 것입니다. 이런 전쟁이 일어났을 때 제사장이 나팔을 부는 것은 하나님을 향하여 계속 기도하는 것입니다. 유다 백성은 전멸당할 위기 가운데 백성이 소리 지르고 제사장이 나팔을 불었을 때 하나님께서 움직이셨습니다.

대하 13:15, "유다 사람이 소리 지르매 유다 사람이 소리 지를 때에 하나님이 여로보암과 온 이스라엘을 아비야와 유다 앞에서 치시니"

중요한 것은 눈에 보이지 않는 전쟁이었습니다. 유다 백성이 소리를 지르고 제사장들이 나팔을 부니까 하나님께서 여로보암과 이스라엘 백성을 치셨습니다. 이스라엘 백성은 흩어지고 넘어지고 두려움에 빠지게 되었습니다. 그래서 그날 하루에 죽은 이스라엘 백성이 80만 명 중 50만 명이었습니다. 이스라엘 백성은 오십만 명이 들판에 가득 죽어 있었습니다.

이것에 대해서 역대서는 이렇게 말씀하고 있습니다.

대하 13:18, "그 때에 이스라엘 자손이 항복하고 유다 자손이 이겼으니 이는 그들이 그들의 조상들의 하나님 여호와를 의지하였음이라"

3. 아비얌의 말로

우리는 하나님을 의지하는 것이 얼마나 능력 있는 일인지 알아야 합니다. 사람들은 자꾸 새것을 찾습니다. 이스라엘 백성은 금송아지 신앙이 새것이었기 때문에 유행을 따라갔습니다. 그러나 성경의 하나님이 능력 있는 것이지, 새로운 유행이 능력 있는 것은 아닙니다. 이 전쟁에서 여로보암은 큰 타격을 입었습니다. 그래서 그때부터는 힘을 쓰지 못하고 결국 하나님이 여로보암을 치셔서 죽게 됩니다. 그러나 아비얌과 유다는 두 지파밖에 되지 않았지만 점점 강성해졌습니다.

바로 이때가 아비얌이 하나님을 의지했을 때입니다. 그러나 아비얌은 이때 크게 성공하고 난 후에 마음이 교만해져서 하나님을 멀리한 것 같습니다. 그래서 열왕기에서는 "아비얌이 그의 아버지가 이미 행한 모든 죄를 행하고" (왕상 15:3)라고 기록하고 있습니다. 즉 아비얌에 대한 선지자의 평가는 그가 아버지 르호보암이 행한 모든 죄를 행하고 조상 다윗의 길을 따라가지 않았다는 것입니다. 인간적으로 생각해보면 아비얌이 40만 명으로 80만 명을 이기고 큰 승리는 거두었으면 그는 영웅 중의 영웅일 텐데, 선지자는 그것을 인정하지 않고 있는 것입니다. 과거의 한때 잘 믿고 큰 승리를 거둔 것으로는 하나님 앞에서 인정받지 못하는 것입니다. 아비얌은 승리하고 난 후에 신하나 백성의 아첨하는 소리에 넘어간 것 같습니다. 그래서 아비얌은 자기가 잘나서 전쟁에 이긴 줄 알고 마음이 교만해져서 하나님의 말씀을 업신여기고 세상 길로 따라갔던 것입니다.

하나님께서는 아비얌도 치셔서 죽이시려 하셨지만 다윗의 언약 때문에 그렇게 하지 못하셨습니다. 하나님은 다윗에게 부홍의 등불을 주셔서 꺼트리지 않겠다고 약속했기 때문입니다.

성경은 다윗에 대하여 이렇게 평가하고 있습니다.

> 15:5, "이는 다윗이 헷 사람 우리아의 일 외에는 평생에 여호와 보시기에 정직하게 행하고 자기에게 명령하신 모든 일을 어기지 아니하였음이라"

다윗도 우리야의 아내를 범할 때 마음이 교만하였습니다. 우리야의 아내를 차지함으로 정말 행복할 것 같았습니다. 그래서 남편 우리야를 죽이고 그 여자를 가졌는데 이것이 다윗에게는 정말 천추의 한이 되었습니다. 마귀는 우리에게 지금 당장 죄를 지으면 정말 행복하고 아무도 그것을 모를 것 같이 속입니다. 그러나 그 안에 다 독이 들어 있기 때문에 전부 다 토해내야 하고 나중에 망하게 되는 것입니다. 그러나 다윗은 이것 하나 말고는 끝까지 하나님께 정직하였다고 말씀하고 있습니다.

그러나 아비얌의 승리나 믿음은 하나님 앞에서 인정받지 못하였습니다. 하나님께서는 그래도 아비얌을 사랑하셔서 더 많은 죄를 짓기 전에 3년 만에 데려가셨습니다. 그는 빨리 죽었기 때문에 조금 죄를 짓고 죽은 것입니다. 아비얌은 마지막에 하나님을 배신했습니다. 마지막에 하나님을 배신하면 그 앞에 아무리 승리를 거두고 믿음이 좋았던 것도 다 소용없게 되는 것입니다. 우리에게 중요한 것은 지금 우리의 믿음이 어떠냐 하는 것입니다. 옛날에 열심히 봉사했다는 것은 아무 소용이 없습니다. 지금 내가 하나님 앞에 겸손하고 정직한 것이 진실한 것입니다.

예수님께서는 "나더러 주여 주여 하는 자마다 다 천국에 들어갈 것이 아니요 다만 하늘에 계신 내 아버지의 뜻대로 행하는 자라야 들어가리라"(마 7:21)고 했습니다. 끝까지 하나님 앞에 신실한 종들이 다 되시기 바랍니다.

23

아사의 두려움

왕상 15:9-24

우리 속담에 "산 너머 산이라"는 말이 있습니다. 한 가지 어려움이 있어서 가까스로 해결했는데 또 다른 어려움이 찾아온다는 것입니다. 이때 많은 사람은 낙심하기도 하고 한숨을 쉬기도 하고, 예수 믿지 않는 사람들은 자기 운수가 나쁘다는 말을 하기도 합니다. 그러나 이것은 우리 신앙에서 아주 흔히 일어나는 일입니다. 우리는 가끔 엄청난 어려움을 믿음으로 이겨냅니다. 사실 그때는 정신없이 이겨낸 것입니다. 그런데 그다음에 다른 어려움이 생기면 그때는 이성적으로 생각하게 됩니다. 그러면서 생각이 복잡해지면서 자신감을 잃어버리게 되고 나중에는 현실과 타협하든지 아니면 세상 사람들이 하라고 하는 대로 따라가게 되는 것입니다. 그 이유는 과거에 하나님이 도우셔서 큰 어려움을 이겼던 것을 지금 일어나고 있는 어려움과 연결하지 못하기 때문입니다. 이전에 큰 어려움을 이겨내었다면 또 다른 어려움도 이겨낼 수 있다고 믿어야 하는데 앞의 것은 앞의 것이고 지금 것은 별개라고 생각하기 때문입니다.

유다 왕 아사는 아비얌 다음 왕이었습니다. 그러니까 르호보암, 아비얌, 그리고 아사로 연결되는 것입니다. 원래 아비얌의 이름은 아비야인데 열왕기에서는 아비얌이라고 격하시키고 있습니다. 원래 아비야는 여호와가 세우신 아버지라는 뜻인데, 아비얌은 바다나 지키는 아버지라는 뜻이기 때문입니다.

아비야도 한때는 사십만 명의 군사로 북쪽 이스라엘 군사 팔십만 명과 싸워서 하나님의 말씀으로 그들을 꾸짖고 큰 승리를 거두었습니다. 그러나 아비얌에 대한 성경의 평가는 가혹했습니다. 그는 그 조상 다윗과 같이 여호와 앞에서 정직하게 행하지 못했다고 기록하고 있습니다. 아비얌은 3년만 다스리고 죽었습니다. 그 아비얌의 뒤를 이어서 왕이 된 사람이 아사였습니다. 아사는 성경의 평가가 아주 좋습니다.

> 15:11-12, "아사가 그의 조상 다윗 같이 여호와 보시기에 정직하게 행하여 남색하는 자를 그 땅에서 쫓아내고 그의 조상들이 지은 모든 우상을 없애고"

아사가 다윗을 따라서 대개혁을 일으킨 것은 사실입니다. 그런데 그는 구스(에티오피아)와의 전쟁에서 믿음으로 대승리를 거두지만, 이스라엘과의 전쟁에서는 자신감을 잃어버리고 수리아의 벤하닷에게 엄청난 뇌물을 주어서 이스라엘을 공격해 달라고 부탁하게 됩니다. 그리고 아사는 자기가 한 일이 틀렸다고 말하는 선지자에게 화가 나서 감옥에 가두고 백성을 학대하게 됩니다. 그런데 열왕기에서 아사를 긍정적으로 평가하는 이유는 그가 종교 개혁에 열심을 내었기 때문인 것 같습니다.

1. 다윗의 자손이 가진 잠재력

'격세유전(隔世遺傳)'이라는 말이 있습니다. 생물의 성질, 체질 등의 열성 형질이 일대(一代) 또는 여러 대를 걸러서 나타나는 유전을 말합니다. 예를 들어서 어떤 아이가 태어났는데 아버지와 닮지 않았지만 할아버지를 그대로 빼닮아서 얼굴과 성격도 비슷한 경우가 있습니다. 그런데 신앙에도 격세유전이 있습니다. 즉 할아버지나 할머니가 신앙이 아주 뜨거웠지만 아버지 대에 와서는 신앙생활도 냉랭하고 부흥과는 거리가 먼 생활을 했는데, 그 아들 대에는 아버지와 달리 할아버지나 할머니의 신앙을 물려받아서 아주 뜨겁게 신앙생활을 하여 할아버지 때보다 더 큰 부흥을 일으키는 경우가 있습니다.

다윗의 후손에게는 이런 저력이 있었습니다. 아버지 대에서는 아무리 우상 숭배를 하고 악한 짓을 하고 세상을 따라간다고 해도 아들 대에서는 이상하게 어렸을 때부터 신앙에 바로 서서 모든 우상을 버리고 하나님의 말씀을 의지해서 믿음에 굳게 사는 아들들이 있습니다. 이것이 한때 부흥을 경험했던 교회나 집이 가지고 있는 엄청난 저력입니다. 다윗의 후손에게는 바로 이런 저력이 있었습니다. 그래서 아사나 히스기야와 요시야 같은 왕이 나오게 되는 것입니다.

전에 한 친구가 있었는데 이분은 경기고를 나오고 서울법대를 나와서 어느 대학 학장으로 있었습니다. 옛날에 저와 만났을 때는 크리스천이 아니었습니다. 아무리 전도해도 예수님을 받아들이지 않았습니다. 그런데 나중에 이분의 학교에서 청년 집회가 있어서 갔다가 이분을 만났더니 아주 신실한 크리스천이 되어 있었는데, 이분 덕분에 그 학교에서 강당이나 기숙사를 빌릴 수 있었다고 했습니다. 그래서 저는 학장실을 찾아가서 그 친구를 만났습니다. 크리스천이 된 어떤 계기가 있었느냐고 물었더니 어렸을 때 할머니가 교회를 열심히 다니셨다고 했습니다. 그리고 고등학교와 대학을 서울에서 다니면서 기독교에 대해서 회의를 가졌는데 사귀던 여성이 자꾸 예수를 믿어야 한다고 해서 예수를 믿게 되었다고 했습니다. 그에게는 할머니의 피가 흐르고 있었던 것입니다.

아마도 아사 왕에게도 다윗의 피가 흐르고 있었던 것 같습니다. 그는 아버지가 죽고 왕이 되자마자 하나님이 보시기에 선과 정의를 행하고 모든 이방 제단과 산당을 없애고 주상을 깨트려버렸습니다. 그리고 아사 왕은 유다 백성에게 명령을 내리기를 그 조상들의 하나님을 찾게 하고 하나님의 율법과 명령을 지키게 했습니다. 아사 왕이 유다 모든 성읍에서 산당과 태양신을 없애니까 하나님께서 유다에 부흥을 주시고 평안을 주셨습니다. 그리고 10년이 지나도록 유다에는 전쟁이 없었습니다. 그동안에 유다는 세월을 허비하지 않고 백성에게 우리가 하나님을 찾고 그 말씀대로 살았기 때문에 망하지 않았던 것이라고 하면서 성곽과 망대를 보수하고 빗장을 새로 만들어서 붙였습니다. 이것이 신앙인의 바른 자세입니다. 즉 우리가 세상에서 해야 할 일들은 게을리하지 않으면서 마음으로는 전심으로 하나님을 찾는 것입니다.

이때 아사가 얼마나 철저하게 하나님을 믿었는지 보여주는 사건이 있습니다. 아사 왕의 어머니 마아가가 아세라 상을 몰래 만들어서 섬기고 있었습니다. 그러나 아사는 이 사실을 알고 마아가가 숭배하던 아세라 상을 찍어서 기드론 시내에서 불태워버리고 마아가의 태후라는 지위를 빼앗아버렸습니다. 이것은 어느 누구도 우상을 섬기면 조금도 봐주지 않겠다는 뜻입니다. 아사 왕은 자기 어머니조차도 평민으로 만들면서 아세라 상을 불태웠기 때문에 모든 백성은 우상을 다 버리고 하나님을 찾았습니다.

이때 하나님의 영이 오뎃이라는 선지자에게 임하면서 "너희가 하나님을 찾으면 하나님을 찾게 되고 너희가 하나님을 버리면 하나님도 너희를 버리실 것이라"고 하면서 환난 날에 하나님께 돌아가서 찾으면 하나님을 만나게 된다고 격려했습니다(대하 15:1-7). 이 말을 듣고 아사는 마음을 더 굳세게 해서 온 유다의 모든 우상을 다 부수고 그들이 노략한 물건 중에서 소 칠백 마리와 양 칠천 마리로 하나님께 제사 드리고 마음을 다하고 목숨을 다하여 조상들의 하나님을 찾기로 맹세했습니다. 그리고 이스라엘 백성 중에서 여호와를 찾지 않는 자는 죽어야 마땅하다고 모든 백성이 소리치고 나팔을 불고 피리를 불어서 하나님께 맹세하니까 하나님이 그들을 만나주셨습니다. 이때 유다에는 큰 부흥이 있었습니다.

하나님의 말씀을 듣는 사람은 모두 기름통과 같습니다. 거기에 불이 붙으면 폭발적인 부흥이 일어나면서 하나님께서 평안을 주십니다. 왜냐하면 모든 사탄이 하나님의 능력으로 결박되기 때문입니다.

2. 에티오피아 전쟁

옛날에는 에티오피아가 애굽도 지배하고 아프리카의 많은 나라를 차지하던 시절이 있었습니다. 유다와 에티오피아가 전쟁한 것은 열왕기에는 나오지 않고 역대기 14장에 기록되어 있습니다. 아마도 구스(에티오피아) 왕 세라는 예루살렘을 공격하면 어마어마한 금을 탈취할 수 있을 것으로 생각했던 것 같습니다. 그래서 구스 왕 세라는 군사 백만 명과 병거 삼백 대를 이끌고 유다를 공격해 왔습니다. 구스 즉 에티오피아의 공격은 아사가 왕이 되고 난 후 처음 겪는 시련이었습니다. 이때 유다는 큰 방패와 창을 가지고 싸우는 자가 삼십만 명이었고 작은 방패를 들고 활을 쏘는 자가 이십팔만 명으로 합하면 오십팔만 명이었습니다. 그런데 구스의 전력은 백만 명의 군사와 병거가 삼백 대였습니다. 유다로서는 도저히 이길 수 없는 전쟁이었습니다.

그러나 아사는 하나님께 기도를 드렸습니다. "강한 자와 약한 자 사이에서 약한 자를 도울 수 있는 분은 하나님밖에 없습니다. 하나님이여, 우리를 도우소서. 우리는 하나님의 이름만 믿고 이 많은 자들과 싸우려고 왔는데 사람이 하나님을 이기지 못하게 해 주십시오."(대하 14:11) 이렇게 기도하고는 그들과 싸웠습니다. 그런데 이상하게 구스 사람들은 유다의 세력을 이기지 못하고 도망치기 시작했습니다. 유다 백성은 그랄까지 그들을 추격했는데 백만 명 중에서 살아서 돌아간 자가 거의 없었습니다. 그리고 유다 백성은 엄청난 노략물을 차지했고 수많은 양과 낙타를 이끌고 예루살렘으로 돌아왔습니다. 부흥의 불은 교회 안이나 예루살렘 안에서만 일어나는 것이 아닙니다. 부흥은 현실의 어려움을 이기는 능력을 가지고 있습니다.

3. 아사의 약한 마음

아사는 백만 명이나 되는 구스 군대를 거의 다 죽이고 엄청난 양과 낙타를 빼앗아서 돌아왔습니다. 그러나 이것으로 모든 시련이 다 끝난 것은 아니었습니다. 이번에는 북쪽 이스라엘이 유다를 공격해 왔습니다. 이스라엘 백성 중에서 금송아지 우상이 싫고 하나님을 바로 믿기 원하는 자들은 자꾸 유다로 내려왔습니다. 사실 이들이 유다로 넘어가려면 하나님이 조상들에게 나누어주신 기업 즉 땅을 포기해야만 했습니다. 그럼에도 많은 이스라엘 백성은 하나님을 바로 믿기 위해서 유다로 내려갔습니다. 그러니까 그 당시 이스라엘 왕 바아사는 이스라엘 백성이 유다로 내려가지 못하도록 라마를 건축해서 그들을 지키고, 그 부근에 있는 유다 사람들을 쳐서 서로 왕래하지 못하도록 했습니다. 이 바아사는 여로보암의 아들 나답이 왕 되었을 때 반란을 일으켜서 여로보암에 속한 자들을 한 명도 남기지 않고 씨를 말려 버린 사람이었습니다.

아사는 이미 백만 명이나 되는 에티오피아 군대를 이긴 사람이었습니다. 그와 백성은 하나님을 열심히 찾았고 결국 하나님을 만났습니다. 그렇다면 아사는 바아사를 두려워하고 겁을 내야 할 이유가 없었습니다. 그런데 이상하게 아사는 바아사와 전쟁하는 것을 두려워했습니다. 그 이유는 알 수 없습니다. 그런데 분명한 사실은 아사 왕이 과거에 하나님께서 자기들을 도우셔서 에티오피아 군대 백만 명을 물리친 것과 지금의 현실을 연결하지 못하고 있다는 것입니다.

그런데 아사는 이스라엘 왕 바아사가 라마 성을 건축하고 거기를 기점으로 해서 유다를 공격한다는 소식을 듣고 겁을 집어먹게 되었습니다. 바아사는 아주 잔인한 사람으로 그가 여로보암의 자손들을 한 명도 남기지 않고 전부 다 죽였다고 하는데 과연 우리가 바아사와 싸워서 이길 수 있을까 생각했던 것입니다.

> 15:18-19, "아사가 여호와의 성전 곳간과 왕궁 곳간에 남은 은금을 모두 가져다가 그 신하의 손에 넘겨 다메섹에 거주하고 있는 아람의 왕 헤시온의 손자 다브림몬의 아들 벤하닷에게 보내며 이르되 나와 당신 사이에 약조가 있고 내 아버지와 당신의 아버지 사이에도 있었느니라 내가 당신에게 은금 예물을 보냈으니 와서 이스라엘의 왕 바아사와 세운 약조를 깨뜨려서 그가 나를 떠나게 하라 하매"

그러다가 아사는 결국 전쟁을 피하기로 결정했습니다. 즉 아사는 성전에 있는 모든 금과 왕궁에 있는 모든 금과 예물을 챙겨서 다메섹 즉 이스라엘 북쪽에 있는 수리아 왕에게 보내었습니다. 그리고 수리아 군대가 이스라엘을 공격해서 이스라엘 군대가 유다에서 물러나게 해 달라고 부탁했습니다. 유다 왕 아사가 적지 않은 금과 돈을 보내어서 성의를 보이는데 벤하닷이 가만히 있을 수 없었습니다. 그래서 벤하닷은 군대를 이끌고 이스라엘 반대편에 있는 도시들을 공격하기 시작했습니다. 그러니까 바아사는 도저히 라마를 지을 수 없었습니다. 그래서 바아사는 라마를 지으려고 가져왔던 모든 건축 재료들을 그냥 거기에 두고 수리아 왕을 막기 위해서 북쪽으로 돌아갈 수밖에 없었습니다. 그러자 아사 왕은 모든 유다 백성을 거느리고 나와서 바아사가 라마를 건축하려고 가져온 돌과 목재를 옮기기 시작했습니다. 그리고 아사는 그 건축 재료를 가지고 게바와 미스바 성을 건축했습니다.

아사가 한 행위를 인간적으로 생각해보면 대단히 전략적이고 지혜로운 것 같습니다. 즉 벤하닷으로 하여금 이스라엘을 공격하게 하고 바아사가 두고 간 건축 재료를 챙겨서 자기들의 성을 건축했던 것입니다. 이것이야말로 다른 사람의 손으로 코를 푸는 것과 같은 것이었습니다. 그러나 이것은 결코 하나님을 의지하는 것이 아니었습니다. 아사는 황금과 돈의 힘을 의지했고 사람의 머리를 의지했습니다. 하나님의 계획에 의하면 하나님은 아사를 통해서 벤하닷까지 치는 것이었습니다. 그러나 아사가 먼저 벤하닷에게 황금을 바치면서 고개를 숙였기 때문에 아람 군대는 완전히 아사의 손에서 벗어나게 되었던 것입니다.

그때 하나니라는 선지자가 아사 왕을 찾아와서 "왜 왕은 하나님을 의지하지 않고 황금과 돈의 힘을 의지했느냐?"고 하면서 책망했습니다. 옛날에 에티오피아와 싸울 때는 지금보다 군대도 훨씬 많았고 말과 병거도 심히 많았는데 왕이 하나님을 의지했기 때문에 이기게 했던 것이 아니냐고 했습니다. 그리고 하나님의 눈은 온 땅을 두루 보시면서 전심으로 하나님을 향하는 자에게 능력을 베푸신다고 했습니다. 그러나 왕이 망령되게 행하여서 하나님을 의지하지 않았기 때문에 이제는 전쟁이 계속 있을 것이라고 예언했습니다(대하 16:7-10). 그 말을 듣고 아사 왕은 무지무지하게 화를 내게 되었습니다. 자기는 잘했다고 생각했는데 선지자는 망령되게 행동했다고 책망했기 때문입니다.

그리고 아사 왕은 백성 중에서도 자기 뜻에 맞지 않는 자들은 재산을 빼앗거나 혹은 감옥에 가두거나 학대를 하였습니다.

아사가 이스라엘과 싸울 뻔했던 때가 왕이 된 지 36년이었는데 3년 후에 왕의 발에 병이 들게 되었습니다. 아마도 통풍이 아니면 심한 당뇨 합병증이 아니었나 생각이 듭니다. 결국 아사 왕은 2년을 앓다가 병으로 죽게 됩니다. 아사는 믿음으로 유다에 종교개혁을 감행하였고, 백만 명이나 되는 에티오피아 군대를 전멸시켰습니다. 그러나 그는 이스라엘 바아사를 겁을 내어서 벤하닷에게 머리를 숙이고 황금과 돈을 바침으로 이스라엘을 물러가게 하였습니다. 그는 과거에 도우셨던 하나님과 현실을 연결하지 못했습니다. 그는 결국 병으로 앓다가 죽었습니다. 이런 것을 보면 끝까지 하나님을 의지하고 하나님을 찾는다는 것은 참 어려운 것 같습니다. 더욱이 한번 성공하고 난 후에는 하나님을 찾는 것이 잘되지 않습니다. 하나님이 우리를 도우셔서 끝까지 하나님을 찾을 수 있기를 바랍니다.

24
여로보암 왕가의 전멸

왕상 15:25-34

가끔 신문에서 비행기가 바다나 산에 추락하는 바람에 비행기를 타고 있던 모든 사람이 다 죽었다는 기사를 접할 때가 있습니다. 그래서 어떤 때는 일가족이 다 죽을 때도 있고 어떤 때는 회사 직원이나 경기를 하러 가던 팀 전원이 사망해서 회사나 스포츠 팀을 운영하기 힘든 경우도 있습니다. 그래서 우리나라 큰 기업들은 절대로 아버지나 아들이 같은 비행기를 타고 외국에 가지 않는다고 합니다. 혹시라도 비행기가 사고 나서 아버지와 아들이 같이 죽어버리면 그 큰 회사의 경영에 공백이 생기기 때문입니다.

하나님은 두 가지 성품을 가지고 계십니다. 하나는 우리 인간이 죄를 지어도 바로 징계하거나 심판하지 않으시고 엄청난 인내심으로 기다리신다는 것입니다. 만약 죄를 지었는데 하나님이 즉시 심판하시는 사람은 하나님께서 무지무지하게 사랑하시는 사람입니다. 하나님은 악인이 죽고 그다음 자식이 활동할 때까지 기다리십니다. 그러나 하나님의 때가 되어서 하나님이 한번 심판하시기 시작하면 단 한 사람도 살려두지 아니하시고 모조리 다 심판하시는 것입니다.

1. 여로보암의 악한 길

여로보암의 가장 큰 죄는 하나님 대신 금송아지를 만들어서 이 금송아지가 하나님이라고 백성을 속인 죄였습니다. 왕이 금송아지를 하나님이라고 하니까 백성은 그런 줄 알고 금송아지 신앙을 가졌습니다. 사실 이스라엘 백성은 하나님의 신앙에 대하여 불만이 많았습니다. 왜냐하면 하나님의 신앙은 하나님의 말씀을 듣는 것이 가장 중요한 일인데, 하나님의 말씀을 듣고 기도하기만 한다는 것은 자기들은 아무것도 하지 않는 것이고, 자기 자신은 아무것도 아니며, 자기가 하고 싶은 것은 하나도 하지 못한다는 것을 의미하기 때문입니다. 이스라엘 백성은 예배가 축제가 되기를 원했습니다. 그래서 독일의 슐라이어마허라는 신학자는 "종교는 감정의 표현이라"고 했습니다. 즉 신앙이라는 것은 입을 다물고 가만히 앉아서 하나님의 말씀을 듣고 기도하기만 하는 것이 아니라 춤도 추고 자신들의 기쁨을 마음껏 표현하는 것이라고 생각했던 것입니다. 그래서 그들은 예배가 하나님께 자신의 죄를 회개하고 말씀을 듣는 시간이 아니라, 죄 같은 것은 생각하지도 말고 오직 축제와 축복의 잔치이기를 바랐던 것입니다.

거기에 딱 적합한 것이 금송아지 신앙이었습니다. 북쪽 이스라엘은 농사를 짓기에 적합한 평지였기 때문에 소가 아주 중요한 농사 수단이었습니다. 그래서 보통 소도 아니고 금송아지 신 앞에서 춤도 추고 노래도 부르면 소의 신이 기분 좋아서 많은 수확을 하게 할 것이라고 생각했던 것입니다. 이스라엘 백성은 시대가 변하면 하나님도 변해야 한다고 생각했습니다. 지금은 광야도 아니고 산지도 아니고 평지에서 농사짓는 시대가 되었으니까 하나님도 소로 변해야 한다고 생각했던 것입니다.

그러나 이 생각은 여로보암의 불신앙에서 시작된 것입니다. 여로보암은 하나님이 자신을 세웠다는 것을 믿으면 되는데 막상 왕이 되고 보니까 하나님만을 믿을 수 없었습니다. 마음속에 욕심과 야망도 있는데 죽었다고 생각하고 하나님의 말씀에만 복종할 수 없었던 것입니다. 우리가 하나님을 믿는 것도 어렵지만 계속 믿음으로 살아가는 것은 더 어렵습니다. 우리가 이 세상에 살아 있는 동안은 끝없는 시련의 연속이기 때문입니다. 그래서 우리는 앞으로 닥칠 일에 대하여 무엇을 먹을까 무엇을 입을까 늘 염려하게 되어 있습니다. 우리는 지금까지 지켜주신 하나님이 앞으로도 지켜주신다고 믿어버리면 되는데 미래는 내가 대비해야 한다고 생각하는 것입니다. 즉 하나님은 과거의 하나님이 되어버리고 미래를 개척해야 하는 것은 내가 되는 것입니다.

우리가 하나님을 믿으면 하나님의 말씀에 나 자신을 던져버리면 됩니다. 어떻게 보면 이것은 스스로 죽는 길을 택하는 것 같습니다. 즉 아무것도 하지 않고 미래를 기다린다는 것은 죽기를 기다리는 것처럼 보입니다. 그러나 예수님께서 말씀하시기를 누구든지 예수님으로 인하여 죽고자 하는 자는 살고, 살고자 하는 자는 목숨을 잃을 것이라고 하셨습니다. "그래! 내가 이제 하나님을 찾았으니까 하나님의 말씀을 붙들고 죽자!"라고 하면 사는 길이 열리게 되는 것입니다.

놀랍게도 여로보암이 살아있을 때는 하나님의 심판이 임하지 않았습니다. 단지 유다와 싸울 때 인간적인 방법으로 매복하고 공격했지만 전쟁에 져서 오십만 명이 죽었을 뿐입니다. 여로보암은 잘 살다가 죽었습니다. 그러니까 여로보암의 아들 나답이 왕이 되었는데, 그도 여전히 여로보암의 금송아지 길을 따라갔습니다.

15:25-26, "유다의 아사 왕 둘째 해에 여로보암의 아들 나답이 이스라엘 왕이 되어 이 년 동안 이스라엘을 다스리니라 그가 여호와 보시기에 악을 행하되 그의 아버지의 길로 행하며 그가 이스라엘에게 범하게 한 그 죄 중에 행한지라"

참 놀라운 것은 이스라엘 백성이 왕이나 백성이나 신하나 할 것 없이 한번 하나님의 말씀을 버리고 금송아지나 바알신이나 아세라신을 따라가면 끝까지 하나님께 돌아오지 않았다는 사실입니다. 이것은 우리가 얼마든지 이해할 수 있습니다. 예를 들어 아주 시골 벽촌에 있는 청년이 서울에 공부하러 가거나 직장 때문에 가게 되면 자신이 살던 고향이 얼마나 작은 동네인가 하는 것을 깨닫게 됩니다. 그래서 그 후부터는 고향에 가끔 놀러 가지만 거기에 가서 살라고 하면 답답해할 것입니다.

이것은 신앙도 마찬가지입니다. 하나님을 믿으면 하나님의 말씀만 들어야 합니다. 그리고 죄를 지으면 회개해야 합니다. 야망도 죄고 정욕도 죄입니다. 그러나 세상에 한 번 나가보면 얼마든지 정욕적으로 살 수 있고 얼마든지 죄를 지어도 뭐라고 하는 사람이 없습니다. 그래서 말씀의 신앙으로 돌아가려면 죽어야 하는 것입니다. 이것은 마치 대도시에 있던 자녀가 시골로 돌아가는 것과 같습니다.

그래서 금송아지는 하나님의 백성에게 세상으로 나가게 하는 출입문이었고 도장이나 마찬가지였습니다. 이제부터 이스라엘 백성은 얼마든지 세상으로 나가서 마음대로 살아도 된다는 허가증이었던 것입니다. 거기서 말씀으로 돌아오려고 하면 죽어야 하는데, 아무도 죽고 싶지 않은 것입니다. 하나님 말씀의 세계는 너무나도 답답하게 느껴지게 됩니다. 그럼에도 하나님의 말씀을 믿는 자들은 하나님께서 강권적으로 붙들기 때문에 남아 있는 것입니다.

2. 여로보암의 회개할 기회

자기 자녀가 망하거나 비참하게 죽는 것을 원하는 사람은 아무도 없을 것입니다. 모든 사람은 자녀가 성공해서 잘 살기를 바랄 것입니니다. 그러나 하나님의 자녀들이 세상 길로 가면 처음에는 성공하는 것처럼 보이다가 나중에 갑자기 흔적도 없이 망해버리는 것입니다. 이것이 무서운 것입니다. 세상 길로 가는데 처음부터 어려움이 많이 있으면 '이 길은 내가 갈 길이 아니구나' 하고 포기하고 돌아올 텐데 처음에는 모든 것이 너무 잘 되는 것처럼 보입니다. 그래서 한창 성공하다가 갑자기 망해버리면 그때는 절망해서 자살을 하든지 교도소에 들어가든지 폐인이 되어버리는 것입니다.

하나님은 여로보암에게 여러 번 회개할 수 있는 기회를 주셨습니다. 그러나 여로보암은 끝까지 하나님의 말씀으로 돌아오지 않았습니다.

첫 번째 기회는 여로보암이 벧엘에 금송아지 우상을 만들어서 예배할 때였습니다. 그때 남쪽 유다에서 한 선지자가 나타나서 이 금송아지 우상은 엉터리이고 제단은 갈라지고 재는 쏟아질 것이라고 예언했습니다. 그때 여로보암은 화가 나서 '저 놈 잡으라' 고 팔을 뻗쳤는데 뻗친 팔이 접혀지지 않았습니다. 여로보암은 완전히 팔을 쓸 수 없게 되자 하나님의 선지자에게 제발 하나님께 기도해서 팔이 회복되게 해달라고 간구했을 때 선지자가 기도하니까 팔이 낫게 되었습니다. 그러나 이때 여로보암은 하나님의 말씀으로 돌아오지 않았습니다.

여로보암이 두 번째 하나님께 돌아올 기회는 여로보암의 아들이 병들었을 때였습니다. 이때 여로보암은 자기 부인을 변장시켜서 자기에게 옷 열 조각을 주면서 왕이 될 것이라고 예언했던 아히야에게 보내었습니다. 이때 아히야는 앞을 보지 못할 때여서 얼마든지 속일 수 있을 것 같았습니다. 그러나 하나님의 영은 아히야에게 여로보암의 처가 다른 여자인 것처럼 변장하고 올 것이라고 알려주셨습니다. 결국 아히야는 여로보암의 처에게 여로보암의 길을 책망하면서 여로보암의 후손은 저주를 받아서 성안에서 죽는 자는 개가 그 시체를 뜯고 먹고 들에서 죽은 자는 공중의 새가 그 시체를 먹을 것이라고 저주했습니다. 그리고 네가 문 안으로 들어갈 때 아이가 죽을 것이라고 예언했습니다. 그 예언대로 그 아이가 죽었는데 이때도 여로보암은 하나님께 돌아오지 않았습니다.

여로보암이 세 번째 하나님께 돌아올 기회는 유다의 아비얌과 전쟁할 때였습니다. 유다의 아비얌은 사십만의 군대였는데, 여로보암은 팔십만의 군대에다가 매복까지 하였지만 전쟁에 지고 무려 오십만이나 죽었습니다. 이때 여로보암은 전쟁은 군사가 많다고 이기는 것도 아니고 작전을 세운다고 이기는 것도 아니고 하나님께서 함께 하셔야 이기는 것이라는 것을 깨달았어야 했습니다. 그리고 이때가 여로보암이 하나님께 돌아올 수 있는 마지막 기회였습니다. 그러나 여로보암은 끝까지 하나님께 돌아오지 않았습니다. 오히려 하나님이 자기를 버리셨다고 생각하고 더 반발심을 가지고 죽을 때까지 침체되어서 별 볼일 없이 살다가 죽었습니다. 그러나 하나님이 얼마나 오래 참으시는 분이신지 여로보암 때는 결코 재앙을 내리지 아니하셨습니다. 우리가 하나님께 반항하고 신앙적으로 침체되어 있는 것은 자기 손해입니다.

신약에서 사울이 교회를 박해하고 예수 믿는 사람들을 잡아 가두는 것을 하나님은 하나님께 반항하는 것으로 보셨습니다. 사울은 자기가 하나님을 정말 잘 믿는다고 생각했지만, 하나님은 사울이 가시덩어리를 뒷발질하고 있다고 보셨습니다. 그래서 예수님은 사울에게 나타나셔서 "나는 네가 박해하는 예수"라고 하시고 "가시채를 뒷발질 하는 것이 얼마나 힘드냐?"고 말씀하셨습니다(행 26:14). 하나님의 말씀에 반항하면 일단 기쁨이 없습니다. 그리고 반항하면 할수록 가시채를 뒷발질하기 때문에 자기 발이 아프고 피가 나게 되고 나중에는 엄청난 상처가 생기게 됩니다.

우리는 일단 세상으로 나가면 하나님이 아무리 어려움을 주시고 깨닫게 하셔도 하나님께 돌아오기가 힘들다는 것을 알아야 합니다. 그래서 하나님께서 특별한 은혜를 주시지 않으면 아무도 하나님께 돌아올 수 없습니다. 세상이 그만큼 매력적이고 재미있기 때문입니다. 그러나 그것은 망하는 길이고 넓은 길입니다. 지도자가 그 길로 가면 백성을 속여서 함께 망하게 됩니다.

3. 여로보암 왕가의 전멸

여로보암의 뒤를 이어서 왕이 된 나답은 아버지가 행했던 악한 길을 그대로 따라갔습니다. 왕이 되거나 성공하는 것이 중요한 것이 아니라 자기 앞의 사람들이 무엇이 옳고 무엇이 잘못되었는지 잘 분별하는 것이 중요합니다. 자녀들은 부모님이 잘못 하신 것을 회개해야 자기가 살 수 있습니다. 그러나 나답은 자기 형이 죽고 자기가 왕이 되었으니까 얼마나 기분이 좋았겠습니까? 그는 별 일 없겠지 생각하고 아버지 여로보암이 했던 대로 금송아지 우상을 열심히 섬겼습니다. 그동안에 하나님의 심판의 때가 오고 말았습니다.

그때 잇사갈 지파의 바아사라는 사람이 반역을 일으켰습니다. 그때 이스라엘은 블레셋을 공격하고 있었는데 깁브돈이라는 곳을 포위하고 있었습니다. 나답은 깁브돈을 점령하면 자기 영토가 블레셋까지 확장되니까 영토가 아주 넓어질 것으로 생각했습니다. 그러나 그는 하나님의 때가 다 된 줄을 알지 못했습니다. 나답은 겨우 이스라엘 왕을 2년 했는데 자기 신하가 나답을 죽이고 왕이 되었습니다. 그러나 바아사는 왕이 된 것으로 그치지 않고 여로보암 집의 사람을 한 명도 남기지 않고 아들이나 종이나 여자들까지 모두 다 죽여서 씨를 말려버렸습니다.

15:29-30, "왕이 될 때에 여로보암의 온 집을 쳐서 생명 있는 자를 한 사람도 남기지 아니하고 다 멸하였는데 여호와께서 그의 종 실로 사람 아히

야를 통하여 하신 말씀과 같이 되었으니 이는 여로보암이 범죄하고 또 이스라엘에게 범하게 한 죄로 말미암음이며 또 그가 이스라엘의 하나님 여호와를 노엽게 한 일 때문이었더라"

하나님께서는 선지자 아히야를 통해서 금송아지 우상을 만들어서 자신과 백성을 속인 여로보암 집은 단 한 명도 남지 않고 다 죽을 것이라고 예언했습니다. 들판에서 싸우다 죽은 사람의 시체는 공중의 새가 뜯어 먹고 성안에서 죽은 자는 개가 그 시체를 뜯어 먹을 것이라고 했는데 그 예언대로 이루어졌습니다. 이것이 바로 하나님의 심판입니다. 하나님께서 진노하시는 날에는 하나님의 말씀 그대로 심판이 이루어지는데 아이나 여자나 노인이나 하나도 남김없이 다 죽임을 당하게 됩니다.

그래서 여로보암은 두 가지 기록을 세웠습니다. 그 하나는 금송아지를 만들어서 자신과 백성을 속인 것입니다. 처음에는 잘 되는 것 같았지만 그것은 망하는 길이었습니다. 그리고 두 번째는 하나님의 경고의 말씀을 듣지 않고 끝까지 고집을 부리면 나중에 씨도 남지 않고 다 죽는다는 것입니다. 그러나 그 뒤에 이스라엘 왕들을 보면 이런 것을 보고서도 금송아지를 버리지 않고 하나님의 말씀으로 돌아오지 않았습니다.

바아사도 자기가 하나님의 말씀으로 왕이 되었으면 금송아지부터 부수어야 하는데 금송아지를 끝까지 붙듭니다. 그래서 그도 씨까지 전멸을 당합니다. 나중에 아합은 바알과 아세라까지 불러들였습니다. 그리고 하나님은 엘리야 선지를 보내어서 하나님의 능력을 보여주셨습니다. 그러나 그 역시 하나님의 말씀으로 돌아오지 않았습니다.

15:34, "바아사가 여호와 보시기에 악을 행하되 여로보암의 길로 행하며 그가 이스라엘에게 범하게 한 그 죄 중에 행하였더라"

바아사가 쿠데타에 성공해서 나답을 죽이고 여로보암의 집을 씨까지 다 멸망시켰으면 이것이 하나님의 뜻이구나 생각하고 하나님의 말씀으로 돌아왔어야 하는데, 금송아지 우상을 붙잡고 하나님께로 돌아오지 않다가 바아사의 집안도 전멸을 당하게 됩니다.

우리는 하나님 말씀의 길을 가는 것이 참 어렵다는 것을 인정해야 합니다. 왜냐하면 세상에는 성공의 길이 있고 넓은 길이고 모든 것이 다 있기 때문입니다. 그러나 거기에는 마지막에 길이 없습니다. 우리가 기왕 한 번 이 세상 사는 것, 하나님의 말씀에 한 번 미쳐버리면 살길이 생깁니다. 한번 살다가 한번 죽을 인생, 하나님의 말씀대로 한번 살아보자고 결단하면 살길이 열릴 것입니다. 이 세상의 성공한 사람들을 보지 말고 하나님만 바라보며 결단을 내릴 수 있기를 바랍니다.

25
혼돈의 시대
왕상 16:1-35

로마 제국은 언제 쇠망하기 시작했는가 하는 것에 대하여 에드워드 기번은 마르쿠스 아우렐리우스의 아들 코모두스 때부터라고 기록하고 있습니다. 마르쿠스 아우렐리우스는 《명상록》을 써서 유명하게 되었는데, 그의 아들은 완전히 개판이어서 검투사들과 칼싸움을 하고 사람들을 함부로 죽이다가 나중에 암살당하게 됩니다.

그러나 제가 보기에는 로마는 네로 때부터 망하기 시작했다고 생각합니다. 네로는 자기 어머니를 죽인 후 거의 광기에 빠지게 됩니다. 그리고 로마의 대화재가 일어난 후에 기독교인들을 잡아 와 원형경기장에서 많이 죽였습니다. 네로가 자살하고 난 후 일 년 동안 무려 네 명의 왕이 서로 반란을 일으켜 황제가 네 명이나 바뀌게 됩니다. 그리고 베스피아누스가 황제가 되면서 제국이 안정되는데 그 아들 티투스 때에 예루살렘이 멸망하게 됩니다. 티투스 때 로마가 다시 불타고 베수비오 화산이 폭발해서 폼페이가 화산재에 덮이게 되고 전염병이 돌아서 티투스도 1년만 황제 노릇하다가 죽습니다. 그리고 그 동생 도미티아누스가 황제가 되는데 그의 치세 때 광적인 기독교에 대한 핍

박이 극도로 치닫게 됩니다. 이때 사도 요한이 밧모섬으로 유배 가서 고생하게 됩니다. 도미티아누스가 의문의 암살을 당하고 오현제 시대가 오게 되는데 나라는 안정이 되었지만, 기독교인들에 대한 핍박은 계속되었습니다. 그래서 로마는 네로 때부터 망하기 시작했다고 보는 것이 옳을 것입니다.

그런데 이와 같은 일이 북쪽 이스라엘에서 일어나게 됩니다. 이스라엘에서 가장 먼저 온 이스라엘을 엉망으로 만든 사람은 여로보암 왕이었습니다. 여로보암은 왕이 된 후에 금송아지 우상을 만들고 가짜 제사장들을 세워서 금송아지 신앙을 온 이스라엘에 퍼트렸습니다. 그래서 이스라엘은 완전히 짙은 안개에 뒤덮여 있었고, 마침내 왕은 신하들의 반역으로 죽임을 당하고 새로 왕이 된 사람은 전 왕의 가족이나 신하들을 모두 다 죽였습니다. 그리고 또 이런 일이 몇 대에 걸쳐 계속 반복되었습니다. 이것은 마치 백중 추돌 사고와 같은 것이었습니다. 하나님의 말씀이 어떻게 가르치는지 보고 금송아지만 부수면 안개가 걷히고 멸망의 악순환이 그칠 텐데, 아무도 그것을 아는 사람이 없었습니다.

1. 하나님의 한없는 자비

사람들이 두려움 없이 계속 죄를 짓고 망하는 이유는 하나님의 한없는 자비 때문입니다. 나쁜 짓을 하고 우상 숭배 하고 점을 치거나 했을 때 하나님이 바로 심판을 내리시면 하나님을 두려워할 것입니다. 그러나 하나님은 아무리 악한 자라 하더라도 그들이 충분히 회개할 수 있는 시간을 주십니다. 인간은 하나님이 자비로 기다려주시는 것을 잘못 이해해서 자기가 잘났거나 사람들이 자기를 두려워하는 줄 알고 끝까지 죄를 짓게 되는 것입니다.

여로보암은 절대로 해서는 안 되는 금송아지 우상을 만들어서 온 이스라엘에 퍼트렸습니다. 하나님은 아히야라는 늙은 선지자를 통해서 여로보암에게 경고하셨습니다. "너와 너의 모든 가족이나 친척들이 깡그리 죽임을 당할 것인데 들판에서 죽는 자는 공중의 새가 그 시체를 뜯어 먹고 성안에서 죽는 자는 개가 그 시체를 뜯어먹으리라" 고 했습니다. 그런데 사람들은 하나님의 말씀을 신뢰하지 않게 되었습니다. 말씀은 그냥 말 그 자체 아닙니까? 늙은 선지자가 하는 말이 그대로 될지 누가 알겠습니까? 이것은 오늘날도 마찬가지입니다.

여로보암이 죽을 때까지 하나님의 심판은 없었습니다. 그 아들 나답이 왕이 되고 2년이 되었을 때 바아사라는 신하가 반란을 일으켰습니다. 바아사는 선지자의 말씀대로 왕이 되면서 여로보암의 후손은 남자나 여자나 어린이나 친척이나 한 사람도 남김없이 전부 다 죽였습니다. 이것은 여로보암이 하나님의 말씀을 '우연' 이라고 생각한 결과였습니다. 여로보암은 '설마' 라고 생각하다가 하나님의 말씀대로 그의 씨가 마르게 됩니다. 사람들은 모두 자신의 자손이 번창하고 성공하기를 바랄 것입니다. 그렇게 되려면 부모가 먼저 하나님의 말씀을 두려워해야 합니다. 하나님께서는 "나를 사랑하고 내 계명을 지키는 자는 천대까지 복을 내리겠지만 나의 계명을 무시하고 노엽게 하는 자는 삼사 대까지 심판" 하겠다고 말씀하셨습니다.

바아사는 자기가 왕이 되었으면서도 왜 왕이 되었고, 왜 나답이 자기 손에 죽었는지 몰랐습니다. 그래서 하나님의 선지자가 바아사를 책망했습니다. 이 바아사는 유다 왕 아사를 책망했던 하나니의 아들 예후였습니다. 나중에 또 이스라엘 왕의 가족을 전멸시키는 예후가 나오는데 그와는 다른 사람입니다. 이 사람은 선지자 예후입니다. 예후는 바아사를 이렇게 꾸짖었습니다.

16:2-4, "내가 너를 티끌에서 들어 내 백성 이스라엘 위에 주권자가 되

게 하였거늘 네가 여로보암의 길로 행하며 내 백성 이스라엘에게 범죄하게 하여 그들의 죄로 나를 노엽게 하였은즉 내가 너 바아사와 네 집을 쓸어버려 네 집이 느밧의 아들 여로보암의 집 같이 되게 하리니 바아사에게 속한 자가 성읍에서 죽은즉 개가 먹고 그에게 속한 자가 들에서 죽은즉 공중의 새가 먹으리라 하셨더라"

그러나 바아사는 이미 왕이 되었으므로 더 이상 겁날 것이 없었습니다. 그리고 하나님의 말씀을 두려워하지 않았습니다. 그런데 하나님이 얼마나 자비로우신지 바아사가 살아있는 동안에는 심판을 내리지 아니하셨습니다. 그러나 바아사의 아들 엘라가 왕이 되었을 때 2년 만에 하나님의 심판이 임했습니다. 하나님은 바아사를 티끌에서 취하여 왕으로 삼으셨다고 했습니다. 그러나 그는 왕이면 모든 것을 자기 마음대로 할 수 있다고 생각했습니다. 이럴 때 사람들은 "개구리가 올챙이 시절을 알지 못한다"고 말합니다. 물론 우리가 늘 과거에만 매여 있을 수 없습니다. 그러나 안개가 끼어있고 바다가 기름 범벅 되어 있을 때 무조건 앞으로 나갈 것이 아니라 안개가 걷힐 때까지 기다려야 하고 기름을 걷어내고 바위에 묻어있는 기름을 닦아내는 수고를 해야 합니다. 그런데 사람들은 이것을 볼 수 있는 눈이 없었습니다.

이때 이스라엘은 블레셋의 깁브돈을 공격하고 있었는데 엘라 왕은 왕궁에서 술을 마시고 취해 있었습니다. 이때 엘라는 머리를 써서 군대를 한 사람에게 맡기지 않고 두 사람에게 맡겼습니다. 한 사령관의 이름은 시므리였고, 또 다른 한 사람의 이름은 오므리였습니다. 오므리는 나중에 이스라엘에서 가장 악한 왕 아합의 아버지입니다.

시므리는 전쟁하느라 땀을 뻘뻘 흘리고 있는데, 왕이라는 사람은 왕궁에서 술에 취해 있고 향락에 빠져있으니까 왕 자격이 없다고 생각해서 왕궁에 들어가서 죽여 버렸습니다. 그리고 시므리는 엘라를 죽이면서 바아사 집안의 모든 남자와 여자, 친척들, 종들 그리고 신하들까지 모두 다 죽였습니다. 물론 시므리가 이렇게 한 것은 누군가가 반란을 일으킬까 두려워한 것도 있지만 사실 하나님의 말씀대로 된 것이었습니다. 하나님은 바아사가 여로보암에게 했던 것과 똑같은 저주를 내리셨던 것입니다. 그렇게 바아사의 집안은 전멸을 당했습니다.

시므리가 바아사를 죽이고 왕이 되었지만 깁브돈을 공격한 장군은 오므리였습니다. 오므리는 억울하다고 생각했습니다. 전쟁은 자기가 하고 있는데 왕 자리는 시므리가 차지한 것입니다. 그래서 오므리는 더 이상 이런 전쟁을 할 가치가 없다고 생각해서 그도 스스로 왕이 되었습니다. 그러니까 디브니라고 하는 별 볼 일 없는 사람도 왕이 되겠다고 해서 왕 노릇을 했습니다. 오므리는 먼저 디브니를 이기고 수도였던 디르사로 쳐들어가서 성을 포위했습니다. 이에 시므리는 더 이상 가능성이 없는 줄 알고 왕궁에 불을 지르고 그 안에서 불에 타 죽었습니다. 시므리는 왕노릇을 단지 7일 동안 했습니다(15-19절). 그는 일주일 용 왕이었고 그야말로 하나님이 바아사 집안을 멸망시키기 위하여 사용하신 도구에 불과했습니다.

2. 해 뜨기 전이 가장 어둡다

이스라엘 왕 중에 오므리는 아주 외교를 잘했던 사람으로 역사에 남아 있습니다. 모압 비석이라는 것이 발견되었는데, 거기에는 이스라엘 왕 오므리의 이름이 나옵니다. 그리고 오므리는 왕궁이 수비하기에 허술한 디르사에 있어서는 안 되겠다고 생각해서 세멜이라는 사람에게서 산을 샀습니다. 은 두 달란트를 주고 산을 사서 거기에 새로운 수도 사마리아를 건축했습니다. 그리고 그 도시 이름을 산을 판 사람의 이름을 따서 '사마리아'라고 지었습니다. 사마리아는 아주 튼튼한 성이었습니다.

그러나 오므리가 외교는 잘하고 정치는 잘했는지 몰라도 그 역시 금송아지 우상에서 벗어나지 못했습니다.

16:25-26, "오므리가 여호와 보시기에 악을 행하되 그 전의 모든 사람보다 더욱 악하게 행하여 느밧의 아들 여로보암의 모든 길로 행하며 그가 이스라엘에게 죄를 범하게 한 그 죄 중에 행하여 그들의 헛된 것들로 이스라엘의 하나님 여호와를 노하시게 하였더라"

여로보암 때부터 오므리까지가 이스라엘이 가장 절망적이고 어두운 때였습니다. 그럼에도 불구하고 하나님은 이스라엘이 완전히 망하도록 버리지는 아니하셨습니다. 왜냐하면 얼마 후에 엄청난 선지자가 나타날 것이기 때문입니다. 그는 바로 엘리야였습니다. 엘리야는 오므리의 아들 아합 왕 때부터 나타나서 바알과 아세라와 대적하며 하늘 문을 열고 닫는 기도를 통하여 하나님의 살아계심을 나타내었습니다. 엘리야는 이스라엘의 태양이었습니다. 그래서 우리가 어떤 일을 당하든지 절망해서는 안 되는 이유는 어두움 후에 밝은 아침이 오기 때문입니다.

이때 이스라엘 백성이 얼마나 하나님의 말씀을 업신여겼는지 볼 수 있습니다. 말씀을 공개적으로 어기는 자가 나타났는데, 그 사람은 바로 히엘이었습니다. 하나님은 여호수아를 통하여 여리고를 영원히 저주하면서 누구든지 여리고성을 재건하면 터를 쌓을 때 맏아들이 죽을 것이고, 성문을 달 때 막내아들이 죽을 것이라고 예언하셨습니다.

16:34, "그 시대에 벧엘 사람 히엘이 여리고를 건축하였는데 그가 그 터를 쌓을 때에 맏아들 아비람을 잃었고 그 성문을 세울 때에 막내 아들 스굽을 잃었으니 여호와께서 눈의 아들 여호수아를 통하여 하신 말씀과 같이 되었더라"

하나님의 말씀은 수백 년이 지나도 효력이 없어지지 않았습니다. 원래 여리고는 기후가 좋고 야자수가 많은 곳이었습니다. 그러나 여호수아가 파괴한 후 오랫동안 폐허로 남아 있었습니다. 그것은 하나님의 저주 때문이었습니다. 그러나 히엘이라는 사람이 하나님의 말씀을 두려워하지 않았습니다. 그는 여리고를 건축하면 떼돈을 벌 수 있다고 생각해서 여리고를 재건했습니다. 그러나 하나님이 하신 말씀대로 터를 닦을 때 맏아들이 죽고, 성문을 달 때 막내아들이 죽었습니다. 하나님의 말씀은 아무리 세월이 지나도 그대로 이루어집니다. 단지 우리가 그 뜻을 잘 모를 따름입니다. 우리는 이 세상에 있는 더러운 기름 덩어리를 닦아내고 짙은 안개 속을 하나님의 말씀으로 보아야 망하지 않을 수 있습니다.

3. 금송아지가 무엇이기에

이스라엘에서 부귀영화를 상징하는 것은 상당히 큰 금송아지였습니다. 사람들은 저 금송아지가 있는 이상 이스라엘은 망하지 않고 늘 성공하게 된다고 믿었습니다. 그래서 아무리 왕이 죽고 왕조가 전멸당해도 금송아지는 살아있었습니다. 부귀영화를 상징하는 금송아지를 너무 좋아했기 때문입니다. 그러나 금송아지는 하나님이 가장 싫어하고 진노하는 물건이었습니다. 왜 이런 생각의 차이가 일어나게 되었을까요? 그것은 온 이스라엘 백성의 마음이 기름 범벅 되어서 실체를 볼 수 없었기 때문입니다. 이것은 오늘 우리에게도 마찬가지입니다. 이 세상의 성공이라는 것이 우리에게 얼마나 매력적인지 모릅니다. 이스라엘 왕 중에 누군가가 금송아지를 부수어서 가루로 만들 용기가 있었으면 좋았을 텐데 하는 생각이 듭니다.

하나님의 백성에게 가장 가치 있는 것은 순수한 열정인데 그것을 알아주는 사람은 없고, 깨끗한 양심을 가지는 자는 오히려 반드시 손해를 보게 되어 있습니다. 사람은 거짓말을 해야 이익을 얻지, 정직하게 말하면 완전히 손해를 보는 세상입니다. 이때 사람들은 하나님의 말씀을 멀리하게 됩니다. 그러나 하나님은 진노하고 계십니다. 단지 하나님은 자비하셔서 이 세상에 시간을 더 주고 계실 뿐입니다.

그동안 교회가 돈을 사랑하고 큰 건물을 자랑하다가 코로나로 망하게 되었습니다. 큰 건물과 그 안에 많은 교인이 모여서 예배드리는 교회가 얼마나 부러웠는지 모릅니다. 그런 큰 교회의 목사님들은 인기 연예인이나 정치인들보다 더 귀한 사람 같았습니다. 그러나 이제는 사람들의 생각이 조금 달라졌습니다. '과연 기독교의 본질은 무엇인가? 하나님은 살아계시는가? 오늘도 하나님이 우리에게 말씀하시는 것은 무엇인가? 지금도 기적은 일어나고 있는가?' 이런 본질적인 문제를 보게 되었습니다. 우리는 하나님의 말씀과 세상의 성공 사이에서 방황할 때가 많습니다. 그러나 금은 변하거나 빼앗겨도 하나님의 말씀은 변함이 없습니다. 심히 어두울 때 조금 참으면 아침이 올 것입니다. 찬란한 아침에 하나님의 영광을 맞이하는 성도들이 다 되시기 바랍니다.

26
나라를 살리는 기도
왕상 17:1-16

엘리야 때 북쪽 이스라엘은 물질적으로는 잘 살았습니다. 이스라엘 사람들은 농사가 잘되니까 돈을 많이 벌었고 그 돈으로 흥청망청 쓰고 있었습니다. 그러나 이스라엘 백성은 깊은 우상 숭배에 빠져서 완전히 멸망 직전에 있는 것과 같았습니다. 이때도 그들은 이런 위기를 전혀 느끼지 못했습니다. 오히려 아합 왕이나 왕비 이세벨은 하나님의 선지자들을 죽이고 더 적극적으로 백성을 바알과 아세라 같은 우상 숭배에 빠지게 했습니다. 도대체 왕이 얼마나 대단하고 왕비가 대단한 사람들이기에 모든 백성을 죽음의 자리로 끌어가고 있었을까요?

그런데 이 위험천만한 결말의 모습을 미리 보고 있던 한 사람이 있었습니다. 그 사람은 바로 디셉 사람 엘리야였습니다. 엘리야는 이스라엘이 멸망하지 않는 유일한 방법은 백성이 우상을 버리고 하나님께 돌아오는 것이라고 믿었습니다. 왜냐하면 하나님이 그 크신 손으로 기울어가는 배를 붙잡아주셔서 배가 더 이상 뒤집어지지 않게 해주시기 때문입니다. 그렇게 하기 위해서는 엘리야가 바알이나 아세라는 완전 엉터리 신이고 여호와가 참 하나님이라는 것을 보여주어야 했습니다.

1. 하늘 문을 열고 닫는 기도

보통 선지자라고 하면 나라가 잘되도록 기도해야 할 것입니다. 비가 오지 않으면 비가 오도록 기도해야 할 것이고, 폭풍우가 계속되면 그치도록 기도해야 할 것입니다. 나라에 전염병이 퍼지면 더 이상 전염병이 퍼지지 않도록 기도해야 할 것입니다. 그러나 엘리야 선지자가 보기에 이미 이스라엘은 이 단계를 너무 넘어서 있었습니다. 그래서 그들을 살리기 위해서는 극단적인 충격 요법이 필요했습니다.

엘리야가 보기에 그 당시 이스라엘은 단순한 응급 환자가 아니라 이미 숨을 쉬지 않는 환자였습니다. 이스라엘에는 기도도 없었고 하나님의 말씀도 없었고 하나님을 찾는 사람도 없었습니다. 이것은 이스라엘이 숨을 쉬지 않는 것과 같았습니다. 이스라엘이라는 배는 이미 기울어지고 있었고 비행기는 추락하고 있었습니다.

이때 엘리야는 왕 앞에 가서 극단적인 예언을 하게 됩니다. 이것은 바로 일종의 충격 요법이었습니다.

> 17:1, "길르앗에 우거하는 자 중에 디셉 사람 엘리야가 아합에게 말하되 내가 섬기는 이스라엘의 하나님 여호와께서 살아 계심을 두고 맹세하노니 내 말이 없으면 수 년 동안 비도 이슬도 있지 아니하리라 하니라"

하나님께서는 이스라엘이 이런 식으로 허무하게 멸망하는 것을 안타깝게 생각하셨습니다. 그래서 하나님은 이스라엘 백성이 완전히 망하기 전에 조금 심한 고통을 받게 하심으로 정신 차리게 되기를 원하셨습니다. 그것은 이스라엘이 경제적으로 고통받게 하는 것이었습니다. 이스라엘은 농사가 주업이었기 때문에 3년 반 동안 비가 오지 않는다면 경제적으로 완전히 몰락하게 될 것입니다. 하나님은 이스라엘 백성이 모두 죽는 것보다는 경제적으로 타격받게 하는 것이 가장 유리한 방법이라고 생각하셨습니다. 사람이 살기만 하면 얼마든지 다시 일어설 수 있기 때문입니다. 그래서 하나님은 엘리야를 아합에게 보셔서 그가 기도하면 다시 기도할 때까지 이스라엘에 비도 내리지 않고 이슬도 내리지 않을 것이라고 예언하게 했습니다. 우리나라는 이슬이 많이 내리는 편이 아니지만, 이스라엘에는 이슬도 양이 많아서 그것이 농사나 식수로도 사용될 수 있었습니다.

엘리야의 기도는 하늘 문을 열고 닫을 수 있는 기도였습니다. 엘리야가 기도하면 3년 반 동안 하늘에서 비도 내리지 않고 이슬도 생기지 않게 할 수 있고, 엘리야가 다시 기도하면 비도 내리고 이슬도 내릴 수 있었습니다. 이것이 바로 기도가 가진 능력입니다. 우리가 이 세상의 모든 마귀의 궤계와 악한 자들의 술수를 이길 수 있는 비결은 바로 이런 기도의 능력을 가지는 것입니다.

야고보 사도는 엘리야라고 해서 특별한 사람이 아니었다고 말씀하고 있습니다. 엘리야도 우리와 같은 성정의 사람이었지만 믿음으로 기도해서 3년 반 동안 하늘 문이 닫히게 했고, 또 기도해서 3년 반 동안 내리지 않던 하늘에서 비가 오게 했다고 했습니다. 이것은 우리도 이런 기도를 할 수 있는 것을 보여줍니다. 우리에게 가장 중요한 무기는 하늘 문을 열고 닫는 기도를 하는 것입니다. 만일 우리의 기도가 하늘 문을 열어서 부흥의 불이 떨어지게 한다면 온 세상은 변하게 될 것입니다.

그러면 우리는 어떻게 이런 기도의 능력을 가질 수 있을까요? 그것을 우리는 알지 못합니다. 단지 분명한 것은 계속적으로 하나님의 말씀을 붙들고 예배마다 살아 있는 하나님의 말씀을 들으면서 큰 것이나 작은 것이나 모든 어려움을 두고 하나님께 간절히 기도하다 보면 하늘 문이 열리게 됩니다. 그래서 자신도 모르는 사이에 병자의 병이 기적적으로 낫고 또 어려움이 해결되면서 하나님의 살아계심을 체험하게 됩니다.

엘리야가 기도한 이후 이스라엘에는 진짜 비가 오지 않아서 이스라엘은 농사를 망치게 되었습니다. 사람들은 설마 설마 했는데 진짜 3년이 넘도록 비가 오지 않으니까 이스라엘은 경제적으로 망하게 되었습니다. 이스라엘 사람들은 거의 모두 굶어야 했습니다. 부자도 가난하게 되고 가난한 자는 더 가난하게 되었습니다. 그러나 이스라엘 백성은 오로지 하늘만 원망하고 더 열심히 바알과 아세라에게 비를 달라고 빌었는데, 그 우상들이 그들을 망하게 하는 독약인지 알지 못했습니다.

그런데 엘리야의 이런 능력의 기도는 엘리야에게도 어려움으로 닥쳐왔습니다. 일단 엘리야는 이스라엘 전체의 공적 1호가 되어서 이스라엘을 경제적으로 망하게 하는 대원수가 되고 말았습니다. 아합 왕은 누구든지 엘리야를 보기만 하면 신고해서 잡아 오라는 명령을 내렸습니다. 그러니까 엘리야 자신이 이스라엘 어떤 사람의 집에 숨어 있다든지 혹은 어떤 사람의 도움을 받는 것이 불가능하게 되어버렸습니다. 결국 엘리야는 이스라엘 어느 누구에게도 양식이나 도움받을 수 없게 되었습니다. 그러면 엘리야는 무엇을 먹고 살겠습니까? 이것이 문제였습니다. 즉 하나님의 종이 먹을 양식이 없고 도움받을 사람이 한 명도 없게 된 것입니다. 엘리야는 이스라엘 안에서 갈 곳이 없었습니다.

2. 엘리야의 산 체험

아마 엘리야도 양식이 없고 도와주는 사람이 없어서 여러 날 굶었을지 모릅니다. 더욱이 엘리야는 숨어 있을 곳이 없었습니다. 결국 엘리야가 도망칠 수 있는 곳은 요단강가의 바위들이 있는 시냇가였습니다. 엘리야는 밤이 되면 덜덜 떨면서 자기 겉옷을 이불 삼아 바위틈 사이에서 잘 수밖에 없었습니다. 그러나 그때까지는 아직 시냇물이 다 마르지 않아서 그나마 물도 마시고 세수도 할 수 있었습니다. 문제는 양식이 하나도 없다는 것이었습니다. 엘리야는 물만 마시고 살다가 굶어 죽을 수밖에 없었습니다. 그때 하나님의 말씀이 엘리야에게 임했습니다. "너는 여기서 떠나 동쪽으로 가서 그릿 시냇가에서 그 물을 마시면서 숨어 있으라"는 것이었습니다. 그리고 양식은 하나님께서 까마귀를 보내 너를 먹이게 해주겠다고 하셨습니다.

> 17:2-4, "여호와의 말씀이 엘리야에게 임하여 이르시되 너는 여기서 떠나 동쪽으로 가서 요단 앞 그릿 시냇가에 숨고 그 시냇물을 마시라 내가 까마귀들에게 명령하여 거기서 너를 먹이게 하리라"

엘리야는 하나님의 말씀에 순종함으로써 졸지에 이스라엘 사회에서 쫓겨나서 갈 곳이 없는 거지 신세가 되었습니다. 엘리야는 그야말로 그가 입고 있는 낡은 옷 외에는 아무것도 없었습니다. 하나님께서 까마귀를 통하여 먹을 것을 공급해주시겠다고 했는데, 왜 하필이면 까마귀입니까? 까마귀가 얼마나 머리가 좋다고 엘리야가 시냇가에 숨어 있는 것을 알고 양식을 갖다 주며, 또 혹시 한번은 몰라도 계속해서 양식을 공급해 줄 수 있겠습니까? 엘리야는 하나님께서 하시는 일이 도무지 이해되지 않았습니다. 그러나 잠시 후에 엘리야는 놀라운 장면을 보게 되었습니다. 그것은 여러 마리의 까마귀가 무엇인가를 입에 물고 엘리야에게로 날아오는 것입니다. 이 까마귀들이 엘리야 앞으로 오더니 물고 있던 떡과 고기를 떨어트려 주었습니다. 한 순간에 엘리야 앞에는 까마귀들이 물어다 준 음식으로 진수성찬이 차려지게 되었습니다. 엘리야는 참 신기했습니다. 그래서 까마귀는 두고두고 하나님의 사랑을 받는 새가 됩니다. 예수님은 "하나님은 까마귀 새끼도 먹을 것을 챙겨주신다"고 말씀하셨습니다. 그런데 놀라운 것은 이 하나님이 쓰시는 까마귀들의 정확성이었습니다. 까마귀들은 엘리야가 배가 고플 때 혹은 음식을 먹을 때가 되었을 때 정확하게 엘리야 앞에 먹을 것을 떨어트려 주고는 갔습니다.

대개 사람들은 생활하면서 돈 걱정을 엄청나게 하면서 살아갑니다. 그래서 교인 중에는 돈에 대하여 굉장히 민감하고 자꾸 돈 때문에 우는 소리를 하는 사람들이 많이 있습니다. 그러나 까마귀가 주는 양식을 먹어본 사람은 돈이나 먹을 것 때문에 걱정할 필요가 없습니다. 왜냐하면 내가 먹을 것이 없으면 또 하나님의 까마귀들이 뜨기 때문입니다.

그러나 문제는 가뭄이 계속되다 보니까 그릿 시냇물조차 마르게 된 것입니다. 이제는 진짜 엘리야도 갈 곳이 없었습니다. 아무리 까마귀들이 먹을 것을 물어다 준다고 해도 마실 물이 없는데 무엇을 마시며 살아갈 수 있겠습니까?

3. 시돈 땅의 엘리야

하나님은 엘리야가 있던 시냇물이 말라서 더 이상 마실 물이 없는 것을 보시고 엘리야에게 시돈 땅으로 가라고 하셨습니다. 여기 시돈은 이방 지역입니다. 하나님은 시돈 땅 사르밧의 한 과부에게 너를 돌보아 주라고 명령하셨다고 하셨습니다. 아마도 엘리야는 시돈에서 돈이 많은 과부의 집에 보내어서 고생을 그만하게 하시려는가 보다 생각하고 시돈 땅으로 갔습니다. 그런데 하나님은 분명히 시돈 땅 사르밧의 과부에게 명령하셨다고 했는데, 엘리야를 영접하려고 기다리고 있는 과부는 한 명도 없었습니다.

엘리야가 사르밧 성문까지 가니까 한 과부 옷을 입은 여자가 나뭇가지를 줍고 있었습니다. 그런데 이 과부는 보기만 해도 얼마나 가난한지 알 수 있었습니다. 엘리야는 하나님께서 이런 가난한 과부를 준비시켰을까 의심하면서 그 과부에게 말을 걸었습니다. "내가 먼 길을 걸어와서 목이 몹시 마른데 물이 있으면 한 그릇만 주시오."라고 하니까 이 과부가 물을 가지러 갔습니다. 그 심한 가뭄에 사르밧에는 마실 물이 있었던 모양입니다. 그때 엘리야는 이 과부에게 물을 주는 김에 떡도 하나 줄 것을 부탁했습니다.

그랬더니 그 과부가 기가 막힌 말을 합니다. "먼 곳에서 오신 분에게 당연히 떡을 드려야 하겠지만 죄송하지만 우리 집에는 먹을 것이 없습니다. 우리 집에는 딱 한 개 만들 가루와 기름만 있어서 이 나무를 주워 불을 피워서 떡을 만들어 먹고 아들과 내가 죽으려고 합니다." 하나님은 하필이면 엘리야를 양식도 없어서 굶어 죽으려고 하는 이 과부에게 보낼 것이 무엇입니까?

그때 엘리야는 그 과부에게 "죽고 안 죽는 것은 당신 사정이고 나를 위하여 떡을 만들어 주시오. 하나님의 말씀에 당신이 말씀에 순종하면 이 가뭄이 마칠 때까지 당신 집에는 가루와 기름이 그치지 않을 것이라고 하셨소."라고 했습니다. 선지자도 너무 했지, 어떻게 다른 사람의 입에 들어가려고 하는 마지막 떡을 빼앗아 먹으려고 합니까?

이 과부의 입장에서 보면, 이 떡은 자기와 아들이 먹고 죽으려는 인생의 마지막 떡입니다. 엄마 중에는 자식들을 먹이기 위해서라면 싸우는 것은 물론이고 훔쳐서라도 자기 자식을 먹여 살리려고 할 것입니다. 이것이 인간의 본능입니다. 그런데 엘리야의 요청에는 하나님의 말씀이 있었습니다. 이 여자가 하나님의 말씀에 순종하면 기적이 일어나서 흉년이 끝날 때까지 가루와 기름이 마르지 않는다는 것입니다. 그러면 이 여자는 지금 자기 손에 있는 떡을 믿어야 할까요? 아니면 한 번도 본 적이 없는 선지자의 말을 믿어야 할까요? 그러나 이 바보 같은 과부는 하나님의 말씀을 믿고 마지막 떡을 선지자에게 줘버렸습니다. 그런데 놀라운 것은 매일 매일 이 과부의 집에는 기적이 일어났습니다. 매일 그날 세 명이 먹을 가루와 기름이 그릇과 병에 채워지는 것이었습니다. 이 과부의 믿음은 눈에 보이는 현실보다 하나님의 말씀을 더 믿은 것이었습니다.

하나님은 말씀을 의지하고 믿는 우리에게 매일 기적을 일으키기를 원하십니다. 돈을 가지고 양식을 가지고 기적 없이 사는 것이 좋을까요? 반대로 돈이 없고 떡이 없어도 기적으로 사는 것이 더 좋을까요? 병에 걸리면 돈이나 집은 아무 소용이 없습니다. 우리는 하나님의 말씀으로 살아야 하고 하나님의 기적으로 살아야 합니다. 우리에게 길이 없어서 절망할 때 불평하지 마시고, 자기 멋대로 상상하지 마시고, 하나님의 말도 되지 않는 말씀을 믿고 순종하시기 바랍니다.

27
죽은 아이를 살리다
왕상 17:17-24

복음서를 읽다 보면 예수님과 제자들이 배를 타고 호수를 건너가는데 엄청난 광풍을 만나 예수님이 탄 배가 뒤집히려고 하고 배에 물이 차서 가라앉게 되는 위기의 장면을 보게 됩니다(마 8:23-27, 막 4:35-41, 눅 8:22-25). 그때 제자들은 모두 죽는 줄 알고 굉장히 두려워했습니다. 그러나 결국 주무시는 예수님을 깨워서 문제가 해결된 것을 보게 됩니다. 그런데 우리가 이해할 수 없는 것은 어떻게 하나님의 아들이 탄 배에 광풍이 불어서 배에 탄 사람들을 다 죽이려고 할 수 있느냐 하는 것입니다. 이것은 정말 우리가 이해할 수 없는 미스터리입니다. 그러나 이 세상이나 자연은 우리가 예수 믿는 사람이라고 해도 특별히 봐주는 것이 없는 것 같습니다. 그래서 신앙이 아주 좋은 분들에게도 상상할 수 없는 어려움이 생기곤 합니다.

그러나 우리는 왜 우리에게 이런 일이 일어나는지 알 수 없습니다. 우리가 생각하기에 가장 공평한 것은 나이 많은 순으로 죽거나 혹은 죄를 많이 지은 사람부터 죽는 것입니다. 그러면 아무래도 사람들의 불만이 적을 것입니다. 그러나 아직 결혼하지도 못한 아들이나 딸이 먼저 죽는다든지, 너무나도 귀여운 아기나 어린이들이 죽는다는 것은 우리의 머리로는 도저히 이해할 수 없습니다. 그런 아이들은 이 세상을 더 살아야 맞는 것이 아닐까요? 그러나 예수 믿는 사람들의 죽음은 이 세상에서는 비극일지 몰라도 하나님 앞에서는 해피 엔딩입니다. 왜냐하면 이 세상과 비교할 수 없는 정도로 좋은 천국에서 있을 것이기 때문입니다.

1. 사렙다 과부의 선택

사렙다 과부에게는 다른 사람에게서는 찾아볼 수 없는 순수하고 뜨거운 믿음이 있었습니다. 그러나 그녀는 진짜 가난했습니다. 그녀는 이 세상에서 딱 한 번 떡을 만들어 먹고 죽을 재료만 가지고 있었습니다. 그런데 하필이면 하나님께서 엘리야 선지자에게 이 가난한 과부를 만나게 하신 것일까요? 과부는 하나님을 잘 몰랐지만 순수한 믿음을 가진 사람이었습니다. 먼 곳에서 왔다는 하나님의 선지자가 물을 달라고 하니까 나뭇가지를 줍다가 선뜻 물을 가지러 갔고, 또 선지자가 마지막 남은 떡 하나를 자기에게 달라고 하면서 "네가 하나님의 말씀을 믿으면 하나님께서 이 기근이 끝날 때까지 너희 집에 가루와 기름이 없어지지 않으리라고 하셨다"고 하니까 그 말을 그대로 믿은 것을 보면 알 수 있습니다.

그런데 어떻게 그녀는 선지자가 전한 하나님의 말씀을 그렇게 믿고 선뜻 그 마지막 떡을 주었을까요? 도대체 무슨 심정으로 그 하나밖에 없는 마지막 떡을 엘리야에게 주었을까요? 그녀는 자기가 하나님 앞에서 이방인이라는 사실을 잘 알고 있었습니다. 이방인은 하나님을 알 수도 없고 예배할 수도 없고 하나님의 말씀을 들을 수도 없었습니다. 그런데 이 과부는 이방인 중에서도 가장 비참하고 가난한 자기에게까지 하나님의 말씀이 온 것을 신기하게 생각했습니다. 아마 이 사렙다 과부는 자기 평생에 하나님 말씀을 바로 듣고 죽는다면 이보다 더 아까울 것이 없다고 생각했을 것입니다. 하나님 말씀의 가치를 자기 생명보다 더 소중하게 생각했던 것입니다. 그래서 기꺼이 생명보다 귀한 마지막 떡을 엘리야 선지자에게 바치고 하나님의 말씀을 거부하지 않고 믿었습니다.

우리에게 필요한 것이 바로 이 믿음입니다. 우리는 예수는 믿지만 또한 세상에서 모든 좋은 것은 다 가지려고 합니다. 그러면 어떤 의미에서 세상 사람들과 우리는 다를 바가 없습니다. 그런데 어느 날 하나님은 우리에게 선택을 하게 하십니다. "네가 바른 말씀을 원하느냐, 아니면 먹고 사는 것을 원하느냐? 하나님을 바로 믿는 것을 원하느냐, 아니면 사람들에게 인정받는 것을 원하느냐? 예수님의 십자가를 붙드는 것을 원하느냐, 아니면 이 세상에서 잘 사는 것을 원하느냐?"

젊은 시절 하나님은 저에게 이런 선택을 하게 하셨습니다. 저는 이미 하나님의 말씀, 무엇을 입을까, 무엇을 먹을까, 염려하지 말고 오직 그 나라와 그 의를 구하라는 말씀을 믿고 직장도 때려치우고 대학원도 때려치우고 오직 대학생이나 청소년들에게 전도하고 성경 공부를 하는 길을 택했습니다. 그 결과 어느 추운 겨울날 우리는 굶어 죽게 되었습니다. 그때 저는 제 아내에게 '나와 결혼한 것을 후회하지 않느냐?' 고 물었습니다. 제 말에 아내는 이렇게 대답했습니다. "우리가 이 세상 살면서 하나님 한 분 바로 믿는 것이 얼마나 행복한가? 이 세상에 그 수많은 사람이 바르지 못한 길을 가고 있는데 우리는 바른 말씀을 붙들었으니까 굶어 죽든 얼어 죽든 다른 것은 중요하지 않다."

저는 과부의 이때 심정이 바로 이런 것이었다고 생각합니다. 그렇지 않다면 절대로 마지막 떡을 남에게 주고 배가 고파 죽는 길을 택할 수 없기 때문입니다. 우리에게 하나님의 말씀이 오고 우리가 바른 하나님을 믿고 죽는다면 그보다 더 떳떳하고 영광스러운 것은 없을 것입니다.

그런데 하나님의 말씀은 틀림없었습니다. 하나님은 엘리야가 약속한 대로 그날부터 정확하게 세 사람이 먹을 수 있는 가루와 기름이 그릇과 병에서 없어지지 않았습니다.

> 17:15-16, "그가 가서 엘리야의 말대로 하였더니 그와 엘리야와 그의 식구가 여러 날 먹었으나 여호와께서 엘리야를 통하여 하신 말씀 같이 통의 가루가 떨어지지 아니하고 병의 기름이 없어지지 아니하니라"

하나님은 참 정확한 분이십니다. 하나님은 하루도 빠짐없이 엘리야와 과부의 두 식구가 먹고 살 수 있도록 하루치 양식을 주셨습니다. 그렇게 여러 날 과부의 그릇에는 밀가루가 떨어지지 않고 기름병에는 기름이 떨어지지 않았습니다. 그래서 예수님은 우리에게 기도를 가르치시면서 "오늘 하루 일용할 양식을 위하여 기도하라" 고 말씀하셨습니다. 왜 예수님은 우리에게 하루치 양식을 위하여 기도하라고 하셨을까요? 이것이 바로 하나님이 우리와 함께 계시는 증거이기 때문입니다. 우리에게는 십 년 치 양식이나 많은 돈보다 하나님이 나와 함께 하시는 증거가 더 중요하기 때문입니다.

이러한 기적적인 일이 여러 날 계속되면서 이 과부는 이것이 바로 기도의 응답이고, 바로 하나님 말씀의 성취이고, 바로 하나님의 기적이라는 것을 알게 되었습니다. 과부는 하나님께서 정말 보잘것없는 자기들에게 말씀을 주시고 기도 응답을 주시는 것을 보고 너무 감사하게 생각했을 것입니다. 과부나 엘리야가 자기들만 먹을 것이 있다고 주위에 있는 다른 사람은 그냥 굶어 죽게 내버려 두었을까요? 아마 이 과부는 자기가 하나님의 말씀을 믿었더니 하나님이 기적을 내리셔서 매일 먹을 것이 생기고 있다고 주위에 이야기했을 것입니다. 그리고 사렙다 땅에는 이 과부의 친구 중에서 그 말을 듣고 자기도 하나님을 믿겠다는 사람들이 생겼을 것입니다.

2. 과부의 집에 일어난 비극

그러나 이 세상에는 하나님의 백성이 잘되는 꼴을 보고 견디지 못하는 존재가 있습니다. 바로 마귀입니다. 마귀의 목적은 모든 하나님의 백성으로 하여금 하나님을 버리고 굶어 죽게 하는 것인데, 하나님에 미친 선지자와 과부가 있어서 그 무서운 흉년 가운데서도 하나님의 기적은 계속 일어나고 있으니, 마귀는 그 모습을 보고만 있을 수 없었습니다. 이 과부의 집에 약한 아킬레스건이 있는데 그것은 바로 이 과부의 아들이었습니다. 그래서 마귀의 시기로 행복하던 과부의 가정에 상상할 수 없는 비극이 일어나게 되는데, 그것은 바로 과부의 하나밖에 없는 아들이 병에 걸려 죽어버린 것입니다.

> 17:17, "이 일 후에 그 집 주인 되는 여인의 아들이 병들어 증세가 심히 위중하다가 숨이 끊어진지라"

어느 날 이 과부의 아들이 그만 병에 걸려 앓다가 죽어버렸습니다. 이것은 도무지 이해되지 않는 일이었습니다. 하나님은 이 과부의 믿음을 보시고 최고의 선지자 엘리야를 보내어 살리셨습니다. 이 과부는 하나님의 택하심을 받은 여인이었습니다. 그런데 이런 비극이 생긴 것입니다. 그러나 아이가 죽었으니 이 과부는 지금까지 하나님을 믿은 것이 무슨 소용이 있는가 하는 생각이 들었고 세상을 살아갈 희망이 없어지게 되었습니다. 우리가 믿음 생활을 하는 이유는 하나님께서 우리를 어려움에서 지켜 달라고 믿는 것이 아닐까요? 그런데 왜 하나님은 그렇게 잘 믿는 사람들에게 끔찍한 비극을 당하게 하시는 것일까요?

하나님은 하나님의 백성이라고 해서 무조건 감싸주시지 않습니다. 우리를 온실에서만 키우시는 것이 아니라 찬 바람이 불고 눈보라가 치는 곳에 내버려 둘 때가 있는 것입니다. 그때 우리 입에서 나오는 것이 진짜 신앙고백입니다. '제기랄' 이라고 하면 '제기랄 신앙' 이 되는 것이고, '빌어먹을' 이라고 하면 '빌어먹을 신앙' 이 되는 것입니다.

그런데 이 과부는 엘리야에게 이런 말을 합니다.

> 17:18, "여인이 엘리야에게 이르되 하나님의 사람이여 당신이 나와 더불어 무슨 상관이 있기로 내 죄를 생각나게 하고 또 내 아들을 죽게 하려고 내게 오셨나이까"

여기에 중요한 비밀이 있습니다. 이 여인은 하나님의 위대한 선지자가 찾아와서 자신에게 하나님의 말씀을 전해주고 기적도 일어나서 너무나도 좋았습니다. 그러나 엘리야가 온 후로 이 과부에게 늘 불안한 마음이 있었습니다. 그것은 이 여인에게 아름답지 못했던 과거가 있었고, 하나님의 선지자는 모르는 것이 없다는데 자신의 과거 죄도 다 알 것이기 때문입니다. 그래서 이 과부는 엘리야가 와서 한편으로는 좋았지만 다른 한편으로는 불안했습니다. 그러다가 그만 그 아이가 병에 걸려서 죽어버리니까 하나님께서 옛날의 죄를 잊지 아니하시고 들추어내셔서 심판하신다고 생각했던 것입니다. 다시 말해서 이 여인은 하나님의 엄청난 사랑을 받고 있었지만 자아상이 좋지 못해서 하나님이 자기를 사랑하신다는 것을 믿지 못했던 것입니다.

우리 신앙도 자아상이 좋아야 하나님의 사랑을 믿을 수 있습니다. 어떤 사람은 하나님의 많은 사랑과 축복을 받았지만 자아상이 좋지 못해서 조금 어려운 일을 당하면 신앙이 무너져서 하나님을 원망하고 하나님의 사랑을 인정하지 못하고 맙니다.

3. 기도의 능력

이 과부의 아들은 틀림없이 죽어서 싸늘한 시체로 변해 있었습니다. 그런데 엘리야는 생각했습니다. 하나님께서는 지금 이 과부의 집에 큰 은혜를 내리셨습니다. 그러다가 갑자기 재앙이 일어난다는 것은 상상할 수 없는 일이었습니다. 이것은 무엇인가가 잘못되어도 대단히 잘못된 일이었습니다.

우리는 어떤 어려움을 당했을 때 현실만 보면 안 됩니다. 우리는 과거에 하나님이 수도 없이 내려주셨던 은혜를 생각하고 믿음으로 뚫고 나가야 합니다. 그러나 많은 경우 지금까지 하나님이 과거에 내리셨던 은혜나 기도 응답을 다 잊어버리고 자기 힘으로 그 어려움을 해결해보려고 울고불고하는 것이 우리의 모습입니다.

엘리야는 이 여인의 과거의 죄를 따지지 않고 지금까지 하나님이 베푸셨던 은혜를 믿고 부르짖으면서 기도했습니다.

> 17:19-20, "엘리야가 그에게 그의 아들을 달라 하여 그를 그 여인의 품에서 받아 안고 자기가 거처하는 다락에 올라가서 자기 침상에 누이고 여호와께 부르짖어 이르되 내 하나님 여호와여 주께서 또 내가 우거하는 집 과부에게 재앙을 내리사 그 아들이 죽게 하셨나이까 하고"

엘리야는 이 과부의 도움을 받아서 이 어려운 때에 그 집의 다락에서 살고 있었습니다. 이 과부는 엘리야를 도와주는 아름다운 믿음을 가졌던 것입니다. 그러나 하나님께서는 사탄으로 이 가정을 공격하게 해서 그 과부가 가장 아끼고 사랑하는 아들을 죽게 하셨던 것입니다. 엘리야는 이것은 무엇인가 잘못되었다고 믿었습니다. 즉 과거에 은혜를 주셨던 하나님은 이번에도 은혜를 내리실 것을 믿었습니다. 그래서 엘리야는 아주 큰 소리로 하나님께 부르짖으면서 기도했습니다. "하나님께서 나를 돕고 있는 이 과부를 이렇게 불행하게 하셔야 하시겠습니까?" 이렇게 부르짖으면서 기도했다는 것은 체면이나 염치를 다 버리고 하나님께 온 목소리를 다해서 간청한 것을 말합니다. 그러나 이렇게 엘리야가 부르짖으면서 기도했지만 아이는 살아나지 않았습니다. 엘리야는 몸을 세 번 펴서 엎드렸습니다. 이것은 마치 하나님 말씀의 종이 이 아이를 덮고 있으며, 하나님의 말씀이 이 아이를 이불처럼 덮고 있다는 것을 보여주는 것입니다. 그리고 엘리야는 다시 하나님께 부르짖으면서 이 아이의 혼이 돌아오도록 기도했습니다.

엘리야 선지라고 해서 무엇이든지 한 번에 기도해서 다 이루어지는 것은 아니었습니다. 엘리야는 이 과부의 아들을 하나님이 살려주시도록 큰 소리로 부르짖었습니다. 그때 하나님은 엘리야의 기도를 들으시고 아이의 혼이 돌아와 살아나게 했습니다. 엘리야는 아이를 안고 다락에서 방으로 내려가 과부에게 아이를 주면서 "네 아들이 살아났느니라"고 했습니다. 이때 과부는 "내가 이제 비로소 당신은 하나님의 종이요 당신 안에 있는 하나님의 말씀이 진실한 줄 안다"고 고백했습니다. 이제 비로소 이 과부가 하나님의 사랑을 믿고 하나님은 자신의 과거의 죄까지 용서하신 것을 믿는다는 뜻이었습니다.

우리는 하나님의 사랑을 믿어야 합니다. 그리고 하나님이 오늘 나에게 일용할 양식을 주셨으면 앞으로도 내 길을 인도하실 것이고, 내 모든 죄도 다 용서하신 것을 믿어야 합니다.

28

불로 응답하신 하나님

왕상 18:1-40

영화 〈아웃 오브 아프리카〉를 보면 주인공 여자가 아프리카 케냐에 가서 큰 커피 농장을 차립니다. 커피 수확도 많이 하고 창고에 커피가 가득 차게 되었는데, 어느 날 불이 나서 창고와 커피를 다 태워버립니다. 결국 그 여주인공은 모든 것을 다 잃고 고향인 덴마크로 돌아가게 됩니다. 그렇게 밤낮없이 소 떼를 이끌고 초원을 넘어서 항구 쪽으로 가게 되는데 그때 무서운 것이 밤에 사자 떼의 공격입니다. 그 공격을 막기 위해 일행은 나무를 주워서 큰불을 피워놓고 가까이 오지 못하게 합니다. 그때 잠을 자거나 졸아도 불이 꺼지게 해서는 안 됩니다. 그리고 사자가 가까이 오면 채찍을 휘둘러서 소리를 질러서 사자를 쫓아야 합니다. 그만큼 사람의 생명과 불은 깊은 관계가 있습니다. 불이 꺼지면 추운 곳에 있는 사람들은 추위와 맹수의 공격으로 다 죽게 되는 것입니다.

우리는 이스라엘이 특이한 나라라는 것을 알 필요가 있습니다. 이것은 오늘 크리스천에게도 마찬가지입니다. 크리스천은 모두 특별한 사람들입니다. 하나님께서는 전 세계 모든 민족 중에서 오직 이스라엘 백성에게만 자신을 나타내셨습니다. 그리고 하나님은 다른 민족은 마음대로 우상 숭배하도록 내버려 두셨습니다. 그러나 이스라엘 백성이 하나님을 믿는 것은 하나님과 결혼하는 것이었습니다. 그래서 이스라엘 백성이 다른 신을 섬기는 것은 마치 결혼한 여자가 다른 외간 남자와 바람을 피우는 것과 같은 것이었습니다. 만일 어떤 여성이 결혼하고 난 후에 다른 남성을 좋아하고 따라간다면 그것은 결혼을 파괴하는 것이고 남편은 그를 더 이상 도와주지 않을 것입니다.

1. 이스라엘의 형편

엘리야는 이스라엘 백성이 살고 죽는 문제는 하나님을 누구라고 믿느냐 하는데 달려있다는 것을 알았습니다. 그래서 엘리야는 아합 왕 앞에 가서 "여호와가 참 하나님인데 하나님을 믿지 않고 이방신인 바알이나 아세라를 믿으니까 내가 기도하면 하늘 문이 닫혀서 상당한 기간 이스라엘에 비가 내리지 않을 것이라"고 예언했습니다. 이스라엘은 비가 한 해라도 오지 않으면 농사의 피해가 이만저만한 것이 아닐 것입니다. 그러나 엘리야의 예언대로 비는 한 해, 두 해, 세 해가 가도록 한 방울도 내리지 않았습니다. 심지어는 이슬조차도 맺히지 않았습니다. 이스라엘의 들판은 황무지가 되었고 밭이나 풀이 자라는 곳은 모두 누렇게 식물이 말라 죽어버렸습니다. 이스라엘은 사막이 되어서 그 흔하디흔한 풀을 찾아볼 수도 없게 되었습니다.

그때 하나님은 엘리야에게 드디어 이스라엘에 나타나라고 말씀하셨습니다.

18:1, "많은 날이 지나고 제삼년에 여호와의 말씀이 엘리야에게 임하여 이르시되 너는 가서 아합에게 보이라 내가 비를 지면에 내리리라"

지금 이스라엘은 완전히 힘을 잃어버려서 비틀거리고 있는 선수와 같았습니다. 이때 누군가가 펀치를 한방 날리면 그대로 쭉 뻗어버리고 다시 일어서지 못할 것입니다. 그런데 하나님은 이스라엘을 불쌍히 여기셔서 크게 한방을 날리시는 것이 아니라 이제 이스라엘에 비를 주겠다고 하시면서 엘리야에게 아합 왕 앞에 보이라고 말씀하셨습니다.

이때 아합 왕은 마실 물도 없고 왕궁에서 중요한 말에게 먹일 꼴도 찾지 못해서 신하 오바댜와 같이 풀을 찾아다니는 형편이었습니다. 아합 왕은 아무리 찾아도 풀을 찾을 수 없으니까 신하 오바댜와 길을 나누어서 서로 떨어져서 찾기로 했습니다. 그들이 찾아야 할 것은 하나님인데 풀만 찾고 있었던 것입니다. 이것이 바로 하나님을 믿는 사람과 하나님을 믿지 않는 사람의 차이입니다.

엘리야는 우선 오바댜에게 나타났습니다. 오바댜는 믿음의 사람이었기 때문입니다. 오바댜는 왕의 명령을 따르는 체하면서 하나님의 선지자들을 오십 명씩 백 명을 두 굴에 감추고 물과 양식을 공급한 사람이었습니다. 하나님은 숨어 있는 의인 오바댜를 나타내시기 위해 엘리야를 오바댜에게 나타나게 하셨습니다. 오바댜같이 겉으로는 비겁한 것 같지만 실제로는 하나님의 선지자 백 명을 숨겨서 살리는 사람이 있었기 때문에 하나님은 아직 이스라엘을 멸망시키지 않으신 것입니다. 또 하나님은 바알에게 절하지 않은 칠천 명을 숨겨놓았다고 말씀하셨습니다.

오바댜는 엘리야를 보고는 땅에 엎드려 절한 후 "엘리야여, 당신입니까?" 라고 물었습니다. 엘리야는 그렇다고 하면서 아합에게 엘리야를 만났다고 말을 전하라고 했습니다. 그러나 이때 아합은 모든 백성에게 엘리야를 보고도 신고하지 않거나 혹은 보고서 그를 놓치면 사형을 시키겠다고 공포했습니다. 그래서 이스라엘에는 뒤지지 않는 곳이 없을 정도로 엘리야를 찾았지만 찾을 수 없었습니다. 엘리야를 본 사람도 없었습니다. 하지만 엘리야의 말대로 오바댜는 아합과 엘리야를 만나게 했습니다. 아합은 허겁지겁 오바댜를 따라서 엘리야를 봤다는 곳으로 달려왔습니다. 거기에는 과연 오바댜의 말대로 엘리야가 서 있었습니다. 엘리야를 보자마자 아합은 화가 머리끝까지 나서 "이스라엘을 괴롭게 하는 자여, 너냐?" 하고 소리를 쳤습니다. 아합은 엘리야가 이스라엘을 망하게 하고 엄청나게 고통스럽게 하는 사람이라고 생각했던 것입니다. 그랬더니 엘리야는 조금도 위축되지 않고 "이스라엘을 괴롭게 하는 것은 내가 아니고 너와 너의 아비집이 하나님의 말씀을 버리고 바알을 섬겼기 때문에 고통당하는 것이라"고 대답했습니다.

우리나라도 최근에는 사람들의 입에서 나라가 망해가고 있다는 말을 자주하는 것을 들을 수 있습니다. 만일 우리가 망하게 된다면 그것은 이 나라의 정치권 때문입니까? 불의를 보고도 아무 소리도 하지 않고 있는 무지한 백성 때문입니까? 아니면 교회가 바른길에서 벗어나서 외형만 키우고 목회자들이 세상 축복을 가지고 교인들을 속인 것 때문입니까? 아니면 코로나 전염병 때문입니까? 아니면 성공을 좋아하는 종교인들 때문입니까? 우리나라를 살리는 데 가장 필요한 것은 무엇일까요? 그것은 바로 불입니다. 그것도 다른 불이 아니라 성령의 불입니다.

2. 엘리야의 제안

아마 아합은 엘리야를 보았을 때 그를 단단히 붙들어서 죽이려고 마음을 먹었을 것입니다. 엘리야는 이스라엘 대기근의 원흉이기 때문에 그를 많은 사람이 보는 앞에서 죽이면 아합의 인기는 더욱 올라가게 될 것입니다. 그런데 이날은 성령이 강하게 역사하는 날이어서 아합이 감히 엘리야를 붙잡을 수 없었습니다. 그 대신 엘리야는 아합 왕에게 귀가 솔깃해지는 제안을 했습니다. 그것은 바로 "여호와가 참 신인지 아니면 바알이 참 신인지 나와 바알의 선지자 450명과 아세라 선지자 400명이 대결을 해보자"는 것이었습니다.

아합은 엘리야의 이 제안에 귀가 솔깃했습니다. 누가 참 신인지 자기도 한번 보면 좋을 것 같고 백성에게 좋은 구경거리가 될 것 같다는 생각이 들었습니다. 그래서 아합은 엘리야에게 대결을 해보자고 했습니다. 이때 바알의 제사장 450명과 아세라의 제사장 400명은 모두 아합의 왕비 이세벨의 상에서 음식을 먹었으므로 엘리야는 아합 왕에게 이들을 모두 갈멜산으로 데리고 오라고 했습니다. 그리고 아합 왕은 모든 이스라엘 백성에게 갈멜산에서 큰 대결이 있을 것이니 갈멜산으로 다 모이라고 명령을 내렸습니다.

이제 삼 년 반 만에 엘리야는 드디어 이스라엘 백성을 만나게 되었습니다. 그러나 이스라엘 백성은 그렇게 많은 고생을 했으면서도 아직 정신을 차리지 못했습니다. 그들은 하나님도 참 신인 것 같고 바알도 참 신인 것 같아서 두 신을 같이 섬기고 있었습니다. 그들은 하나님만 참 신이라고 섬길 용기가 없었던 것입니다. 그래서 엘리야는 이스라엘 백성을 책망했습니다.

> 18:21, "엘리야가 모든 백성에게 가까이 나아가 이르되 너희가 어느 때까지 둘 사이에서 머뭇머뭇 하려느냐 여호와가 만일 하나님이면 그를 따르고 바알이 만일 하나님이면 그를 따를지니라 하니 백성이 말 한마디도 대답하지 아니하는지라"

이 당시 유행했던 이스라엘의 종교관 중 하나는 하나의 신만 믿는 것은 너무나도 불안하다는 것이었습니다. 그래서 이스라엘 백성은 할 수 있는 한 여러 신을 믿는 것이 위기 때 도움이 된다고 믿었던 것입니다. 물론 사람의 생각으로는 한 신을 믿는 것보다는 여러 신을 믿는 것이 도움이 될 수 있습니다. 은행도 한 은행만 가래를 하는 것보다는 여러 은행에 돈을 넣어놓으면 한 은행이 망해도 다른 은행의 돈을 살릴 수 있습니다. 그러나 결혼 문제는 다릅니다. 어떤 여성이 한 남자만으로 부족하다고 생각해서 한 남자와 살지 않고 여러 명의 남자와 관계한다면, 자신을 창녀로 만드는 것이며 자기 가치를 떨어뜨려서 나중에는 어느 누구의 도움도 받지 못하게 될 것입니다. 더욱이 하나님은 온 천지를 지으신 창조자이시고 오직 이스라엘에만 자신을 나타내었는데 하나님과 다른 신을 대등하게 대한다는 자체가 간음이요 불신앙이었던 것입니다.

이때 이스라엘 백성은 기왕 한번 믿는 것 결단을 내리지 못하고 있었습니다. 그 이유는 이스라엘의 왕이나 신하들이 모두 세상 신을 믿었고 그들을 무시할 수 없었기 때문입니다. 우리는 세상의 통치자들이 하나님을 대적하거나 하나님의 말씀에서 벗어나는 것까지 복종할 필요는 없는 것입니다. 물론 우리가 왕이나 대통령을 바꿀 수는 없지만 하나님께 그들이 악한 통치자들이 되지 않도록 기도할 수는 있는 것입니다.

3. 갈멜산의 대결

본문을 읽으면 이해가 잘되지 않는 내용이 있습니다. 하나는 엘리야가 바알의 제사장 450명과 아세라 제사장 400명을 불러서 850대 1로 대결하자고 했는데 왜 아세라 제사장은 한 명도 안 나오고 바알의 제사장 450명만 나왔느냐 하는 것입니다. 그 이유를 성경이 설명하지 않아서 알 수 없습니다. 우선 하나의 추측은 아세라 선지는 엘리야와의 대결에 겁을 집어먹고 대결을 피하지 않았느냐 하는 것입니다. 또 다른 하나는 바알의 제사장과 아세라의 제사장이 겸직을 하고 있었을 가능성이 크다는 것입니다. 저는 아세라 제사장들이 다 빠졌다기보다는 바알 제사장 안에 포함되었을 것으로 생각합니다.

그리고 또 하나의 의문은 왜 엘리야는 하늘에서 불이 내리는 것으로 참 하나님을 확인하자고 했을까 하는 것입니다. 지금 이스라엘 백성에게 필요한 것은 불이 아니라 물이었습니다. 오히려 불이 떨어지면 그렇지 않아도 말라붙어 있는 들판이나 나무들을 모두 다 태울 수 있습니다. 이것은 엘리야가 그만큼 이스라엘의 상태가 심각하다고 생각했다는 것입니다. 엘리야가 생각하기에 이스라엘을 살릴 수 있는 길은 불이었고 부흥의 불이었던 것입니다. 더욱이 이스라엘 온 나라에 사탄의 불이 붙어서 타들어 가고 있습니다. 이 불을 끌 수 있는 유일한 방법은 하나님의 맞불이었던 것입니다. 큰 산불이 났을 때 도저히 사람의 힘으로 그 불을 끌 수 없으면 맞불을 놓습니다. 그러면 그 불이 합쳐지면서 큰 불길이 솟아오르지만 순간적으로 산소가 없어지기 때문에 불이 꺼지게 된다고 합니다.

엘리야는 바알 제사장 450명에게 제안했습니다. "너희 450명과 나 한 명 이렇게 두 편으로 나누는데, 너희도 제단을 만들어 송아지를 죽여 올리고 나도 제단을 만들어 송아지 한 마리를 올리자. 그리고 불은 붙이지 말고 오직 기도해서 불이 떨어져 제물을 태우는 신을 참 신으로 믿자."

이때 바알 제사장들은 자신만만했습니다. 왜냐하면 바알이 그리스에서는 제우스신인데 한 손으로 번개를 던지는 신이었기 때문입니다. 엘리야는 바알 제사장들에게 먼저 하라고 했습니다. 그들은 바알의 이름을 큰 소리로 부르고, 안 되니까 춤을 추고, 그래도 안 되니까 창이나 칼로 자기 몸에 피를 흘리면서 엑스터시 상태에 빠졌습니다. 그래도 응답이 없으니까 엘리야는 바알 선지자들을 조롱했습니다. "어이, 너희 소리가 좀 작다. 너희 신이 지금 낮잠을 자는지 아니면 무슨 생각에 빠졌는지 모르겠다. 좀 더 큰 소리로 신을 깨우도록 해라." 그러나 바알 제사장들이 아무리 발광해도 저녁 소제드릴 때까지도 불을 내리지 못했습니다.

이제는 엘리야의 차례가 되었습니다. 엘리야는 이스라엘 백성을 가까이 오라고 했습니다. 갈멜산에는 옛날 하나님께 제사드렸던 번제단이 있었습니다. 엘리야는 이스라엘 지파의 수대로 열두 개의 돌을 취하여 쌓고 제단을 만들고 제단 둘레에 도랑을 팠습니다. 엘리야는 나무를 쌓고 그 위에 송아지를 올려놓은 후에 통 네 개에 물을 채워다가 번제물과 나무 위에 붓고 이것을 세 번이나 했습니다. 물이 제단으로 두루 흐르고 도랑까지 가득 채웠습니다. 이제 더 이상 사람의 힘으로는 이 송아지에 불을 붙일 수 없었습니다.

그때 엘리야는 하나님께 뜨겁게 기도했습니다. "하나님이시여, 응답하소서. 하나님이 참 신이신 것과 제가 하나님의 참 종인 것을 보여주소서. 여호와여 내게 응답하소서. 여호와여 내게 응답하소서. 그래서 이스라엘 백성의 마음이 하나님께 돌아오게 하옵소서." 이렇게 기도했을 때 갑자기 하늘에서 불덩어리가 떨어졌습니다. 불이 얼마나 강력했던지 제물인 송아지를 태우고 제단을 태우고 제단 옆의 도랑물까지 다 핥아 버렸습니다.

> 18:38-39, "이에 여호와의 불이 내려서 번제물과 나무와 돌과 흙을 태우고 또 도랑의 물을 핥은지라 모든 백성이 보고 엎드려 말하되 여호와 그는 하나님이시로다 여호와 그는 하나님이시로다 하니"

하나님은 멀리 계시는 분도 아니고 능력이 없는 존재도 아니셨습니다. 하나님은 바른 신앙을 가진 자의 기도에 응답하시는 참 신이셨습니다. 그때 모든 백성은 엎드리면서 "여호와가 하나님이시다, 여호와가 하나님이시다"라고 소리를 질렀습니다. 이때 엘리야는 바알의 엉터리 제사장들을 한 명도 놓치지 말고 다 잡아서 산 밑으로 끌고 오라고 해서 기손 시냇가에서 450명을 다 죽였습니다.

원래 하나님의 백성은 다른 사람들과 잘 싸우거나 대결을 좋아하는 자들이 아닙니다. 그러나 하나님을 부정하고 거짓된 신을 섬기라고 할 때는 기도로 대결해서 불로써 그들을 태워버려야 합니다. 하나님은 지금도 살아계시며 거짓된 세상의 주장에 진노하고 계십니다. 오늘 우리에게 필요한 것은 이런 사탄의 불을 태울 수 있는 성령의 불입니다. 원래 불은 하나님의 심판을 의미합니다. 하나님의 눈으로 볼 때 이스라엘은 음행과 우상 숭배로 인해 불로 태워 심판하는 것이 옳지만 이스라엘 안에는 숨은 의인들이 있었습니다. 바알에게 무릎을 꿇지 않는 칠천 명이 있었습니다. 그래서 하나님은 불이 제물 위에만 쏟아지게 하셨던 것입니다. 하나님이 이 땅의 거짓 신을 벌하시고 불로 다 태우시기를 소망합니다.

29

손바닥만한 구름

왕상 18:41-48

우리나라는 일 년 내내 비가 오는 편이어서 물이 부족한 줄 몰랐습니다. 그러나 이스라엘 같은 나라는 일 년에 비가 딱 두 번만 옵니다. 즉 이른 비와 늦은 비가 오는데 이때 비가 오지 않으면 일 년 내내 안 오는 것입니다. 아합 왕 때 이스라엘은 하나님으로부터 복 받으면서 숭배하기는 이방신인 바알을 섬기는 바람에 나라의 근본 정신이 거의 핍절하게 되었습니다. 그래서 엘리야 선지는 충격 요법을 썼습니다. 즉 엘리야가 기도하면 하늘이 닫혀서 상당 기간 비가 오지 않는 것입니다. 엘리야가 이 백성이 하나님을 바로 알 수 있도록 비를 주지 말아 달라고 기도하고 도망친 후 이스라엘에는 진짜 삼 년 반 동안 비가 한 방울도 내리지 않았고 심지어는 이슬도 생기지 않았습니다.

우리는 이 세상에서 공기를 무한정 무료로 쓰고 비도 무료로 맞고 햇빛도 무료로 받지만 이에 대해서 하나님께 감사할 줄 모릅니다. 사람들은 오히려 이것이 당연한 줄 알고 모든 것을 자기 마음대로 하려고 하고 자기 뜻대로 되지 않으면 하나님을 원망하고 불평까지 합니다.

1. 기도하는 엘리야

하나님은 엘리야에게 아합 왕에게 가라고 하시면서 비를 주시겠다고 말씀하셨습니다. 엘리야는 바알의 제사장 450명과 대결해서 하늘에서 불이 떨어지게 함으로써 하나님이 참 신이고 살아계신 분이신 것을 증명했습니다. 그리고 엘리야는 바알의 제사장을 전부 붙들어서 산 밑에 있는 기손 강가에서 칼로 죽였습니다. 하나님은 한번 말씀하시면 변치 않으시기 때문에 엘리야는 그냥 기다리고 있기만 하면 하나님이 비를 주시지 않겠습니까? 그러나 하늘에서는 구름이라고는 보이는 것이 없었고 비가 올 조짐은 조금도 보이지 않았습니다. 엘리야는 하나님께서 비를 주시겠다고 말씀하셨음에도 불구하고 꿇어 엎드려 하나님께 비를 달라고 기도를 했습니다.

왜 엘리야는 하나님께서 비를 주시겠다고 말씀하셨는데도 불구하고 비를 달라고 기도했을까요? 때때로 중요한 것은 계속 기도해야 하나님이 응답하실 때가 있습니다. 그 이유는 너무나도 중요한 것을 하나님이 너무 쉽게 주시면 금방 그 가치를 잊어버리고 또 자기 욕심을 향해서 달려가기 때문입니다. 지금 이스라엘 백성에게 가장 중요한 것은 복을 누가 주시느냐 하는 것이었습니다. 이스라엘 백성은 바알이 비를 준다고 생각했습니다. 즉 그들은 하나님은 말씀만 하시지 실제로는 아무것도 주시지 않는다고 생각했던 것입니다. 지금까지 이스라엘 백성이 살아 있고 그들이 부를 누리고 있는 것은 전부 하나님이 주신 것인데, 그들은 하나님을 인정하지 않았습니다. 그래서 하나님께서 그들에게 너무 쉽게 비를 주시면 그들은 비가 오는 것을 당연하게 생각해서 또 바알에게로 돌아갈 가능성이 컸습니다. 그래서 엘리야는 하늘에서 불이 떨어지는 기적이 있은 후에도 하나님께 엎드려서 비를 달라고 간구했던 것입니다.

18:41, "엘리야가 아합에게 이르되 올라가서 먹고 마시소서 큰 비 소리가 있나이다"

아마 이때 아합은 나름대로 비가 오도록 금식하고 있었던 것 같습니다. 엘리야는 아합 왕에게 아주 큰 빗소리가 들린다고 했습니다. 물론 엘리야나 이스라엘 백성 주위에는 빗소리는커녕 구름도 없고 햇볕만 쨍쨍 내리쬐고 먼지만 날아다니고 있었습니다. 그러나 엘리야는 무슨 환청을 들은 것이 아니었습니다. 엘리야는 하나님의 말씀을 자신의 현실에 적용하는 능력이 있었습니다. 엘리야는 하나님께서 비를 주신다고 말씀하셨으면 비를 조금 주시고 또 그들로 하여금 고통받게 하시는 것이 아니라, 아예 큰 비를 주셔서 그동안 가물었던 모든 고통을 다 없애주실 줄 믿었던 것입니다. 그래서 엘리야는 아합 왕에게 이제 더 이상 슬퍼하거나 금식하거나 하나님을 불신하지 말고 음식을 먹고 하나님을 믿고 기다리라고 한 것입니다.

우리가 하나님으로부터 받기 가장 어려운 것이 무엇입니까? 하나님이 기도에 응답하시지 않는 것은 하나님이 능력 없으시거나 우리를 괴롭게 하시려는 것이 아닙니다. 하나님에게 무슨 확고한 뜻이 있어서 안 주시는 것입니다. 그럴 때 우리는 잠시 나를 위한 기도를 중단할 필요가 있습니다. 왜냐하면 우리가 아무리 기도를 해도 하나님이 응답해주시지 않으면 하나님을 원망하거나 떼를 쓸 가능성이 크기 때문입니다.

영국의 어떤 목사님은 자매만 있는 집에 심방 갔는데 동생이 걷지를 못했습니다. 그런데 이 목사님이 그 자매의 다리를 아무리 살펴봐도 걷지 못할 이유가 없었습니다. 목사님은 이것은 의지의 문제이고 정신적인 문제라고 생각했습니다. 그래서 그 자매에게 하나님께 걷게 해 달라는 기도를 그만두고 다음 주에 걸어서 교회에 오라고 했습니다. 그랬더니 진짜 다음 주에 그 자매가 걸어서 교회를 왔습니다. 우리는 때로 기도를 멈추어야 할 때가 있습니다. 왜냐하면 기도하면서 그 문제에 점점 빠져들기 때문입니다.

하나님으로부터 가장 응답받기 힘든 것이 있습니다. 그것은 바로 영적인 부흥이 일어나는 것입니다. 하나님께서 우리에게 성령을 부어주시는 것은 최고의 축복입니다. 그리고 교회에서 성경이 강해되는 것은 최고의 축복으로 가는 길입니다. 그러나 사람들은 쓸데없이 금식을 하면서 성령을 위하여 기도하지 않고 말씀을 위해서 기도하지 않고 자기 필요만을 위해서 죽도록 기도합니다. 엘리야가 이스라엘 백성을 위해서 비를 달라고 기도한 것은 지금 이스라엘 백성의 생사를 결정하는 것이 비였기 때문입니다. 지금 이스라엘 백성에게는 더 높은 신앙을 요구할 수 없습니다. 우리는 아픈 사람을 위해서는 병이 낫도록 기도해야 하고, 먹을 것이 없는 분들을 위해서는 먹을 것을 달라고 기도해야 합니다. 그러나 우리는 그 문제에 빠져버리면 안 됩니다. 우리는 기다릴 필요가 있습니다. 그러면 저절로 그 문제가 해결되게 됩니다.

그런데 엘리야가 기도하는 자세가 좀 특이합니다.

> 18:42, "아합이 먹고 마시러 올라가니라 엘리야가 갈멜 산 꼭대기로 올라가서 땅에 꿇어 엎드려 그의 얼굴을 무릎 사이에 넣고"

아합은 엘리야의 말을 믿고 이제 금식을 중단하고 음식을 먹으러 신하들이 있는 곳으로 간 것 같습니다. 그러나 엘리야는 아합 왕과 같이 있지 않고 산꼭대기로 올라갔습니다. 물론 이때 엘리야는 아합 왕과 이런 저런 이야기를 하면서 대단한 위세를 떨칠 수도 있었을 것입니다. 그러나 그에게 중요한 것은 하나님의 마음이 이스라엘 백성들에게 돌아오고 이스라엘 백성들의 마음이 하나님께로 돌아가는 것이었습니다. 즉 하나님과 이스라엘 백성들을 연결시킬 수 있는 것은 왕이나 자기가 아니고 비가 오는 것이었습니다.

이때 엘리야는 땅에 무릎을 꿇고 자기 얼굴을 무릎 사이에 넣고 기도했습니다. 이것은 자기 몸을 완전히 꾸부려서 절대로 다른 사람을 보지 않고 다른 사람의 말도 듣지 않고 하나님께만 집중하겠다는 뜻이었습니다. 엘리야가 하늘에서 불이 떨어지게 한 후에 사람들은 마치 엘리야가 그런 능력이 있는 것처럼 생각하게 되었습니다. 그러나 엘리야는 그런 소리가 하나도 들리지 않도록 몸을 완전히 꾸부려서 머리를 무릎 사이에 박고 귀도 들리지 않고 사람들이 보이지 않는 자세로 하나님만 향하여 기도했습니다. 이런 엘리야의 기도의 자세는 차단이 목적이었습니다.

우리는 지금 이 세상에서 너무나도 많은 사람의 얼굴을 보고 있고 너무나도 많은 사람의 말 때문에 가슴 아파하거나 혹은 기도를 못하게 될 때도 있습니다. 그래서 우리의 신앙에는 차단이 필요합니다. 즉 아무 소리도 들리지 않는 상태에서 하나님께 기도해야 하는 것입니다. 지금 우리 귀에는 너무 많은 소리가 들리고 있습니다. 이것을 차단해야 우울증에도 걸리지 않고 마음의 상처도 치료될 수 있습니다.

우리는 이 세상에 우리 마음이 너무 많이 파고들었습니다. 우리는 그것을 차단해서 남들이 말하는 '나' 가 아니라 객관적인 '나 자신' 한 걸음 더 나아가서 '하나님 앞에서 나 자신' 을 찾아야 합니다.

2. 손바닥만 한 구름

엘리야는 산꼭대기에서 기도하면서 자기 사환에게 바다 쪽을 자꾸 바라보게 했습니다. 우리가 기도할 때 무한정으로 기도할 때도 있고, 시간을 정해놓고 기도할 때도 있고, 상황을 관찰하면서 기도할 때도 있습니다.

무한정으로 기도할 때는 내가 죽게 되었거나 다른 소망이 없을 때입니다. 내가 죽게 되었을 때는 끝까지 기도해야 합니다. 그러나 기도의 내용은 바뀌게 됩니다. 처음에는 내 병이 낫도록 기도하다가 그다음에는 많은 감사의 제목을 말하게 됩니다. 그리고 나중에는 살든지 죽든지 모든 것을 하나님께 맡기는 진공 상태에 들어가게 됩니다.

또 때를 정해놓고 기도하는 것은 내가 연약해서 지칠 수 있기 때문에 때를 정해 놓고 기도하는 것입니다. 이것은 하나님께 협박하려고 하는 것이 아닙니다. 때는 급한데 나는 아무 힘이 없으니까 그때까지 응답해주시도록 일차로 기도하는 것입니다. 그리고 다른 사람으로부터 기도 응답을 확신할 때가 있습니다. 즉 아이가 아플 때 아이가 나았는지 물어볼 수 있습니다. 아이가 계속 열이 난다고 하면 열이 떨어지도록 기도할 수 있는 것입니다. 또 교인들의 형편을 살피면서 기도할 수 있습니다. 요즘 교인들이 뜨겁게 기도하고 말씀에 은혜 받는 것을 물어보는 것입니다. 그러나 이런 뜨거운 응답을 말해주는 사람도 있지만 한참 지난 후에 말해주는 사람도 있습니다.

엘리야는 자기 사환을 자꾸 산꼭대기로 올려 보내서 하나님이 응답해주실 때까지 자꾸 자꾸 기도했습니다. 그랬더니 무려 일곱 번 기도했을 때 사환은 지중해 쪽에서 아주 작은 구름 즉 손바닥만 한 구름이 떠올랐다고 했습니다.

> 18:44, "일곱 번째 이르러서는 그가 말하되 바다에서 사람의 손 만한 작은 구름이 일어나나이다 이르되 올라가 아합에게 말하기를 비에 막히지 아니하도록 마차를 갖추고 내려가소서 하라 하니라"

엘리야는 무려 일곱 번이나 기도했지만 기도의 응답이 없었습니다. 여섯 번째까지는 아예 아무런 응답이 없었고 일곱 번째 기도했을 때 비가 오기는커녕 아주 손바닥만 한 작은 구름이 일어났을 뿐입니다.

그러나 엘리야는 이 작은 손바닥만 한 구름이 하나님의 응답이라는 것을 알았습니다. 하나님께서는 처음부터 거창하게 일하시지 않기 때문입니다. 처음에는 아주 작은 눈물을 흘리지만 나중에는 그 눈물이 어마어마한 복이 되기도 하는 것입니다. 그래서 우리는 작은 것을 소홀하게 생각해서는 안 됩니다. 즉 기도의 작은 응답, 작은 눈물의 기도, 아주 작은 기도의 응답이더라도 아주 조금씩 말씀에 은혜받는 것이 중요합니다. 왜냐하면 이 작은 손바닥만 한 것이 온 하늘을 가득 채우게 되기 때문입니다.

3. 비가 내리는 응답

엘리야의 능력에서 가장 놀라운 점은 그가 기도로 하늘 문을 닫기도 하고 열기도 했다는 것입니다. 엘리야가 한번 기도했을 때 하늘의 문이 닫혀서 비가 오지 않았습니다. 그러나 엘리야가 삼 년 반 뒤에 다시 기도했을 때 닫혔던 하늘 문이 열려서 비가 폭우같이 쏟아져 삼 년 반 동안의 흉년을 다 회복시키고도 남았습니다. 엘리야가 일곱 번 간절하게 기도했을 때 그 작은 구름은 온 하늘을 뒤덮는 비구름이 되어서 큰 비가 쏟아지게 되었습니다.

> 18:45, "조금 후에 구름과 바람이 일어나서 하늘이 캄캄해지며 큰 비가 내리는지라 아합이 마차를 타고 이스르엘로 가니"

처음에는 작은 손바닥만 한 구름이었지만 계속 구름이 생기고 바람이 불면서 온 하늘이 시커먼 구름으로 뒤덮이게 되었습니다. 그래서 억수 같은 비가 쏟아지게 되었습니다. 이제 이스라엘 백성은 살게 되었고 다시 농사를 지을 수 있게 되었습니다. 이제 이스라엘 백성의 가장 고질적인 문제가 해결된 것입니다.

여기서 우리가 알 수 있는 것이 있습니다. 그것은 하늘 문이 닫히는 것이 열리는 것보다 더 쉽다는 것입니다. 우리가 하나님의 말씀을 등한히 하고 세상을 따라가면 소리도 없이 하늘 문이 닫혀 버립니다. 그리고 하나님의 축복은 점점 고갈되어 갑니다. 그러다가 나중에는 정신적으로나 물질적으로나 육체적으로 다 망하게 되는 것입니다. 그래도 사람들은 오기가 생기고 하나님께 굴복하면 비겁한 줄 알고 끝까지 무릎을 꿇지 않습니다. 그래서 오래오래 하나님의 축복이나 부흥이 오지 않습니다. 왜냐하면 이들은 이미 헌 포도주가 되어버렸기 때문입니다. 그래서 한번 나쁜 물이 든 사람은 자기가 잘났고 똑똑하다고 생각하기 때문에 절대로 바꾸려 하지 않습니다.

그때 새로운 인물이 등장하게 됩니다. 그는 아무도 알아주지 않지만 타이틀도 없는 평신도이지만 하나님의 말씀에 미쳐서 죽도록 하나님의 말씀을 붙들고 울부짖습니다. 그때 하나님으로부터 한 방울의 은혜가 임합니다. 이 한 방울의 은혜가 바로 손바닥만 한 구름입니다. 얼마 지나지 않아서 새카맣게 많은 하나님의 비구름이 몰려와서 퍼부어지게 되는 것입니다.

저는 가끔 청년들이 설교를 들으면서 얼굴에서 분수같이 눈물이 쏟아져 나오고 어떤 때는 바닥에서 뒹굴며 기도하는 것을 볼 때가 있습니다. 처음에는 왜 저러나 생각했지만, 알고 보니까 하나님의 말씀을 듣고 속에 불이 일어난 것이었습니다. 우리는 중요한 것을 위해서 계속 기도해야 합니다. 왜냐하면 하나님은 우리에게 좋은 것을 주시기를 바라시기 때문입니다.

30

엘리야의 침체

왕상 19:1-18

마틴 로이드존즈 목사는 《영적 침체(*Spiritual Depression*)》란 책을 써서 많은 크리스천에게 도움을 주었습니다. 옛날에는 목사님들이 설교할 때 크리스천은 항상 기뻐해야 하며 행복해야 한다고 강조했습니다. 그러나 그런 설교를 들을 때 저는 기쁘지도 않고 행복하지도 않은 상태에 있었습니다. 그러면 나는 무엇인가 잘못된 크리스천이 아닌가 하는 생각이 들었습니다. 그런데 로이드존즈 목사는 얼마든지 크리스천도 영적인 침체에 빠질 수 있다는 것을 명쾌하게 지적해주었습니다. 물론 크리스천은 언제나 활력에 넘치고 기쁨에 충만하고 행복해야 하겠지만, 이 세상에 살다 보면 여러 가지 이유로 의욕도 잃어버리고 아무것도 할 힘이 없는 상태에 빠지게 되는 것입니다.

사람이 아무리 건강하다 해도 여러 끼니 먹지 못하면 힘을 내지 못하고 누워서 잠이나 자려고 할 것입니다. 또 어떤 사람이 의욕적으로 여러 가지 일을 시작했지만 일을 하는 족족 실패한다면 새로운 일을 할 의욕을 잃어버리고 침체에 빠지게 될 것입니다. 이와 마찬가지로 아무리 훌륭한 크리스천이라고 해도 하나님의 말씀을 오랫동안 듣지 못하면 영적인 침체에 빠져서 굉장히 우울하고 슬픈 기독교인이 됩니다. 또 가난이 너무 길어지거나 혹은 병이 오래 지속되거나, 실업 상태가 길어지면 자신감을 잃고 용기를 잃고 침체에 빠지게 됩니다. 또 믿음이 없어서 침체에 빠질 때가 있습니다. 하나님께서 내 죄를 용서해주신 것을 믿지 못하고 옛날에 지은 죄 때문에 계속 괴로워하고 하나님 앞에 담대하게 나아가지 못할 때 침체에 빠지게 됩니다. 또 미래 문제를 두고 하나님께 맡기지 못하고 계속 걱정할 때도 침체가 오게 됩니다. 그러나 엄청난 하나님의 은혜를 받고 난 후에 침체에 빠질 때도 있습니다.

오늘 본문에서 능력의 종 엘리야의 너무나도 다른 두 가지 모습을 보게 됩니다. 하나는 아무 두려움 없이 바알의 제사장들과 대결해서 하늘에서 불이 떨어지게 하고 삼 년 반 동안 오지 않던 비를 쏟아지게 했던 엘리야입니다. 그런 하나님의 종이 무서워할 것이 어디 있겠습니까? 그러나 엘리야는 이세벨이 자기를 잡아 죽이려고 한다는 말을 듣고는 영적으로 침체되어서 유다 나라 끝에 있는 광야까지 도망가서 로뎀나무 밑에 누워서 하나님께 자기를 죽여 달라고 간구합니다. 여기서 우리는 너무나도 다른 엘리야의 두 모습을 보게 됩니다.

1. 능력의 종 엘리야

엘리야의 기도는 하늘 문을 열고 닫는 위력이 있었습니다. 엘리야가 한번 기도했을 때 하늘 문이 닫혀서 무려 삼 년 반 동안 비가 한 방울도 땅에 내리지 않았습니다. 하늘에서 비만 내리지 않으면 사람들은 이것이 하나의 우연의 일치라고 생각할 수 있기 때문에 엘리야는 하늘 문을 열기 전에 바알의 제사장 450명과 대결하여 하늘에서 불이 떨어지게 했습니다. 거기에다가 바알 제사장 450명을 모조리 잡아서 기손강가에서 죽였습니다. 이스라엘 백성도 하늘에서 불이 떨어지는 것을 보고 모두 엎드리면서 '하나님은 여호와' 라고 소리 질렀습니다.

엘리야는 다시 엎드려 하늘 문을 여는 기도를 드렸습니다. 하늘 문이 닫힐 때는 한 번만 기도하면 되었지만 하늘 문을 여는 데는 일곱 번이나 기도했습니다. 이것은 하늘 문을 여는 것이 닫는 것보다 더 어려운 것임을 보여줍니다. 교회가 침체되는 것은 쉽지만 다시 부흥시키는 것은 얼마나 어려운지 모릅니다. 엘리야는 자기 머리를 무릎 사이에 넣고 다른 사람들의 소리가 들리지 않게 하고 기도했습니다. 이렇게 일곱 번 기도했을 때 손바닥만 한 구름이 나타나면서 하늘 문이 열리고 엄청난 폭우가 쏟아지게 되었습니다.

이때 다시 하나님의 능력이 엘리야에게 임하니까 엘리야는 허리에 띠를 띠고 아합의 마차 앞에서 뛰면서 그 마차를 에스코트했습니다. 폭우가 쏟아지면 앞이 보이지 않고 또 기손 강가는 진흙으로 변하기 때문에 엘리야는 안전한 길로 아합을 에스코트했던 것입니다. 이런 능력을 가진 종이라면 이 세상에서 두려워할 사람이 없을 것입니다.

2. 침체에 빠진 엘리야

이런 엄청난 일이 있고 난 후에 엘리야는 영적인 침체에 빠져서 이스라엘에서 유다로 도망쳤습니다. 그리고 유다에서도 불안하니까 더 남쪽에 있는 광야로 가서 로뎀나무 아래에 누워 아무것도 하려고 하지 않았습니다. 그 계기는 일단 아합의 부인 이세벨에게 있었습니다. 이세벨은 엘리야가 이스라엘 백성 앞에서 하늘에서 불이 떨어지게 하여 자기가 아끼고 아끼던 바알 제사장 450명을 다 죽여 버리고, 자기 남편까지 에스코트해서 왕궁으로 돌아오게 했다는 소식을 들었습니다. 이세벨은 하나님에 대한 두려움이라고는 조금도 없는 여자였습니다. 이세벨은 두로의 바알 제사장의 딸이었는데, 이스라엘에 하나님의 종교를 없애고 바알 천지를 만들기 위해서 시집온 사람이었습니다. 이세벨은 자기 계획대로 되는 것 같았습니다. 그녀는 바알 제사장을 450명이나 집중적으로 키웠고 온 백성의 정신을 바알에 물들게 하였고 그래도 하나님을 섬기는 자는 찾아내서 다 죽여 버렸습니다. 이제 이스라엘은 왕으로부터 백성에 이르기까지 전부 바알을 믿는 나라가 된 것 같았습니다. 그런데 엘리야라는 선지자가 나타나서 하늘 문을 닫아 비가 오지 않게 하고, 또 삼 년 반이 지난 후 다시 나타나서 자기가 그렇게 아끼는 바알의 제사장 450명과 대결해서 하늘에서 불이 떨어지게 하여 450명을 다 죽여 버린 것입니다. 그리고 엘리야는 다시 기도해서 하늘 문이 열려서 큰 비가 쏟아지게 했습니다.

이세벨은 이 말을 듣고 너무 화가 나서 사신을 엘리야에게 보내어 내일 이맘 때까지는 반드시 너를 죽이겠다고 통보했습니다.

> 19:2, "이세벨이 사신을 엘리야에게 보내어 이르되 내가 내일 이맘 때에는 반드시 네 생명을 저 사람들 중 한 사람의 생명 같게 하리라. 그렇게 하지 아니하면 신들이 내게 벌위에 벌을 내림이 마땅하니라 한지라"

이세벨은 엘리야에게 내일 이맘때까지 너를 잡아 죽이겠다고 위협만 했습니다. 왜 이세벨은 당장 엘리야를 죽이지 않고 죽인다는 통보만 했을까요? 한 가지는 그때 비가 너무 쏟아지고 있어서 군대를 보내도 엘리야를 찾기 어려웠을 것이라는 생각입니다. 그리고 또 한 가지는 이날에는 너무나도 강한 하나님의 역사가 나타나고 있었기 때문에 아무리 악한 이세벨이라 하더라도 군사를 움직일 수 없었으리라는 생각입니다. 아마 이 후자 쪽이 더 맞을 것 같습니다. 이날은 여호와의 날이었습니다. 하늘에서 불이 떨어지고 하늘 문이 열리는 하나님이 역사하신 날이었기 때문에 이세벨이 입만 놀렸지 감히 움직일 수 없었을 것입니다.

엘리야는 하늘 문을 열고 닫는 기도의 능력을 가지고 있었고 하늘에서 불이 떨어지는 기도를 한 사람이었습니다. 바알의 제사장 450명과 대결해서 그들을 죽였고 이스라엘 백성을 책망했던 능력의 사람이었습니다. 그런데 엘리야는 군사들이 자기를 잡으러 온 것도 아니고 하루 말미를 주면서 내일 이맘때까지 잡아 죽이겠다는 말을 듣고는 두려워서 도망치기 시작했습니다.

19:3-4, "그가 이 형편을 보고 일어나 자기의 생명을 위해 도망하여 유다에 속한 브엘세바에 이르러 자기의 사환을 그 곳에 머물게 하고 자기 자신은 광야로 들어가 하룻길쯤 가서 한 로뎀 나무 아래에 앉아서 자기가 죽기를 원하여 이르되 여호와여 넉넉하오니 지금 내 생명을 거두시옵소서 나는 내 조상들보다 낫지 못하니이다 하고"

엘리야는 이세벨의 손에 잡혀 죽지 않기 위하여 남쪽 유다로 도망쳤습니다. 그러나 이때 유다 왕 여호사밧은 아합과 좋은 관계에 있었기 때문에 아합은 유다 왕에게 엘리야를 잡아서 압송하라고 할 수도 있었습니다. 그래서 엘리야는 더 남쪽 브엘세바로 도망쳤습니다. 그리고 거기서도 안심이 되지 않으니까 더 남쪽, 아무도 오지 않는 광야길을 하루길 정도 가서 로뎀나무 아래에 앉았습니다. 로뎀나무는 큰 나무가 아니고 그냥 광야에 자라는 가시떨기 같은 나무인데, 겨우 그늘을 만들어줄 정도였습니다. 엘리야는 그 로뎀나무 아래에서 하나님께 "저는 더 이상 할 일이 없습니다. 하나님 저를 죽여 주십시오"라고 기도를 드렸던 것입니다. 하나님의 종이나 하나님의 선지자가 죽여 달라고 기도하는 것은 엄청난 불신앙입니다.

그렇게 담대하고 용감했던 엘리야가 이세벨의 말을 듣자마자 왜 이렇게 도망치는 비겁한 사람이 되고 말았을까요? 그리고 어떻게 하나님께 자기를 죽여 달라는 기도를 할 수 있을까요? 그것은 엘리야가 영적 침체에 빠졌기 때문입니다. 엘리야는 영적 침체에 빠져서 모든 의욕을 잃어버렸고 아무것도 할 수 없게 되었습니다. 엘리야는 미래의 비전을 다 잃어버리고 말았던 것입니다.

그 원인이 어디에 있을까요? 우선 엘리야는 바알 제사장들과 대결하고 하나님께 하늘 문이 열리도록 기도하는 과정에서 금식하고 잠을 자지도 못했고 정신적으로 엄청난 스트레스를 받았던 것 같습니다. 또 하나는 엄청난 영적인 체험 이후에 오는 인간의 모습입니다. 엘리야는 하나님의 손에 붙들려서 많은 기적을 체험했습니다. 하나님의 큰 은혜를 체험하고 나면 온몸이 영적으로 기울어져서 대단히 불안해지게 됩니다. 이때 그 은혜를 잘 지키기보다는 영적인 허탈감을 느끼게 됩니다. 이 허탈감이 무기력을 가져오고 자기는 아무것도 할 수 없다는 생각에 빠지게 되는 것입니다. 즉 엘리야가 하나님만 바라볼 때는 전혀 두렵지 않았지만, 이 일이 다 끝나고 자기 자신을 볼 때는 다른 사람들과 다를 바 없는 보잘것없는 자신을 보게 된 것입니다.

그러나 더 큰 원인은 엘리야의 실망이었던 것 같습니다. 엘리야는 삼 년 반 동안 비가 오지 않아서 이스라엘 백성이 고생하다가 하늘에서 불이 떨어지고 드디어 하늘이 열려서 비가 쏟아지는 것을 보았다면 그들의 마음이 조금이라도 하나님께 돌아올 줄 알았습니다. 그러나 아합이나 이세벨이나 이스라엘 백성의 마음은 조금도 변하지 않았습니다. 하늘에서 불이 떨어지고 비가 와도 변하지 않는 사람들이라면 누가 그들을 바꾸겠습니까? 엘리야는 이스라엘 백성에게 큰 실망을 했던 것입니다. 이렇게 실망하면 영적인 침체에 빠지게 됩니다.

이런 영적 침체에서 어떻게 벗어날 수 있습니까? 이때 하나님은 아무 말씀도 하시지 않고 천사를 보내어 머리맡에 숯불에 구운 떡과 한 병의 물을 주셨습니다. 사람들이 아무리 화가 나더라도 음식을 먹으면 화나 실망이 가라앉게 됩니다. 엘리야는 나무 그늘에서 정신을 차리지 못하고 잠을 잤습니다. 그리고 잠에서 깨니까 천사가 와서 또 떡과 물 한 병을 주면서 먹고 마시라고 했습니다. 그래서 영적으로 침체되었을 때는 성경을 읽고 기도하는 것보다 먹고 잠자는 것이 약입니다. 특히 위장이 채워지고 잠을 자면 감정이 많이 치료됩니다. 하나님은 엘리야로 하여금 실컷 먹고 잠을 자게 하신 후에 또 다시 능력을 주셔서 사십일 밤낮을 걸어서 호렙산까지 가게 하셨습니다.

3. 하나님이 보여주신 능력들

엘리야는 호렙산까지 가서 한 동굴에 들어가게 되었습니다. 그때 하나님께서는 엘리야에게 물으셨습니다. "너는 어찌하여 여기에 이렇게 앉아 있느냐?" 그러니까 엘리야는 "제가 하나님께 열심이 유별나서 하늘에서 비가 오지 않는 기도를 드리고 하늘에서 불이 떨어지는 체험을 통해서 바알의 제사장 450명을 죽였지만 이스라엘 백성은 저를 죽이려 하고 있습니다."라고 대답했습니다. 즉 엘리야는 적어도 이스라엘 백성이나 아합이 조금이라도 변할 줄로 기대했던 것입니다. 그러나 그들은 전혀 변한 것이 없었습니다. 그들은 여전히 바알을 따르고 이세벨의 말을 따르고 있었습니다.

하나님께서는 엘리야에게 옛날 모세가 섰던 것처럼 굴 입구에서 나와서 서 있으라고 하셨습니다. 이 당시 인간이 생각할 수 있는 자연의 가장 큰 힘은 바람이고 불이고 지진이었습니다.

하나님께서는 먼저 엘리야 앞에서 지나가셨습니다. 그리고 그 후에 그에게 세 가지를 보여주셨습니다. 하나님은 엘리야에게 아주 큰 바람이 지나가는 것을 보게 하셨습니다. 그 바람이 얼마나 큰 폭풍인지 바위까지 다 굴러갈 정도였고 사람이 사는 집이었다면 흔적도 없이 사라졌을 것입니다. 그런데 엘리야는 그 바람 가운데 하나님이 계시지 않는 것을 보았습니다. 물론 하나님은 앞에서 지나가셨습니다. 그러나 이 무서운 바람이 엘리야의 마음에 어떤 감동을 주는 것은 아니었습니다.

그리고 그 잠시 후에 하나님은 불을 보내셨습니다. 산불이나 들불이 얼마나 무서운지 모릅니다. 그러나 그 불 가운데서도 하나님이 계시지 아니했습니다. 물론 그 불은 하나님이 가져오신 것이지만 심판의 수단은 될 수 있어도 사람에게 하나님 믿는 믿음을 일으키지 못했습니다.

하나님은 그 후에 큰 지진을 일으키셨습니다. 얼마나 지진이 대단한지 엘리야는 서 있을 수도 없어서 비틀거리고 있었고 산이 쪼개어져 굴러떨어지는 지진이었습니다. 그러나 이런 지진도 사람을 놀라게 할 수는 있었지만 사람의 마음을 따뜻하게 하지는 못했습니다. 이것을 보고 엘리야는 하나님은 그 가운데 안 계셨다고 했습니다.

> 19:12, "또 지진 후에 불이 있으나 불 가운데에도 여호와께서 계시지 아니하더니 불 후에 세미한 소리가 있는지라"

그 후에 하나님의 세미한 소리가 들렸습니다. 엘리야는 그 세미한 음성 가운데 하나님의 모습을 보고는 옷으로 얼굴을 가렸습니다. 하나님께서는 세미한 음성 가운데 엘리야에게 말씀하셨습니다. 이 말씀은 엘리야를 위로하는 말씀이었고, 현재 자기 자신의 모습을 보고 하시는 말씀이었고, 미래에 대한계획을 알려주는 말씀이었습니다.

이 세상에서 가장 단단한 것이 인간의 마음입니다. 인간의 마음은 바람이나 불이나 지진으로도 바꿀 수 없습니다. 그래서 하나님께서는 예수 믿게 하기 위해서 이런 방법을 쓰시지 않는 것입니다. 오직 하나님의 살아 있는 말씀만이 골짜기의 뼈와 같은 인간을 살릴 수 있고 말씀의 생수로 우리를 치료할 수 있습니다. 이 세상의 모든 기적과 능력은 오래 지속되지 않지만 하나님의 말씀은 우리 마음을 뜨겁게 하고 눈물 흘리게 하며 우리를 변하게 하는 것입니다. 하나님의 말씀을 듣는 중에 우리는 이미 변해 있고 하나님의 영광을 보고 있고 미래의 길을 보게 되는 것입니다.

우리는 하나님의 말씀을 들어야 침체에서 벗어날 수 있습니다. 우리는 하나님의 말씀을 들어야 하나님의 임재를 체험할 수 있습니다. 우리는 하나님의 말씀을 들어야 변화될 수 있습니다. 하나님의 말씀만이 인간을 바꿀 수 있습니다.

31

예상치 못한 승리

왕상 19:15-20:21

언젠가 창원의 큰 교회에서 오전에 부인들을 대상으로 해서 아브라함의 본문을 가지고 강해했던 적이 있었습니다. 그런데 성경 강해를 마쳤을 때 저는 놀라운 장면을 보게 되었습니다. 오전 강해 시간에 참석했던 성도들이 예배 마치고 집에 가야 하는데 거의 가지 않고 자기 자리에서 앉아 울면서 기도하는 모습이었습니다. 저는 이 모습을 보고 굉장히 감동을 받았습니다.

이스라엘 백성은 엘리야의 기도로 삼 년 반 동안 비가 한 방울도 내리지 않고, 그가 기도했을 때 하늘에서 불이 떨어지고, 다시 일곱 번 기도했을 때 손바닥만 한 구름이 엄청난 비가 되어 내리는 것을 보고 무엇인가 느끼는 것이 있어야만 했습니다. 즉 우리가 이제부터는 모든 우상을 버리고 하나님만 믿겠다는 결단과 변화가 있어야만 했습니다. 그러나 그들은 오히려 이세벨이나 아합의 말을 따르려고 했고, 엘리야를 잡아서 죽이려고 했습니다. 엘리야는 이스라엘 백성의 이런 완고한 모습을 보고 실망했고 심한 영적인 침체에 빠졌습니다.

우리는 하나님의 말씀을 듣고 은혜를 받으면 무엇인가 달라져야 합니다. 엘리야 때 이스라엘 백성은 전혀 변화가 없었습니다. 이것은 누군가가 그들의 영혼을 빼먹은 것과 같았습니다. 이스라엘 백성의 머릿속에 영혼을 집어넣어야 하는데 그들은 자기들이 영혼 없는 사람인지도 몰랐습니다. 이때 하나님은 이스라엘을 위해서 3년 반 기근보다 더 무서운 재앙을 준비하고 계셨습니다.

1. 하나님의 계획

엘리야는 하나님께 기도하면서 하나님을 믿는 사람들은 다 죽고 나 혼자 남았는데, 아합 왕이나 이세벨은 자기까지 죽이려 한다고 했습니다.

> 19:14, 그가 대답하되 내가 만군의 하나님 여호와께 열심이 유별하오니 이는 이스라엘 자손이 주의 언약을 버리고 주의 제단을 헐며 칼로 주의 선지자들을 죽였음이오며 오직 나만 남았거늘 그들이 내 생명을 찾아 빼앗으려 하나이다"

여기서 엘리야는 이스라엘에 하나님을 믿는 사람이 '오직 나만 남았다' 는 사실에 굉장히 절망하고 있습니다. 이는 이스라엘의 마지막 촛대도 이제 없어지게 되었고 이스라엘은 소돔과 고모라같이 되었다는 뜻입니다. 즉 엘리야는 몇 사람이라도 같이 하나님을 믿는 사람이 남아 있으면 함께 기도하겠지만 이제는 능력의 말씀을 전하는 사람도 없고 기도하는 사람도 없어져서 이스라엘은 완전히 깜깜한 천지가 되고 말았다는 뜻입니다.

이스라엘 백성이 하나님의 능력을 체험했으면 이제는 정말 무엇인가 달라져야만 했습니다. 우상도 버리고 미래의 일도 염려하지 말고 어려운 일을 닥쳐도 하나님을 신뢰해야만 하는 것입니다. 그러나 그들은 엘리야까지 잡아 죽이려고 했습니다.

이때 하나님께서는 세미한 음성 가운데 엘리야를 부르시고 앞으로 이루어질 일들에 대하여 말씀하셨습니다.

> 19:15-17, "여호와께서 그에게 이르시되 너는 네 길을 돌이켜 광야를 통하여 다메섹에 가서 이르거든 하사엘에게 기름을 부어 아람의 왕이 되게 하고 너는 또 님시의 아들 예후에게 기름을 부어 이스라엘의 왕이 되게 하고 또 아벨므홀라 사밧의 아들 엘리사에게 기름을 부어 너를 대신하여 선지자가 되게 하라 하사엘의 칼을 피하는 자를 예후가 죽일 것이요 예후의 칼을 피하는 자를 엘리사가 죽이리라"

하나님은 하나님의 말씀과 기적의 체험에 아무 반응이 없던 이스라엘 백성에 대하여 무서운 몽둥이를 준비하고 계셨습니다. 우리는 기도의 응답이 있다든지 혹은 어떤 체험이 있으면 변화가 있어야 합니다. 조금도 변하지 않고 자기 마음대로 끝까지 가는 자는 언젠가는 하나님의 몽둥이를 맞게 되는 것입니다.

하나님께서 이스라엘 백성을 두들겨 패기 위하여 준비한 첫 번째 몽둥이는 벤하닷이었습니다. 그러니 벤하닷은 한 사람만이 아니라 1세, 2세, 3세 하는 식으로 대를 물려가면서 이스라엘을 공격해서 가축이나 양식을 빼앗아가고 백성을 잡아갔습니다. 그러나 하나님은 벤하닷을 바꾸실 계획을 가지고 계셨습니다. 그래서 벤하닷의 신하 중에서 하사엘이라는 악독한 사람에게 기름을 부어서 아람 왕이 되게 하고, 그가 벤하닷을 죽이고 이스라엘을 공격하게 합니다. 그 하사엘은 임신한 자의 배를 가르고 어린아이들의 다리를 들어서 머리를 돌에 부딪치게 해서 죽이는 악한 일을 하게 됩니다. 하나님은 말씀에 대하여 아무런 반응이 없는 이스라엘 백성을 전쟁으로 죽일 하사엘을 준비하셨습니다. 그래서 이런 전쟁의 맛을 보지 않으려면 하나님의 말씀으로 돌아가는 것이 최선의 방법입니다.

그리고 두 번째는 아합 왕가를 칠 몽둥이를 준비하셨습니다. 아합은 이스라엘 안에 바알 신과 아세라 신을 끌고 들어왔을 뿐 아니라 하나님을 믿는 선지자들과 백성을 다 죽였습니다. 하나님은 그래도 아합을 포기하지 아니하시고 비를 주시고 불을 내려주셨지만 그는 아무 반응이 없었습니다. 그래서 하나님은 님시의 아들 예후를 심판의 도구로 준비하셨는데, 그는 기름 부음을 받자마자 반역을 일으켜서 아합의 자손들을 한 명도 남기지 않고 다 죽였습니다. 더욱이 하나님의 선지자들을 다 죽였던 이세벨은 성 창문에서 떨어져서 개들이 그의 머리와 몸통을 뜯어먹고 피를 핥아 먹었습니다. 그리고 거짓말로 바알신에게 제사를 드린다고 해서 바알의 제사장들을 다 모이게 한 후에 한 명도 빼놓지 않고 다 죽였습니다. 그래서 하사엘은 이스라엘 백성을 위한 몽둥이였고, 예후는 아합의 집과 바알 제사장을 위한 몽둥이였던 것입니다.

그리고 세 번째로 하나님은 사밧의 아들 엘리사에게 기름을 부어서 너를 대신할 선지자로 삼으라고 말씀하셨습니다. 이제 하나님께서는 엘리야라는 횃불 대신에 엘리사라는 젊은 횃불을 사용하시려고 하는 것입니다.

그러면서 하나님은 엘리야에게 너는 자꾸 '너 혼자 남았다' 고 하는데, 이스라엘에는 바알에게 무릎을 꿇지 않은 칠천 명을 남겨두었다고 하셨습니다.

> 19:18, "그러나 내가 이스라엘 가운데에 칠천 명을 남기리니 다 바알에게 무릎을 꿇지 아니하고 다 바알에게 입맞추지 아니한 자니라"

엘리야는 이제 이스라엘이 영적으로 완전히 메말랐다고 생각했지만 하나님은 칠천 명의 의인을 남겨두셨습니다. 이 사람들은 모두 바알에게 무릎을 꿇지 않고 입을 맞추지 않은 사람들이었습니다. 아마 아합 왕과 이세벨은 동네마다 사람들을 모이게 하고 바알의 신상 앞에 무릎을 꿇고 절하고 그 발에 입 맞추게 하고 그렇게 하지 않는 자들은 다 죽였던 것 같습니다.

바알에게 무릎을 꿇지 않은 사람이 칠천 명이나 있다면 아직 이스라엘이 완전히 망한 것은 아닙니다. 겉으로 나타나지 않아서 그렇지, 여기저기에 하나님의 기름이 있는 것입니다. 이것을 엘리사가 다니면서 불을 붙이면 다시 부흥의 불이 붙을 것입니다.

그런데 17절 말씀이 잘 이해가 되지 않습니다.

> 19:17, "하사엘의 칼을 피하는 자를 예후가 죽일 것이요 예후의 칼을 피하는 자를 엘리사가 죽이리라"

우리 생각으로는 '하사엘의 칼을 피하는 자를 예후가 죽이고 예후의 칼을 피하는 자는 엘리사가 살리리라' 고 해야 할 것 같습니다. 왜냐하면 엘리사는 이스라엘을 살리려고 보냄을 받은 사람이지 죽이려고 보냄을 받은 자가 아니기 때문입니다. 그러나 이것은 같은 말입니다. 즉 엘리야의 말을 듣지 않으면 결국 기근이나 전쟁이나 전염병으로 죽게 된다는 뜻입니다.

2. 엘리야를 하나님이 부르심

엘리야가 가장 먼저 한 일은 엘리사를 자신의 제자로 부른 것이었습니다. 엘리사는 원래 열두 겨리의 소, 즉 소 스물네 마리를 가지고 농사짓는 사람이었습니다.

19:19, "엘리야가 거기서 떠나 사밧의 아들 엘리사를 만나니 그가 열두 겨릿소를 앞세우고 밭을 가는데 자기는 열두째 겨릿소와 함께 있더라 엘리야가 그리로 건너가서 겉옷을 그의 위에 던졌더니"

엘리사는 무려 스물네 마리의 소를 가지고 농사를 짓는 사람이니까 엘리사의 밭이 얼마나 크며 얼마나 큰 농사를 지었던 사람인가를 알 수 있습니다. 엘리사는 큰 부자였습니다. 그러나 엘리사도 엘리야의 기도로 삼 년 반 동안 비가 오지 않으면서 농사에 큰 타격을 입은 것 같습니다. 이제 비가 내리면서 농사를 지을 수 있게 되었습니다. 그래서 소를 전부 다 꺼내서 밭을 갈면서 이제는 많은 수확을 기대하고 있었습니다.

그러나 어느 날 갑자기 엘리야 선지가 자기에게 오면서 겉옷을 자기 위에 던졌습니다. 엘리사는 이것이 무엇을 의미하는지 알았습니다. 엘리사에게 그가 가지고 있는 모든 것을 버리고 엘리야를 따라서 말씀의 종이 되라는 부르심이었습니다. 엘리사는 그 자리에서 소를 버리고 엘리야에게 가서 "부모에게 작별 인사를 하고 당신을 따르게 하소서"라고 하니까 "네가 알아서 하라 내가 뭐라고 말했느냐"고 했습니다.

19:20, "그가 소를 버리고 엘리야에게로 달려가서 이르되 청하건대 나를 내 부모와 입맞추게 하소서 그리한 후에 내가 당신을 따르리이다 엘리야가 그에게 이르되 돌아가라 내가 네게 어떻게 행하였느냐 하니라"

엘리사는 그 모든 것을 버리고 즉시 엘리야를 따르기로 작정했습니다. 그러면서 부모님께 인사를 하게 해 달라고 청했습니다. 이때 엘리야의 말이 얼마나 쌀쌀한지 모릅니다. "응, 그래 돌아가라. 내가 너에게 뭐라고 했느냐?" 이것은 엘리아가 엘리사에게 인간적으로 따뜻하게 대해 주지 않는 것을 보여줍니다. 즉 너는 나를 믿으려고 하지 말고 하나님에게 붙어서 능력을 받든지 결판을 지으라는 뜻이었습니다. 이때 엘리사는 소 한 겨리 즉 두 마리를 잡고 소 기구를 땔감으로 삼아 고기를 삶아서 동네 사람들에게 나누어주고 엘리야의 몸종이 되었습니다.

여기서 두 가지가 중요합니다. 하나는 하나님의 종은 돈이 없어야 한다는 것입니다. 돈이 있으면 하나님의 말씀에 결사적으로 파고 들어가게 되지 않습니다. 하나님의 종은 먹고 살길이 없어야 일용할 양식으로 살면서 눈물로 하나님께 기도하게 되는 것입니다. 예수님은 "선생님, 내가 어떻게 해야 영생을 얻겠습니까?" 질문하는 부자 청년에게 "네가 가진 재물을 다 팔아서 가난한 자들에게 주고 너는 나를 따르라"고 하셨습니다(마 19:16-22, 막 10:17-31, 눅 18:18-30). 돈이 있으면 그 돈으로 모든 것을 하려고 하지, 하나님이 하시는 능력을 체험하지 못합니다. 그래서 이 체험이 없으면 하나님의 종이 돈에 사로잡히게 되어서 언제나 돈 타령을 하게 되는 것입니다.

그리고 엘리사는 하나님의 종이 되기 전에 먼저 사람의 종이 되었습니다. 그래서 엘리사는 엘리야의 세숫물을 준비하고 심부름을 하고 시키는 일을 해야만 했습니다. 하나님의 종은 먼저 사람을 섬기는 자세를 배워야 합니다. 자기 고집을 부리고 남들 위에 군림하려고 하면 그는 말씀을 가질 자격이 없는 것입니다. 그래서 하나님의 종은 남이 뭐라고 하기 전에 먼저 섬길 준비가 되어 있어야 합니다.

3. 예상치 못한 승리

하나님께서는 기도의 능력을 보고서도 길을 바꾸지 않는 아합과 이스라엘을 치시기로 했습니다. 이때 하나님께서 준비하신 몽둥이가 바로 다메섹의 벤하닷이었습니다. 벤하닷은 무려 32명의 왕을 거느리고 사마리아로 몰려와서 전쟁하려고 했습니다. 벤하닷은 사마리아를 공격하기 전에 먼저 아합에게 사신을 보내서 "너의 은금은 다 내 것이고 왕후도 내 것이고 아름다운 자녀도 다 내 것이라"고 협박했습니다. 이것은 너희가 전쟁을 피하려면 너희 성에 있는 금과 은을 다 바치고 왕후도 바치고 나라의 똑똑하고 예쁜 남녀 청년들을 다 바치라는 뜻이었습니다. 이때 아합 왕은 32개 나라와 벤하닷과 싸우면 전멸을 할 수밖에 없다는 것을 알았습니다. 그래서 아합은 벤하닷에게 "당신 말씀이 옳습니다. 우리가 가지고 있는 은금과 왕후와 똑똑한 청년들을 다 바치겠습니다"라고 응답했습니다.

아합이 순순하게 항복하려는 것을 보고 벤하닷의 마음은 더 악해졌습니다. 벤하닷은 다시 사신을 보내서 "너희를 믿을 수 없으니 우리가 내일 이맘때 직접 사마리아 성에 들어가서 샅샅이 조사해서 약탈하겠다"고 했습니다. 적의 군대가 성안에 직접 들어와서 구석구석을 조사해서 전부 약탈해가면 이스라엘은 완전히 껍데기만 남게 되는 것입니다. 아합은 아람 군대가 사마리아 성에 들어오는 것은 거부했습니다. 그러니까 벤하닷의 본심이 드러났습니다. 그래서 그 많은 군사를 동원해서 이스라엘을 공격하기 시작했습니다.

그러나 하나님은 이스라엘에 대한 뜻을 바꾸셨습니다. 원래 하나님의 뜻은 이스라엘이 완전히 망하는 것이었지만 이스라엘에는 바알에게 무릎 꿇지 않은 칠천 명이 있었습니다. 그래서 하나님은 아합 왕에게 선지자를 보내셨습니다. 선지자는 아합 왕에게 가서 "네가 이 많은 무리를 보느냐? 그들을 전부 네 손에 넘기리니 네가 하나님을 알 것이라"고 했습니다. 아무리 큰 어려움 가운데서도 말씀을 주시는 것은 희망이 있는 것입니다.

그런데 아합은 결정적으로 어려울 때는 하나님을 믿었습니다. 아합은 선지자의 말을 믿었습니다. 아합은 누가 전쟁을 하면 이 많은 군대는 이길 수 있는지 물었습니다. 그때 선지자는 각 지방 고관의 청년들이라고 했습니다. 이들은 바알에게 절하지 않고 입 맞추지 않은 깨끗한 청년들이었습니다. 그들의 숫자는 이백삼십이 명밖에 되지 않았습니다. 선지자는 아합에게 이 이백삼십이 명을 이끌고 전쟁하러 나가라고 했습니다. 그 뒤에는 겨우 남아 있는 군대 칠천 명이 뒤따라갔습니다.

그다음 날 정오 때 이 이백삼십이 명이 성문을 열고 나가는데 그때 벤하닷은 32명의 왕과 함께 술을 마시고 있었습니다. 왜냐하면 어떻게 하든지 그들은 이미 이겼다고 생각했기 때문입니다. 그래서 보초를 서는 군사가 와서 소수의 사람들이 성에서 나온다고 보고하니까 벤하닷은 항복하러 나오는 모양인데 전부 다 사로잡으라고 했습니다. 그러나 이백삼십이 명의 청년들은 용감했습니다. 그들은 성에서 나오자마자 부채꼴로 흩어지면서 적을 치기 시작했는데 그들 한 명 한 명이 마치 거인과 같았고 천사와 같았습니다. 하나님의 손이 함께 하시니까 아무리 많은 군대도 그 앞에서 소용이 없었습니다. 그들은 말과 병거를 쳐서 이기고 또 아람 사람들을 쳐서 크게 이겼습니다. 벤하닷은 겨우 말을 타고 도망쳐서 목숨을 건졌습니다.

우리가 하나님의 말씀에 귀를 기울이고 겸손한 태도를 취하면 하나님은 모든 적을 이기게 하십니다. 하나님을 믿으시고 사람들을 두려워하지 마시기 바랍니다.

32

평지의 하나님

왕상 20:22-43

하나님은 인간의 생각이나 힘으로는 불가능한 일을 행하십니다. 아합 왕의 힘으로는 도저히 아람의 벤하닷과 32개 나라를 상대할 수 없었고, 가진 것 다 빼앗기고 멸망할 수밖에 없었습니다. 그리고 하나님께서도 아합을 멸망시키는 것이 하나님의 뜻이었습니다. 그러나 결정적인 순간에 하나님은 뜻을 돌이키십니다. 그 이유는 이스라엘에 바알에게 무릎을 꿇거나 입을 맞추지 않은 사람이 칠천 명이나 있었기 때문입니다. 또 이스라엘의 지방 고관의 아들들은 아직 이방에 의해 오염이 되지 않았기 때문입니다. 그래서 지방 고관의 아들들의 숫자를 헤아려보니까 이백삼십이 명이 되었습니다. 하나님께서는 이 이백삼십이 명을 앞세워서 벤하닷과 싸우게 하셨는데 이상하게 아람 군대는 이 청년들 앞에서 맥도 추지 못하고 패하고 말았습니다. 그리고 벤하닷은 겨우 말을 타고 도망쳐서 살 수 있었습니다. 그래서 이 세상에 실제로 일어나는 일은 우리의 생각과 완전히 다를 수 있습니다. 그래서 우리는 끝까지 하나님을 의지하는 손길을 놓치지 말아야 합니다.

1. 벤하닷의 가벼운 입

벤하닷은 하나님이 보시기에는 유통기한이 다 지난 사람이었습니다. 그러나 본인은 그것을 알지 못하고 또 이스라엘을 공격하려고 했습니다. 하나님께서는 처음 벤하닷을 이스라엘을 때리는 몽둥이로 택하셨습니다. 처음에는 벤하닷의 몽둥이가 정말 매서웠지만 나중에는 흐물흐물한 막대기가 되고 말았습니다. 벤하닷은 자신의 유통기한이 다 끝난 것을 알지 못했습니다.

벤하닷은 아무리 생각해도 전쟁에 진 것이 이해되지 않았습니다. 벤하닷은 같이 공격한 왕이 32명이나 되고 군대도 수십만 명이나 되었습니다. 이스라엘은 겨우 이백삼십이 명의 애송이들이었고 그 뒤를 따르는 칠천 명 정도의 군인들이었습니다. 벤하닷은 어떻게 전쟁 경험도 없는 이백삼십이 명의 애송이들에 의해 박살이 나고 말았는지 이해가 되지 않았습니다. 그래서 아람 왕은 신하들을 모아놓고 전군 지휘관 회의를 했습니다. "도대체 이번 전쟁은 지려고 해도 질 수 없는 전쟁이었다. 도대체 어떻게 해서 이 전쟁에 지게 되었는지 여러분의 생각을 한번 이야기해 주면 좋겠다." 라고 했습니다.

> 20:23, "아람 왕의 신하들이 왕께 아뢰되 그들의 신은 산의 신이므로 그들이 우리보다 강하였거니와 우리가 만일 평지에서 그들과 싸우면 반드시 그들보다 강할지라"

그때 신하 중에 굉장히 이스라엘의 사정을 잘 아는 한 신하가 있었습니다. 그 신하가 벤하닷에게 말하기를 "이스라엘에는 여호와라는 신이 있는데 그 신이 워낙 강한 신이기 때문에 우리가 진 것입니다" 라고 했습니다. 그러니까 "그러면 그 여호와라는 신은 약점이 없는 신이냐?" 고 물었습니다. 그 신하는 왕에게 말하기를 "제가 알기로는 그 여호와라는 신은 산의 신이기 때문에 우리가 진 것입니다. 즉 시내산, 시온산, 사마리아 산 같이 산에 강한 신이기 때문에 평지에서는 힘을 쓰지 못한다고 합니다. 우리가 이번 전쟁에서 이스라엘 백성을 평지로 끌어내면 하나님도 힘을 쓰지 못하기 때문에 우리가 반드시 이길 것입니다"라고 했습니다. 이 말에 벤하닷은 힘을 얻어 우리가 이스라엘 백성을 평지로 끌어내어 싸우면 이기겠다고 생각하며 전략을 세워 전쟁 준비를 하게 했습니다.

그런데 하나님은 벤하닷의 신하가 똑똑한 체하면서 하나님은 산의 하나님이시기 때문에 평지에서 싸우면 힘을 쓰지 못하신다는 말을 다 듣고 계셨습니다. 그래서 이 세상 사람들이 하나님에 대하여 악한 말을 하면 할수록 우리에게는 유리합니다. 하나님이 그 말씀 그대로 그 머리에 갚으실 것이기 때문입니다. 그뿐만 아니라 하나님은 우리 마음의 생각도 다 아시는 분이십니다. 우리가 겉으로는 하나님을 잘 믿는 것 같지만 마음속으로 하나님으로부터 멀어지고 세상을 사랑하면 하나님은 그 사람의 축복이 재앙이 되게 하실 것입니다. 반대로 우리가 하나님의 말씀을 듣고 은혜를 받아서 한 걸음이라도 하나님께 가까이 가려고 하고 하나님의 말씀을 사랑하려고 하면 우리 앞에 재앙이 기다리고 있다 하더라도 하나님은 축복으로 바꾸실 것입니다.

한편으로 이스라엘에 한 선지자가 아합 왕을 찾아갔습니다. 그리고 이 선지자는 내년 봄에는 틀림없이 아람 군대가 또 쳐들어올 테니까 힘을 기르고 왕의 할 일을 찾아서 잘 준비하시기 바란다고 조언했습니다. 아합 왕이 아람과의 전쟁을 위하여 가장 먼저 준비해야 할 것이 무엇이겠습니까? 그가 조금이라도 신앙이 있는 사람이라면 일단 바알 우상부터 다 부수어버릴 것입니다. 그리고 바알에게 절하지 않고 입 맞추지 않은 자로 군대를 만들 것입니다. 그런데 과연 아합이 그렇게 했는지 알 수 없습니다. 성경에 아합이 그렇게 했다는 말이 전혀 나오지 않기 때문입니다. 아마도 아합은 우왕좌왕하면서 시간을 보내었을 것입니다. 우리는 우왕좌왕하지 않는 훈련을 해야 합니다. 그리고 절대로 뒤를 돌아보아서는 안 됩니다. 그리고 우리 마음에 어떤 어려움이 생겨도 하나님을 원망하거나 불신하지 말고 하나님을 찬양하고 감사하는 마음을 가지시기 바랍니다. 하나님의 백성이 어려움 중에 하나님께 감사하면 기적이 일어나게 됩니다.

2. 아람과의 전쟁

아람 왕 벤하닷은 이번에야말로 이스라엘을 초토화하려고 착실하게 전쟁 준비를 했습니다. 그래서 군대와 말도 보충을 하고 병기도 더 좋은 것으로 보충해서 전쟁 준비를 했습니다. 그러다가 해가 바뀌었을 때 벤하닷은 군사들을 소집했는데 수십만 명이 모였습니다. 그들은 말을 타고 창과 방패를 들고 칼을 차고 이스라엘로 진격했습니다. 그러나 이번에는 사마리아 성을 바로 공격하지 않고 들판에서 이스라엘 백성을 유인했습니다.

아합도 어차피 전쟁을 피할 수 없다고 생각해서 군사들을 모아서 들판으로 나갔습니다. 그러나 역시 아합은 전쟁 준비를 잘하지 못하고 허둥지둥하다가 나온 것이 분명했습니다. 그래서 이번에는 되는대로 군사들을 모아서 전쟁하러 왔습니다. 이때 아람 군대의 정예부대가 얼마나 많은지 온 들판을 번쩍번쩍하는 칼과 창과 방패로 다 채우고 있었습니다. 그러나 이스라엘 백성은 다 모아봐야 적은 염소 떼 두 무리 정도에 불과했습니다. 이스라엘은 전혀 힘이 없는 아주 적은 무리의 어중이떠중이에 불과했습니다.

아람 군대와 이스라엘이 들판에서 대치하고 있는데, 아람 군대는 들판을 꽉 채우고 이스라엘은 모퉁이의 적은 염소 무리 같았습니다. 두 군대가 대치하고 있을 때 하나님의 선지자가 아합 왕 앞에 나타났습니다. 선지자는 하나님의 말씀을 아합 왕과 그 신하들에게 전했습니다. "내가 들으니까 아람 왕이 교만하여 여호와는 산의 신이고 골짜기나 평지의 신은 아니라고 하는구나. 내가 이번에 이 많은 적군을 네 손에 넘기리니 내가 여호와인 줄 저희가 알리라."고 전했습니다.

사실 이것은 말도 되지도 않는 말씀입니다. 전쟁이라는 것은 군사력으로 이기는 것이지, 그들이 하는 말을 꼬투리 잡아서 이스라엘이 이기게 하겠다는 것은 말도 되지 않는 것입니다. 그러나 이미 하나님의 마음은 변하셨습니다. 이스라엘이 전쟁에 지고 모든 것을 다 빼앗기는 것이 하나님의 뜻인데, 끝에 가서 하나님은 그 뜻을 바꾸신 것입니다. 하나님의 뜻은 고정되어 있지 않고 언제든지 변할 수 있습니다. 그래서 우리가 아직 시간이 있을 때 세상과 하나님 사이에서 우왕좌왕하지 않고 굳세게 하나님을 붙들면 하나님은 우리의 미래를 바꾸어 버리시는 것입니다. 그리고 악한 자들이 한 말이 전부 자기 머리에 떨어지게 하십니다.

두 나라의 군대는 7일 동안 서로 대치하고 있었습니다. 이것을 보면 얼마나 이번 전쟁을 벤하닷이 신중에 신중을 거듭하여 싸우려고 하고 있는 줄 알 수 있습니다. 그리고 7일 만에 드디어 전쟁이 터졌습니다. 전쟁이 터진 곳은 골짜기에 있는 평지였습니다. 그런데 이상하게 아람 군대는 힘을 쓰지 못했습니다. 아람 군대가 하는 것은 마치 어린 아이들이 전쟁놀이하는 것과 같았고 이스라엘 백성은 아람 군대를 한 명 한 명 무찌르기 시작했습니다. 결국 아람 군대는 강둑이 터지듯이 무너지면서 도망치기 시작했습니다. 이 날 이스라엘 백성은 아람 군대를 십만 명이나 죽였습니다. 아람 군대는 하나님에 대하여 말 한마디 잘못하는 바람에 십만 명이 들판에서 죽고 나머지는 도망을 쳤습니다.

이때 아람 군대가 본부로 삼았던 곳은 아벡이라는 성이었습니다. 아람 군대의 남은 자들은 아벡 성으로 도망쳤는데 갑자기 아벡 성이 무너지면서 아람 군대는 십만 명이 죽은 외에 성에 깔려서 이만칠천 명이 죽었습니다. 하나님이 도우시니까 그 튼튼하던 성까지 무너져서 죽었던 것입니다.

20:30, "그 남은 자는 아벡으로 도망하여 성읍으로 들어갔더니 그 성벽이 그 남은 자 이만 칠천 명 위에 무너지고 벤하닷은 도망하여 성읍에 이르러 골방으로 들어가니라"

이때 벤하닷은 살아남기 위해서 아벡으로 들어가서 비밀 방에 측근들과 함께 숨어 있었습니다. 이제 전쟁은 졌고 들판은 온통 아람 군대의 시체뿐이었습니다. 벤하닷이 나가면 잡혀 죽을 것이 뻔했습니다. 아합은 벤하닷을 확실히 죽여야 전쟁에 이기는 것이었습니다. 그러나 아합은 전쟁에 이겨 자기도취에 빠져버렸습니다. 사람은 누구든지 자기를 높이는 것을 조심해야 하고 자기 자랑하는 것을 조심해야 합니다. 사람이 자기 업적을 자랑하고 자기 성공을 자랑할 때 이미 맛이 간 것입니다. 그는 지금까지의 성공이 하나님이 하신 것이고 그 모든 업적이 하나님의 업적이라는 것을 잊어버린 것입니다. 그는 하나님의 공을 가로채고 있는 것입니다.

3. 아합의 저주

아람 왕은 굵은 베옷으로 허리를 동이고 베로 머리를 동이고 이스라엘 왕 앞에 엎드려 자기 생명을 살려달라고 요청했습니다. 이때 이스라엘 왕은 기분이 너무 좋아서 "벤하닷은 내 형제이다"라고 했습니다. 그러니까 벤하닷의 신하들은 당장 "왕은 우리 형제입니다"라고 대답했습니다. 왕은 벤하닷을 데리고 오라고 해서 그의 손을 당겨서 같은 병거를 타고 입성했습니다. 그러니까 그때 벤하닷은 "내 아버지께서 빼앗은 땅을 다 돌려드리고 다메섹에 당신을 위한 거리를 만들겠습니다"라고 약속했습니다. 아합은 기분이 좋아서 "이 조약으로 아람 왕을 놓아주리라"고 하면서 그를 풀어주었습니다.

> 20:34, "벤하닷이 왕께 아뢰되 내 아버지께서 당신의 아버지에게서 빼앗은 모든 성읍을 내가 돌려보내리이다 또 내 아버지께서 사마리아에서 만든 것 같이 당신도 다메섹에서 당신을 위하여 거리를 만드소서 아합이 이르되 내가 이 조약으로 인해 당신을 놓으리라 하고 이에 더불어 조약을 맺고 그를 놓았더라"

그러나 아람 왕은 하나님의 눈에 유통기한이 다 된 사람이었습니다. 그는 썩은 채소나 생선과 같았기 때문에 놓아주면 안 되고 죽여서 멀리 버려야 할 존재였습니다. 그러나 아합은 자신의 관대함을 자랑하기 위하여 벤하닷과 같은 병거를 타고 다니다가 살려주었습니다.

그때 한 선지자가 자기 친구에게 자기를 때려서 얼굴을 엉망으로 만들라고 부탁했습니다. 그런데 어떤 친구가 왜 자기 친구의 얼굴을 주먹으로 때려서 엉망으로 만들겠습니까? 그래서 못하겠다고 했더니 이 선지자는 길에서 사자가 너를 만나 물어 죽일 것이라고 협박했습니다. 선지자가 하는 말은 하나님의 말씀입니다. 할 수 없이 그 친구는 선지자의 얼굴을 알아볼 수 없을 정도로 때려서 상처를 입혔습니다. 이 상처 입은 선지자는 자기 얼굴이 보이지 않게 변장하고 길에서 왕을 기다렸습니다. 그러다가 아합 왕이 지나가는 것을 보고 그에게 "왕이시여 억울합니다"라고 자신의 사정을 토로했습니다. 그러니까 왕이 무슨 일이냐고 물었습니다.

자신은 전쟁을 하고 있었는데 한 상관이 포로 한 명을 내게 맡기면서 잘 지키라고 하기에 지키다가 다른 일을 보는 동안 이 포로가 도망쳐버렸습니다. 그래서 상관은 저에게 네가 포로를 놓쳤으니까 네가 포로가 되어 죽어야 한다고 하는데, 너무 억울해서 왕에게 이렇게 찾아왔습니다. 이 말을 들은 아합 왕은 비웃으면서 네가 포로를 맡아놓고 주의를 소홀히 해서 놓쳤으니까 네가 그 포로를 대신해서 죽는 것이 맞는 일이라고 했습니다. 그때 하나님의 선지자는 변장을 풀고 그 상처를 보여주었습니다. 그리고 아합 왕에게 말했습니다. "벤하닷은 하나님의 포로였습니다. 그리고 하나님이 잠시 왕에게 감시하라고 맡겨둔 것이었습니다. 그런데 왕이 자기 마음대로 포로를 풀어주었으니까 이제 왕이 벤하닷을 대신해서 죽어야 하고 이렇게 맞아야 합니다."라고 했습니다.

우리 생각으로는 아합이 참으로 관대한 것 같습니다. 전쟁에서 이기고 십만 명을 죽였으면 되었지, 꼭 벤하닷을 죽여야 했을까요? 그리고 선지자의 친구는 아무리 선지자를 때려달라고 해도 아무 잘못도 하지 않은 선지자를 그렇게 때려서 얼굴을 엉망으로 만들 수 있겠습니까? 그러나 이 모든 것은 하나님께서 하시는 것입니다. 우리는 하나님이 동정하지 말라고 하는 자를 동정하면 안 됩니다. 벤하닷은 독사요 그동안 그가 죽이고 끌고 갔던 수십만 명의 이스라엘 백성의 생명을 책임져야만 했습니다. 그런 사람이 항복한다고 해서 마음대로 풀어 주었다가 아합은 자기가 대신해서 죽게 되었던 것입니다.

하나님은 산지와 평지의 하나님이시고 바다의 하나님이십니다. 어떤 전쟁 무기도 하나님을 이길 수는 없습니다. 우리는 이기고 난 후가 더 중요합니다. 자기도취에 빠지지 않고 끝까지 하나님의 말씀에 귀를 기울이고 순종하시기 바랍니다.

33
나봇의 포도원

왕상 21:1-29

이 세상에서 남들보다 하나님의 혜택을 더 많이 받은 사람들이 있습니다. 이 사람들은 공부도 더 많이 하고 사회에서 돈도 더 많이 벌었고 더 유명하게 되었습니다. 그런데 하나님으로부터 그 엄청난 복을 받았으면 다른 사람들에게 조금이라도 더 여유를 가지고 자비심을 가져야 할 텐데 오히려 자기 욕심을 더 채우기 위하여 다른 사람이 가지고 있는 것을 빼앗기 위하여 별의별 방법을 다 쓰고 있는 것을 보게 됩니다. 우리나라 어떤 예비역 장군은 죽으면서 자기를 꼭 국립묘지에 있는 김○○ 소위 무덤 옆에 묻어 달라고 했습니다. 왜냐하면 6.25 때 자기가 그 김 소위 때문에 살았기 때문이라고 했습니다. 우리나라 월남전 참전 사령관이었던 채명신 장군도 자기를 사병 묘역에 묻어 달라고 해서 끝을 참 아름답게 장식을 했습니다. 거기에 비해서 어떤 집에서는 부모로부터 공부나 결혼이나 많은 혜택을 받았음에도 불구하고 부모가 돌아가셨을 때 그 유산을 조금이라도 더 차지하려고 서로 원수가 되어서 싸우는 형제들도 있습니다.

아합은 하나님으로부터 어마어마한 혜택을 받은 사람이었습니다.

그는 이스라엘에 바알의 신앙을 끌어들이고 또 하나님을 믿는 사람들을 많이 죽여서 하나님께 이미 죽을 사람으로 정해져 있었습니다. 드디어 아람 나라의 벤하닷이 32개 나라를 거느리고 쳐들어왔는데, 하나님이 마음을 바꾸셔서 져야 할 전쟁을 이기게 하셨습니다. 이스라엘 안에 바알에게 무릎을 꿇지 않은 칠천 명의 사람들이 있었기 때문입니다. 아합은 자기가 죽어야 하고 모든 이스라엘 백성도 죽어야 할 전쟁에서 하나님의 도움으로 이겼던 것입니다. 이것은 엄청난 은혜요 축복이 아닐 수 없습니다.

그런데 벤하닷은 다음 해에 더 완전하게 준비해서 또 쳐들어왔습니다. 이때 아합의 군대는 얼마나 초라했는지 염소 떼 두 떼밖에 안 되어 보였다고 했습니다. 그런데 하나님은 또 아합이 이기게 하셨습니다. 그래서 아람 군대는 들판에서 십만 명이 죽었고, 아벡 성으로 도망치던 아람 군대 위에 성이 무너지면서 이만칠천 명이 돌에 깔려 죽었습니다. 아합이 이 정도로 하나님의 도우심을 받았다면 자신의 정욕을 억제하며 말씀대로 살려고 노력했어야 할 것입니다. 그러나 믿음이 없는 사람들은 하나님의 복을 받으면 받을수록 더 마음이 쩨쩨해지고 속이 좁아져서 남들이 가지고 있는 것을 빼앗으려고 모든 음모와 계략을 꾸미는 악한 행동을 하게 됩니다.

1. 아합의 욕심

우리가 생각하기에 구십만 원 가진 사람이 십만 원 가진 사람보다 여유가 있고 관대할 것 같은데 그렇지 않습니다. 구십만 원 가진 사람은 십만 원만 더 있으면 백만 원을 채울 수 있다는 욕심에 다른 사람이 가진 십만 원을 빼앗으려고 욕심을 부리게 됩니다.

아합은 하나님으로부터 엄청난 복을 받았습니다. 하나님은 아합을 징계하기 위하여 벤하닷을 준비해놓으셨습니다. 벤하닷은 32개 나라의 왕과 군대를 소집해 놓고 사마리아에 쳐들어왔습니다. 그때 하나님은 뜻을 바꾸셔서 아람 군대를 두들겨 패셨습니다. 하나님의 인자하심과 자비하심은 한이 없으시기 때문입니다. 하나님은 바알에게 무릎을 꿇지 않는 지방 고관의 아들 이백삼십이 명으로 수십만 명의 아람 군대를 박살내게 하셨습니다. 벤하닷은 겨우 말 한 마리를 얻어타고 도망을 쳐서 목숨을 건졌습니다. 아합은 졸지에 이스라엘의 영웅이 되었고 아람 군대가 준비해온 엄청난 양식과 무기들을 빼앗을 수 있었습니다.

그런데 그다음 해에도 또 아람 군대가 쳐들어왔습니다. 이때 아람 왕과 신하들이 "여호와는 산의 신이기 때문에 산에서는 강하지만 평지나 골짜기에서는 약하다"고 했는데 하나님은 평지에서도 강하다는 것을 보여주시기 위해서 아람 군대를 평지에서 10만 명이나 죽게 하셨습니다. 이번에도 아합은 아주 대단한 이스라엘의 영웅이 되었습니다. 아합이 이런 영웅이 되고 물질적으로도 엄청나게 복을 받았다면 하나님께 감사하고 다른 사람들의 행복이나 물질도 지켜주어야 했을 것입니다. 그런데 신앙이 없으면 자기에게 주어지는 것은 당연하게 생각하고 속이 더 좁아져서 작은 것 하나라도 포기하지 않고 모두 다 차지하려는 욕심이 생기게 됩니다.

21:1, "그 후에 이 일이 있으니라 이스르엘 사람 나봇에게 이스르엘에 포도원이 있어 사마리아의 왕 아합의 왕궁에서 가깝더니"

아합이 어느 날 왕궁에 있는데 그 궁 옆에 아주 멋진 포도원이 하나 있었습니다. 그것은 바로 나봇의 포도원이었습니다. 그런데 이 포도원은 얼마나 땅이 좋고 주인이 포도원을 잘 가꾸었는지 포도 잎사귀도 멋이 있었고 거기에는 맛있어 보이는 포도가 주렁주렁 달려 있었습니다. 그런데 아합은 포도에는 별로 관심이 없었습니다. 백성이 가장 좋은 포도를 따서 왕에게 바치기 때문입니다. 그런데 아합은 자기 채소밭이 모두 왕궁에서 멀고 백성이 바치는 것도 시든 것이나 바치니까 별로 맛이 없었던 것 같습니다. 그러다가 아합의 왕궁 가까이에 있는 나봇의 포도원이 생각났습니다.

그래서 아합은 나봇에게 제안합니다. "네 포도원이 내 왕궁 곁에 가까이 있으니 내게 주어 채소 밭을 삼게 하라 내가 그 대신에 그보다 더 아름다운 포도원을 네게 줄 것이요 만일 네가 좋게 여기면 그 값을 돈으로 네게 주리라"(2절).

그랬더니 나봇은 한마디로 거절합니다. 그는 너무나도 우직하게 하나님의 말씀을 믿고 순종하는 사람이었습니다. 나봇은 아합 왕에게 "내가 이 포도원을 왕에게 드리고 싶어도 도저히 드릴 수가 없습니다. 왜냐하면 이 포도원은 하나님이 우리에게 주신 기업이기 때문에 절대로 팔거나 교환할 수 없습니다"고 했습니다. 나봇이 만일 왕에게 아부하거나 세상적인 사고방식을 가졌더라면 절대로 죽을 리가 없었을 것입니다. 그러나 나봇은 하나님의 말씀대로 살려고 했기 때문에 결국 죽임을 당하게 됩니다.

만일 아합이 조금이라도 하나님의 말씀에 관심이 있었더라면, 아람 나라와의 전쟁을 통해 두 번이나 크게 승리하게 하신 하나님으로부터 자신이 엄청난 복을 받은 사람이라는 것을 알게 되었을 것입니다. 그렇다면 아합은 다른 사람의 행복에 대하여 관심을 가져야 하고, 남의 물건을 빼앗거나 자기 욕심을 키우는 일에 절제해야만 했을 것입니다. 그러나 아합은 나봇이 왕에게 포도원을 교환하거나 팔 수 없다는 말을 듣자마자 모든 입맛을 잃어버리고 살 재미도 없어져 버리고 마음이 상하게 되었습니다. 하나님은 아합의 생명을 두 번이나 살려주셨는데도 아합은 그것에 대하여 감사하는 마음은 없고 나봇의 포도원을 차지하지 못하는 것에 마음이 상해서 식사도 하지 않고 자리에 드러눕게 되었습니다. 이것은 그야말로 어린아이들이 하는 짓입니다.

그래서 예수님께서는 "혹시 네 오른 눈이 범죄케 하면 빼어버리라. 한 눈 없이 천국에 가는 것이 두 눈을 가지고 지옥에 가는 것보다 낫다"고 하셨고 "네 오른손이 너를 범죄케 하거든 잘라버리고 한 손 없이 천국에 가는 것이 두 손을 가지고 지옥에 가는 것보다 낫다"고 하셨습니다. 만일 우리가 어떤 욕심에 집착하게 될 때 내가 어떤 멸망에서 구원을 받았는가 하는 것을 생각하고 마음에 여유를 좀 가져야 합니다.

2. 이세벨의 악한 모략

이세벨은 아합의 아내로 바알 신앙을 퍼트리기 위하여 이스라엘에 시집왔고 하나님의 율법을 무시하고 업신여기는 자였습니다. 그런데 이세벨이 어느 날 왕을 보니까 일절 식사도 하지 않고 자리에 누워서 끙끙 앓고 있었습니다. 이세벨이 "왕이 무슨 큰 고민이 있어서 이렇게 식사도 하시지 않고 누워서 끙끙 앓고 계십니까?"라고 물었습니다. 그랬더니 왕이 이세벨에게 나봇의 포도원에 대해 마음이 상한 것을 토로했습니다. 그랬더니 이세벨은 "왕은 그렇게 시시한 문제 하나를 해결하지 못하면서 나라를 다스린다고 하세요? 내가 당장 나봇의 포도원을 왕에게 바치게 할 것이니 왕은 당장 자리에서 일어나셔서 식사도 하시고 무용단에게 춤도 추게 하시고 즐겁게 지내소서"라고 자신 있게 말했습니다. 그리고 이세벨은 악한 모략을 꾸밉니다.

그리고 이세벨은 아합 왕의 이름으로 이스르엘에 사는 귀족들과 장로들에게 편지를 보냈습니다. 그 편지에는 이런 내용이 적혀 있었습니다. "지금 이스르엘에는 심각한 일이 일어나고 있소. 그것은 바로 왕을 저주하고 하나님을 저주한 사람이 있어요. 그 사람은 바로 나봇이라는 사람이요. 그러니까 귀족들과 장로들은 이 편지를 받는 즉시 백성들에게 금식을 선포하고 이스르엘의 가장 못된 깡패 두 명을 고용해서 나봇이 하나님과 왕을 저주했다고 증언하게 하고 끌고 나가서 돌로 쳐 죽이세요."

나봇과 함께 사는 장로들과 귀족들은 나봇이 얼마나 정직하고 순수한 사람인지 알고 있었습니다. 그러나 왕이 보낸 편지는 이 의로운 사람을 깡패들을 증인으로 삼아서 돌로 쳐 죽이라고 되어 있었습니다. 이때 이스르엘에 사는 귀족들과 장로들은 이 편지가 조금도 잘못한 것이 없는 의로운 나봇을 죽이라는 내용이라는 것을 알았습니다. 그러나 이세벨의 말에 복종하지 않으면 이세벨이 자기들을 죽이려고 할 것이 틀림없었습니다. 그래서 이스르엘의 귀족들과 장로들은 의로운 나봇을 죽이기로 결심했습니다. 그리고 그들은 이세벨이 보낸 편지대로 이스르엘에 금식을 선포하고 모든 사람을 모이게 한 후에 그들이 돈을 주고 매수한 깡패 두 사람을 내세워서 나봇이 왕과 하나님을 욕하는 말을 들었다고 거짓 증언을 하게 했습니다. 그 결과 그 동네 사람들은 나봇을 끌고 동네 밖으로 나가서 돌로 때려 죽였습니다. 그리고 이스르엘의 장로들과 귀족들은 당장 이세벨에게 편지를 써서 하시라고 하는 대로 다 했다고 답장을 썼습니다.

이제 이세벨은 아합 왕에게 나아가서 "왕에게 감히 포도원을 바치지 않겠다고 고집을 부리던 나봇은 죽어버렸습니다. 왕은 지금 당장 나가셔서 나봇의 포도원을 차지하십시오"라고 했습니다. 그 순간 아합은 입을 다물지 못할 정도로 기뻐하면서 나봇의 포도원을 차지했습니다. 우리는 이 세상이 영적인 전쟁터라는 것을 알아야 합니다. 우리의 원수들은 나라 밖에도 있지만 나라 안에 권력을 가지고 있어서 거짓말로 국민을 속이고 때로는 교회 안에도 이 원수들이 있습니다.

나봇이 아합 왕이 포도원을 내놓으라고 할 때 줘버렸으면 어떨까요? 그는 목숨을 건질 수 있었을 것입니다. 그러나 하나님이 주신 기업은 빼앗겨버리고 마는 것입니다. 그래서 우리는 이 어려운 선택을 해야 할 때가 많습니다. 즉 내가 살아야 하느냐 아니면 하나님의 기업을 포기해야 하느냐 하는 것입니다. 우리는 지금 세상의 불의를 보고도 가만히 있습니다. 우리 외에도 이 일을 할 사람들이 반드시 있기 때문입니다. 그래서 우리는 손해 보고 모든 불의를 참으면서 부흥의 불을 꺼트리지 않으려고 하는 것입니다.

3. 하나님의 복수

드디어 하나님께서는 엘리야 선지자에게 말씀하셨습니다. "지금 네가 사마리아에 있는 아합 왕을 만나러 가라. 그는 지금 신이 나서 나봇의 포도원을 차지하러 포도원에 내려가 있을 것이다"라고 하셨습니다. 그리고 "내가 너에게 그렇게 은혜를 주었거늘 너는 기어코 나봇을 죽이고 그의 포도원을 빼앗았구나. 사람들이 나봇을 돌로 쳐 죽이고 그 시체를 버려두어서 개들이 그 피를 핥았는데 이제는 네가 거기서 죽어 그 개들이 네 피를 핥을 것이라"고 말씀하셨습니다.

하나님의 가장 중요한 율법은 "이웃을 네 몸처럼 사랑하라"는 것입니다. 이것은 다른 사람의 행복을 내 행복과 똑같이 소중하게 생각하라는 뜻입니다. 남의 눈에 피눈물을 흘려가며 돈을 벌고 자기 욕심을 채우는 자는 자기도 똑같이 당하게 되어 있다는 것입니다. 왜냐하면 하나님이 그대로 갚으시기 때문입니다.

엘리야가 아합을 만나러 가니까 아합은 엘리야를 보고 "나의 대적이여, 나를 찾아왔느냐?"고 했습니다. 이때 엘리야는 아합에게 "그렇다. 내가 너를 일부러 찾아왔다. 이스라엘에서 너는 자기 자신을 팔아서 하나님께 악을 행했다"고 했습니다. 즉 아합은 자기 스스로 자기 영혼을 바알에게 팔았던 것입니다. 오늘 우리나라에도 한자리나 권력을 차지하기 위해서 자기 스스로 영혼을 마귀에게 팔아버린 자들이 많습니다. 그런데 출세나 성공을 위하여 자기 영혼을 판 사람들은 부인이나 자녀들까지 영혼이 없는 행동을 하는 경우가 많이 있습니다. 그래서 나중에는 온 식구들이 다 같이 망해버리는 것을 보게 됩니다.

엘리야는 아합에게 하나님 심판의 경고를 전합니다. "하나님은 말씀하시기를 그렇게 은혜를 주셔도 깨닫지 못하는 너에게 재앙을 내려서 너에게 속한 자는 자유인이나 종이나 친척이나 친구나 신하나 모두 다 멸할 것이라"고 하셨습니다. 이미 이스라엘에는 이런 식으로 멸족을 당한 왕 가족이 두 가족이 있었습니다. 하나는 여로보암이고 다른 하나는 바아사의 집안이었습니다. 하나님은 아합의 집에도 한 명도 남기지 않고 다 죽일 것이라고 하셨습니다. 그리고 이런 악한 모략을 꾸며서 나봇을 죽게 한 이세벨은 성벽 곁에서 개들이 그의 살을 뜯어 먹을 것이라고 하셨습니다. 아합은 개들이 피를 먹지만 이세벨은 살을 먹어서 시체를 거의 남기지 않게 될 것이라고 하셨습니다.

> 21:25, "예로부터 아합과 같이 그 자신을 팔아 여호와 앞에서 악을 행한 자가 없음은 그를 그의 아내 이세벨이 충동하였음이라"

이스라엘에 악한 왕이 많이 있었지만 예로부터 아합과 같이 자기 영혼을 팔아서 영혼이 없는 자는 아합 외에는 없었습니다. 그는 자기 악한 아내가 하자고 하는 대로 다 했습니다. 그러나 하나님은 한없이 자비하셨습니다. 아합은 엘리야의 저주의 경고를 듣고서 회개하는 척 했습니다. 자기 옷을 찢고 굵은 베로 옷을 동이고 금식하고 고개를 들지 않고 길을 다니면서 겸손한 체했던 것입니다. 그래서 하나님은 아합이 겸손한 체하는 것만 보고서도 엘리야에게 "아합이 겸손한 모습을 보이므로 아합의 시대에는 재앙을 내리지 않고 그 아들 시대에 내릴 것이라"고 말씀하셨습니다.

그런데 아합의 위선은 오래가지 않았습니다. 결국 아합은 아람과 전쟁을 일으켜서 죽게 되는데 그의 병거가 나봇의 포도원까지 가서 그의 피가 흐르니까 개들이 그 피를 핥았습니다. 그리고 이세벨은 성 창문에서 화장을 하다가 내시들이 밀어버리니까 떨어져서 죽었는데 개들이 형체도 없이 시체를 뜯어 먹어버렸습니다.

하나님은 떨어진 옷을 좋아하시고 회개하는 모습을 좋아하십니다. 하나님은 뻣뻣하게 고개를 쳐들지 않고 고개 숙이고 다니면 재앙을 연기하여 주십니다. 우리는 예수님의 보혈로 영생을 얻었습니다. 하나님은 우리를 깊은 수렁에서 건져주셨습니다. 우리는 다른 사람의 재물이나 물건을 탐내지 말고, 불의한 지시를 따르지 말고 양심을 지키는 성도들이 다 되시기 바랍니다.

34
거짓말하는 영
왕상 22:1-28

사람들이 세상에서 가장 두려워하는 것은 역시 자신이나 가족이 죽는 일일 것입니다. 사람이 죽으면 사랑하는 가족과 영원히 헤어질 뿐 아니라 나 자신의 존재 자체가 영원히 없어지게 됩니다. 이 세상에 '나'라는 존재는 없어지는 것입니다.

오늘 본문에서는 그동안 하나님을 거역했지만 하나님의 많은 사랑과 은혜를 받았음에도 불구하고 우상을 따라가고 하나님을 믿는 사람들을 죽였던 아합 왕과 이세벨이 드디어 죽게 되는 과정을 보여주고 있습니다. 우리가 보면 이 세상에 악한 독재자들이 많이 있었습니다. 그들은 빨리 죽지도 않고 오래 살았습니다. 그 이유는 그들 뒤에 악한 권력의 영이 지켜주고 있었기 때문입니다. 그래서 독재자들은 우리의 기대와 달리 잘 죽지 않습니다. 그러다가 하나님의 때가 되면 갑자기 악한 권력의 영이 힘을 잃으면서 죽든지 몰락하게 됩니다. 하나님은 악한 독재자들에게 항상 모래시계를 그 앞에 세워놓고 계십니다. 이제는 드디어 아합의 모래시계가 다 되어서 그가 죽어야 할 시간이 다 가왔습니다.

1. 아합의 자존심

아합 왕은 하나님을 버리고 스스로 바알의 종이 되어서 우상 숭배와 악한 일을 다 했는데도 불구하고 죽지 않고 국민적인 영웅이 되어 있었습니다. 아합은 질 수밖에 없었던 아람 나라와의 전쟁에서 두 번이나 크게 이겼기 때문입니다. 그래서 아합의 자신감이나 자존심은 높아질 대로 높아져 있었고 모든 백성의 존경을 받고 있었습니다.

그런데 아합이 잠시 겸손한 적이 있었습니다. 아합은 나봇을 죽이고 그의 포도원을 빼앗았을 때 하나님께서 엘리야 선지를 보내어서 "네가 죽어서 나봇의 피를 핥던 개들이 너희 피를 핥고 이세벨은 그 시체를 개들이 뜯어 먹을 것이라" 고 경고하셨습니다. 그때 아합은 더 이상 엘리야에게 악을 쓰면서 덤벼들지 않고 자기 옷을 찢고 고개를 숙이고 다니면서 잠시 겸손한 체하였습니다. 하나님은 얼마나 자비하신지 아합의 이런 모습만 보고서도 아합에게 내릴 재앙을 연기해서 그 아들 대에 내리실 것이라고 말씀하셨습니다. 그러나 아합의 겸손은 그리 오래가지 않았습니다. 아합의 자존심을 몹시도 상하게 하는 일이 생겼기 때문입니다.

아합은 아람과의 이차 전쟁에서 아람 왕 벳하닷을 잡은 것이나 마찬가지였습니다. 벤하닷이 항복하겠다고 베옷을 입고 허리띠를 베 천으로 두른 신하들을 보내었을 때 아합은 자기 마음대로 벤하닷을 형제라고 하면서 같은 병거를 타고 백성 앞에서 시위하고는 벤하닷을 풀어줘 버렸습니다. 이때 벤하닷은 아버지 때 빼앗았던 길르앗 라못을 반드시 반환하고, 다메섹에 아합의 이름을 붙인 거리를 만들겠다고 약속하고 살아서 다메섹으로 돌아갔습니다. 그러나 벤하닷은 그 약속을 지키지 않았습니다. 벤하닷은 아예 처음부터 그 약속을 지킬 생각이 없었습니다. 벤하닷은 이스라엘을 괴롭히기 위하여 하나님이 만드신 몽둥이고 가시였기 때문입니다.

아합은 벤하닷과의 전쟁을 치르고 그의 철석같은 약속을 받고 3년이 지났습니다. 그러나 벤하닷으로부터 길르앗 라못을 돌려주겠다는 말이 일절 없었습니다. 벤하닷은 이스라엘 왕이 보낸 사신들에게 이 핑계 저 핑계 대면서 자꾸 약속을 미루기만 했습니다. 그제야 아합은 벤하닷이 다메섹에 돌아간 후 길르앗 라못 땅을 돌려줄 생각이 없다는 것을 깨달았습니다. 아합은 벤하닷이 길르앗 라못 땅을 돌려주지 않는 것은 나를 우습게 알고 아예 그 땅을 돌려주지 않으려는 속셈이 분명하다고 생각했던 것입니다. 이것은 어느 나라든지 마찬가지입니다. 분명히 한 나라가 전쟁에 져서 그 보상으로 무엇인가 돌려주기로 하면 반드시 돌려주어야 합니다. 그렇게 하지 않으면 다시 전쟁이 일어날 수밖에 없을 것입니다.

우리가 통상적으로 생각하면 분명히 길르앗 라못은 이스라엘 땅이었고 벤하닷이 이차 전쟁에 패배함으로 이스라엘에게 돌려주겠다고 약속했습니다. 그러나 벤하닷은 그 약속을 깨고 길르앗 라못을 돌려주지 않았습니다. 그러면 아합이 당연히 다시 전쟁해서 빼앗는 것이 옳을 것입니다. 그런데 문제는 아합 자신이 하나님 앞에서 죄인이었다는 사실입니다. 아합은 아무 죄도 없는 나봇의 포도원을 음모를 꾸며서 빼앗았습니다. 그때 이미 하나님 앞에서 아합의 인생은 끝난 것이었습니다. 그러나 하나님은 너무나도 자비하셔서 아합의 인생을 삼년 정도나 연장해 주셨습니다. 그러므로 아합이 조금이라도 믿음을 가진 자라면 자존심을 내려놓고 겸손하게 참아야 했습니다. 그러나 아합 왕은 그렇지 못했습니다.

그때 때마침 유대 왕 여호사밧이 아합을 방문했습니다. 여호사밧은 하나님을 잘 믿는 왕이었습니다. 이때 이스라엘은 유다에 비하여 나라 규모나 국력이 엄청 강했습니다. 여호사밧은 자기 나라에 말씀이 있고 성전이 있음에도 불구하고 자기 나라보다 몇 배나 강한 이스라엘에 대하여 부러움과 열등의식을 가지고 있었습니다. 그러다가 드디어 여호사밧은 이스라엘의 아합 왕을 만나게 되었습니다.

아합은 여호사밧 면전에서 자신의 체면을 회복해야겠다고 생각했습니다. 그래서 아합은 여호사밧 왕 앞에서 신하들에게 "길르앗 라못은 원래 우리 이스라엘의 땅이 아니냐? 아람 왕도 전쟁에 진 후에 돌려준다고 해 놓고 시간만 질질 끌고 있는데 우리가 잠잠히 있어서 되겠느냐?"라고 했습니다. 그때 신하들은 틀림없이 아람과 싸워서 땅을 도로 찾아야 한다고 소리를 쳤을 것입니다. 그래서 아합 왕은 만일 우리가 아람과 전쟁한다면 여호사밧 왕은 같이 싸우겠느냐고 의중을 떠보았습니다. 그랬더니 여호사밧은 시원시원하게 왕의 백성이나 나의 백성이나 다 같은 하나님의 백성인데 당연히 같이 싸우겠다고 대답했습니다. 그 대신 우리가 이 전쟁을 그냥 시작할 것이 아니라 반드시 하나님의 선지자에게 물어보고 싸우러 가자고 제안했습니다. 이것은 자존심이나 체면보다 하나님의 말씀이 더 중요하다는 뜻이었습니다.

2. 이스라엘의 거짓 선지자

아합은 여호사밧이 선지자를 불러서 전쟁에 대해 하나님의 말씀을 들어보자고 하여 사백 명의 선지자들을 불러 모았습니다. 사백 명의 선지자라고 하면 얼마나 많은 선지자입니까? 그러나 이 선지자들이 전부 거짓 선지자였습니다. 여호사밧은 이스라엘에 이렇게 거짓 선지자가 많은 줄은 몰랐습니다. 하나님의 백성은 돈이나 사이즈가 아니라 하나님의 말씀과 믿음이 중요합니다. 그러나 여호사밧은 자기들에게 있는 하나님의 성전과 하나님의 말씀을 믿지 못하고 이스라엘의 화려함과 큰 규모만 부러워하고 있었습니다. 여호사밧은 이런 생각 때문에 몇 번이나 죽을 뻔했지만, 이스라엘에 대한 열등감은 극복하지 못했습니다.

22:6, "이스라엘의 왕이 이에 선지자 사백 명쯤 모으고 그들에게 이르되 내가 길르앗 라못에 가서 싸우랴 말랴 그들이 이르되 올라가소서 주께서 그 성읍을 왕의 손에 넘기시리이다"

이 거짓 선지자들은 하나님의 말씀을 가지고 예언하는 자들이 아니었습니다. 그들은 일반 사람들이 가지고 있는 상식과 사람을 기쁘게 하는 생각으로 예언을 했습니다. 요즘으로 말하면 이 선지자들은 사람들이 원하는 것을 가지고 설교하는 자들이었고 너무나도 재미있고 웃기는 것을 가지고 설교하는 자들이었습니다. 놀라운 것은 이스라엘의 사백 명 선지자들은 모두 다 똑같은 생각을 가지고 있었다는 것입니다. 이들은 아합 왕에게 길르앗 라못에 올라가서 싸우면 틀림없이 왕이 이길 것이라고 했습니다. 지금까지 아합은 두 번이나 아람과의 전쟁에서 이겼기 때문입니다.

이 사백 명 선지자들이 하는 말은 모두 아합의 생각을 지지하고 축복하는 예언이었기 때문에 아합은 기분이 매우 좋았습니다. 그러나 여호사밧은 신앙을 가진 자였습니다. 그는 어떻게 이 사백 명 선지자들이 한결같이 똑같은 소리만 할까 의문이 들었습니다. 그래서 여호사밧은 아합에게 "여기에 있는 사백명 외에 다른 선지자는 없습니까?" 하고 물었습니다. 그랬더니 아합이 "선지자 하나가 있기는 한데 그는 너무 골통이고 항상 나에 대하여 나쁜 예언만 하기 때문에 그 사람은 이런 국가의 중요한 일에는 부르지 않습니다"라고 대답했습니다. 그러니까 여호사밧이 그런 소리는 하지 말라고 하면서 그 선지자의 말도 들어보자고 했습니다.

여호사밧은 사백 명의 선지자가 예언하는 것을 보고 무엇인가 부족하다는 것을 느꼈던 것 같습니다. 그들의 예언은 가벼웠고 장난치는 것 같았고 하나님의 말씀이 가지는 무게를 느낄 수 없었기 때문입니다. 할 수 없이 아합은 이믈라의 아들 미가야를 부르라고 했습니다.

이 이믈라의 아들 미가야는 바른 예언을 하는 사람이었습니다. 미가야를 부르러 간 사이에 이 거짓 선지자들은 왕 앞에서 계속 아합의 입맛에 맞는 예언을 했습니다. 특히 시드기야라는 선지자는 얼마나 열정이 있었던지 철로 뿔을 만들어 가지고 와서 그것을 자기 머리에 올리고 사방을 찌르는 흉내를 내면서 "여호와의 말씀이 이 철들을 가지고 아람 사람들을 진멸할 것입니다"라고 큰소리를 쳤습니다.

이 거짓 선지자들이 아합에게 전쟁하라고 부추기는 이유가 무엇입니까? 아합이 전쟁을 하고 싶어한다는 것을 알기 때문입니다. 그리고 아합은 전쟁 영웅이었습니다. 그래서 이들은 상식적으로 아합이 두 번이나 이긴 아람에 질 리 없다고 생각했던 것입니다. 그러나 그들은 하나님의 말씀으로 예언하는 자들이 아니었습니다. 그들은 모두 아합을 기분 좋게 하려고 자기 멋대로 예언하는 아첨꾼들이었던 것입니다.

그래서 미가야를 부르러 간 사신은 미가야에게 왕궁의 분위기를 전해주었습니다. 지금 왕궁에서는 사백 명의 선지자들이 전부 왕에게 전쟁하라고 격려하고 지금 분위기가 아주 고조되어 있으니까 당신이 거기에 가서 쓸데없이 반대되는 소리를 해서 찬물을 끼얹지 말라고 조언했습니다. 그러나 미가야는 내가 여호와의 살아계심을 두고 맹세하는데 하나님께서 하라고 하신 말씀만 전할 것이라고 했습니다.

3. 미가야의 예언

하나님의 종들이 모두 한 목소리로 예언한다면 백성이 정신을 차릴 것입니다. 그러나 이상하게 나라가 망할 때는 거짓 선지자가 엄청나게 판을 치게 됩니다. 그 이유는 강한 거짓의 영이 활개를 치기 때문입니다.

드디어 미가야는 아합 왕 앞에 서게 되었습니다. 아합은 미가야에게 물었습니다. “내가 길르앗 라못에 올라가서 전쟁하는 것이 좋으냐? 전쟁하지 않고 참는 것이 좋으냐? 여기에 있는 모든 선지자들은 전쟁하면 이긴다고 예언을 하고 있다.” 그러니까 이 말을 들은 미가야는 비꼬는 어투로 “왕이시여 올라가서 전쟁하시고 승리를 취하소서.”라고 말을 했습니다. 이것은 미가야가 지금 사백 명이 합창하는 것을 흉내 내는 말이었습니다. 그러자 왕이 짜증을 내면서 저 사람들 흉내 내지 말고 진심으로 하나님의 말씀을 예언하라고 재촉했습니다.

이때 미가야는 자기가 본 하나님의 이상을 말하기 시작했습니다. 이것은 정말 무섭고도 두려운 하나님의 말씀이었습니다. 미가야는 두 개의 환상을 보았습니다. 하나는 백성이 뿔뿔이 흩어져서 돌아오는 모습이었습니다. 이것은 마치 양들이 목자가 없으니까 자기 마음대로 집으로 돌아오는 모습이었습니다. 미가야는 이렇게 예언했습니다. 아합 왕이 전쟁터에서 죽을 것이기 때문에 모든 백성은 전쟁할 의미를 찾지 못하고 뿔뿔이 흩어져서 돌아오게 된다는 예언이었습니다.

그리고 두 번째 환상은 하나님 앞에서 회의하는 장면이었습니다. 미가야가 하나님 앞의 천상 회의를 보니까 여호와께서 보좌에 앉아 계시고 그 앞에는 천사들과 여러 영이 모여 있었습니다. 그때 여호와께서 천사들과 영들에게 “이번에 아합을 전쟁터에 꾀어내어서 죽게 해야 할 텐데 누가 그 일을 감당할 것인가?”라고 물으셨습니다. 그러니까 이 영은 이런 이야기를 하고, 저 영은 저런 이야기를 하는데 한 더럽게 생긴 영이 나와서 말하기를 “내가 거짓말하는 영이 되어서 모든 거짓 선지자 속에 들어가서 아합을 꾀겠습니다”라고 했습니다. 그때 여호와께서는 그 더럽게 생긴 영을 보고 “네 실력으로는 충분히 아합을 꾀어서 죽게 할 수 있는 것이라”고 말씀하셨습니다.

결국 미가야의 예언과 환상은 아합 앞에서 듣기 좋은 예언을 하는 선지자들은 모두 거짓말하는 영이 들어가서 떠들어대는 것이라는 충언이었습니다. 그중에서 제법 센 영이 들어간 시드기야는 미가야의 뺨을 치면서 "언제 여호와의 영이 나를 떠나 네 안에 들어가서서 말씀하게 하셨느냐?"고 했습니다. 하나님의 영은 시드기야 안에 아예 들어간 적이 없었습니다. 그러나 그는 하나님의 영을 믿고 그 영이 자기 안에 있는 것처럼 미가야의 뺨을 때렸습니다. 이때 미가야는 "네가 적을 보고 골방에 숨는 날에 볼 것이라"고 했습니다. 즉 거짓 선지자들은 자신들이 거짓 예언을 하고 있는 줄도 모르고 있었던 것입니다. 이들은 전쟁에 지고 난 후 도망치고 숨으면서 자기들의 예언이 엉터리 예언이라는 것을 알았던 것입니다.

> 22:28, "미가야가 이르되 왕이 참으로 평안히 돌아오시게 될진대 여호와께서 나를 통하여 말씀하지 아니하셨으리이다 또 이르되 너희 백성들아 다 들을지어다 하니라"

그러나 거짓 영들이 활동할 수 있는 기간은 제한되어 있습니다. 그것은 바로 전쟁이 끝나면 끝나고 맙니다. 아합은 자기에게 아부하는 거짓 선지자의 말을 듣고 전쟁에 나갔다가 죽임을 당합니다. 만일 아합이 끝까지 겸손했든지 아니면 자존심을 버리고 하나님이 주신 것에 만족했든지 아니면 거짓 선지자의 충동에 넘어가지 않았더라면 살 수도 있었습니다. 그러나 그렇지 못했습니다.

우리는 하나님께 참과 거짓을 구별할 수 있는 지혜를 달라고 부르짖어야 합니다. 그리고 아무리 사람들이 화나게 하고 우리에게 피해를 준다고 해도 겸손할 수만 있으면 얼마든지 살 수 있습니다. 수많은 거짓 선지자의 입에서 나오는 거짓 영의 말을 듣지 마시고, 하나님의 음성을 듣고 구원의 길에서 한 명도 낙오되지 않는 성도들이 다 되시기를 바랍니다.

35
우연한 사고

왕상 22:24-53

인생에 우연이라는 것이 있습니다. 저는 대학 다닐 때 가장 부러웠던 것이 여자 사귀는 재주가 좋은 친구들이 예쁜 여학생을 학교에 데리고 와서 데이트하는 것이었습니다. 그런데 우연히 제 큰 형의 절친이 갑자기 미국으로 약사 이민을 떠나게 되었습니다. 그들이 이민 가는 것은 좋은데, 같이 데리고 살던 처제를 서울에 맡겨둘 데가 없어서 가장 친한 친구인 제 큰 형 집에 맡겼습니다. 저는 큰 형 집에 어떤 여학생이 와 있다는 소문을 듣고 형 집에 가서 여학생에게 한자를 좀 가르쳐준 후에 축제를 데려가고 하다가 나중에는 결혼까지 하게 되었습니다. 그때 그 여학생은 너무 세상을 모르고 순진했는데 지금은 저보다 훨씬 더 똑똑해지게 되었습니다. 물론 우리는 이제 나이 들어 노인이 되어가고 있습니다.

자동차 면허시험을 보다 보면 주행 테스트를 하는데 '돌발' 이라는 것이 있습니다. 이 표시가 나타나면 갑자기 서야 합니다. 만일 이때 급정거를 하지 못하면 면허시험에서 떨어지게 됩니다. 마찬가지로 우리도 인생을 살다 보면 '돌발' 이 있습니다. 또 '우연' 도 있습니다.

이때를 자신의 기회로 잘 삼으면 성공할 수 있지만, 이 표시를 놓치면 큰 실패를 당하게 되는 것입니다. 그런데 '우연' 이나 '돌발' 이나 모두 그냥 일어나는 것 같지만 사실은 하나님께서 우리 인간의 일에 개입하시는 것입니다. 이것을 통해서 하나님께서는 여전히 하나님은 이 세상의 주인이시고 우리 인간은 하나님이 쓰시는 수단에 불과하다는 것을 깨닫게 됩니다.

아합은 하나님의 말씀을 들으면 반항할 때도 있었지만 어떤 때는 그것을 받아들이고 순종할 때도 있었습니다. 그래서 아합은 엘리야에 대해서는 그렇게 반항했지만 어려울 때는 하나님께 순종하기도 했습니다. 그래서 아합이 나봇을 죽이고 그의 포도원을 빼앗았을 때 엘리야가 찾아가서 죄를 고발하고 책망했을 때 옷을 찢고 고개를 숙이면서 회개하는 체했습니다. 그러니까 하나님께서는 아합의 재앙을 한 대 물려서 내리시려고 하셨습니다. 하나님은 우리가 회개하는 표시만 하고 하나님의 말씀을 좀 가까이해도 하나님은 재앙을 거두어 주십니다. 그러나 아합의 겸손은 오래가지 않았습니다.

아합이 이미 두 번이나 전쟁에서 이겼던 벤하닷이 약속했던 길르앗 라못 땅을 돌려주지 않자 전쟁하기로 작정했습니다. 그때는 마침 유다 왕 여호사밧도 와 있었기 때문에 아합의 체면은 아주 중요했습니다. 그는 사백 명이나 되는 선지자들을 불러서 길르앗 라못에 가서 전쟁해야 하는지 물었을 때 전부 다 올라가면 이길 것이라고 예언했습니다. 그러나 아합의 미움을 받던 오직 한 선지자, 미가야만이 아합이 전쟁에 가는 것은 속는 것이고, 전쟁에서 아합은 죽을 것이라고 예언했습니다.

1. 바른 말씀의 대가

이스라엘과 유다 왕 앞에 초청된 선지자는 무려 사백 명이나 되었습니다. 그리고 그들은 모두 한목소리로 아합에게 듣기 좋은 예언을 했습니다. 즉 아합이 길르앗 라못에 올라가면 전쟁에 이길 것이며 잃어버렸던 땅을 차지할 것이라고 했습니다. 이때 오직 미가야 선지 한 명만이 바른 예언을 했습니다. 지금 소리를 지르고 있는 사백 명의 선지자 속에는 거짓의 영이 들어 있었습니다. 그리고 아합은 이 거짓 영의 꾐에 빠져서 전쟁에 나가서 죽어서 돌아온다는 예언이었습니다.

미가야가 이렇게 바른 예언을 할 수 있었던 것은 그가 환상 중에 하나님의 회의를 보았기 때문입니다. 바른 설교를 하려면 이 세상에서 일어나는 일들을 아무리 좋게 설교해도 소용이 없습니다. 그것은 하나의 희망 사항에 불과하기 때문입니다. 바른 설교를 하려고 하면 하나님의 말씀이 바로 해석되어지면서 하나님의 회의에 가보아야 합니다. 거기서 하나님이 어떤 뜻을 가지고 계시며 마귀가 어떤 계략으로 사람을 속이려고 하는지 알게 됩니다.

미가야는 바른 하나님의 말씀을 증거하는 바람에 많은 어려움을 겪었습니다. 시드기야는 쇠로 만든 뿔을 가지고 아합이 이것으로 적들을 찔러서 무찌를 것이라고 예언했는데, 미가야가 아합이 전쟁에서 죽을 것이라고 예언하니까 화가 났습니다. 그래서 시드기야는 미가야의 뺨을 손바닥으로 치면서 내 안에 있던 여호와의 영이 언제 나를 떠나서 네 안에 들어가서 예언하게 하시더냐고 꾸짖었습니다. 그러나 시드기야는 아예 여호와의 영이 들어간 적이 없는 엉터리 선지자였습니다. 사람들이 보기에는 오히려 시드기야에게는 하나님의 영이 있고 미가야는 너무 부정적이고 사람들을 격려할 줄 모르며 미래를 어둡게 보는 여호와의 영이 없는 선지자로 보였던 것입니다. 그러나 미가야는 시드기야에게 이스라엘이 전쟁에 졌다는 소문을 듣고 네가 골방에 숨게 될 텐데 그때 누구의 말이 참 하나님의 말씀인지 알게 될 것이라고 했습니다.

아합은 자기가 전쟁터에서 죽을 것이라고 예언을 하니까 더욱더 미가야를 미워하게 되었습니다. 그래서 왕은 미가야는 감옥에 가두어서 왕이 승리하고 돌아올 때까지 고생의 떡과 고생의 물을 마시게 하라고 명령했습니다. 미가야는 왕의 심기를 불편하게 하는 바람에(요즘은 그런 것을 역린을 건드린다고 합니다) 감옥에 들어가게 되었습니다. '고생의 떡' 은 다른 죄수들이 다 먹고 남은 곰팡이가 핀 보리떡이나 돌떡을 말합니다. 그리고 '고생의 물' 은 제대로 정수되지 않아서 그 안에 먼지나 모래나 부유물이 들어 있는 마시지 못할 물을 말합니다.

미가야는 바른 하나님의 말씀을 전했기 때문에 감옥에 갇혀서 거의 굶어 죽지 않을 정도로 불결한 떡과 물을 먹어야만 했습니다. 그때 미가야는 왕에게 "결코 왕은 평안히 돌아오지 못할 것이라" 고 했습니다. 하나님의 말씀과 환상은 틀림없기 때문입니다. 만일 이때 아합이 자기 자존심을 버리고 미가야의 말을 들었더라면 얼마든지 죽지 않을 수 있었습니다. 그러나 그는 자존심과 고집 때문에 기어이 죽음의 길로 찾아갔습니다.

이때 미가야를 오라고 한 장본인은 유다 왕 여호사밧이었습니다. 그러나 그는 미가야의 바른 예언을 듣고도 아무 소리도 하지 않았습니다. 그는 미가야의 예언도 들어보자고 해 놓고는 이 사람이 하는 예언이 맞는 예언이라고 말하지 않았습니다. 왜 미가야가 바른 예언을 했는데도 불구하고 여호사밧은 그것이 옳은 말씀이라고 말하지 않았을까요? 그 이유는 여호사밧은 순간적으로 아합이라는 인간을 의지했기 때문인 것 같습니다. 그래서 여호사밧도 미가야의 바른 말씀을 무시하고 아합을 따라 전쟁터에 갔다가 죽을 뻔하는 위기를 맞이하게 됩니다. 그래서 누구든지 바른 하나님의 말씀을 전하면 그 말씀을 믿고 순종해야 합니다. 체면이라든지 자존심 같은 것이 자기 목숨보다 더 귀하지는 못하기 때문입니다. 결국 여호사밧은 아합을 가까이해서 하나도 덕을 본 것이 없었습니다. 만일 아합이 살아서 돌아온다면 미가야는 아합의 칼에 죽을 것입니다. 미가야는 자기 목숨을 걸고 하나님의 말씀을 예언한 것입니다.

2. 아합의 모략

아합은 자기 나름대로 죽지 않을 계략을 가지고 있었습니다. 그것은 아합이 일반 병사의 옷을 입고 전쟁에 나가는 것입니다. 그러면 아무리 아람 군대가 아합을 죽이려고 해도 그 많은 군인 중에서 아합을 찾는다는 것은 불가능할 것입니다. 그때 아합은 자기 대신에 여호사밧을 희생시키려고 했습니다. 이것을 보면 아합이 얼마나 비열한 사람인지 알 수 있습니다.

> 22:30, "이스라엘의 왕이 여호사밧에게 이르되 나는 변장하고 전쟁터로 들어가려 하노니 당신은 왕복을 입으소서 하고 이스라엘의 왕이 변장하고 전쟁터로 들어가니라"

옛날에 전쟁터에서는 적들이 왕이나 장군을 목표로 해서 몰려드는 경우가 많았습니다. 그래서 왕의 생명을 보호하기 위해서 왕이나 장군과 비슷하게 생긴 가짜 왕이나 가짜 장군을 많이 만들었습니다. 그래서 적이 왕인 줄 알고 죽였는데 알고 보니까 왕이 아닌 것입니다. 일본 사람들은 이런 가짜 왕이나 장군을 '가께무사' 라고 했습니다.

그래서 졸지에 여호사밧 왕의 목숨이 위험하게 되었습니다. 여호사밧은 왕복을 입고 전쟁터에 나가고, 아합은 일반 군졸의 옷을 입고 전

잿터에 나가서 숨어버리면 아무래도 아람 군대는 여호사밧이 아합인 줄 알고 그를 목표로 죽이려 하기 때문입니다.

아람 군대의 작전이 바로 이것이었습니다. 아람 왕은 군대 지휘관 32명에게 지시하기를 너희는 계급이 낮은 백성이나 계급이 높은 백성이나 일절 싸우지 말고 오직 이스라엘 왕 아합 한 사람만 죽이라고 명령을 내렸습니다. 그래서 아람의 지휘관 32명은 오직 아합만 상대로 해서 싸우게 되어 있었습니다. 이때 그들은 드디어 여호사밧이 왕의 옷을 입고 출전한 것을 보고 이 여호사밧이 아합 왕인 줄 알고 여호사밧의 병거를 에워싸고 그를 죽이려고 몰려들었습니다. 그러나 여호사밧은 자기가 아합이 아니라고 할 수도 없고 그렇다고 해서 그 포위를 뚫고 나갈 수도 없었습니다.

이때 여호사밧은 하나님 백성의 최후 무기를 사용했습니다. 그것은 바로 하나님을 향하여 소리를 지르는 것이었습니다. 하나님의 백성은 하나님을 향하여 소리를 지르는 것이 중요합니다. 하나님이 그 소리를 가장 우선적으로 들으시기 때문입니다. 하나님 앞에서 소리 지른다는 것은 우리가 하나님의 자녀이며 지금 아주 급하게 하나님의 도움이 필요하다는 것을 알리는 것입니다. 우리도 어려운 일을 당할 때 하나님을 향해서 소리를 질러야 합니다. 지금이야말로 교회가 사람을 향해서 소리를 지를 것이 아니라 하나님을 향해서 소리를 질러야 할 때입니다.

여호사밧이 하나님을 향하여 큰 소리를 지르니까 놀라운 기적이 일어났습니다. 그것은 여호사밧을 포위해서 그를 죽이려고 했던 아람 지휘관들이 여호사밧이 아합이 아니라는 사실을 알아보게 된 것입니다. 즉 그들은 여호사밧이 가짜 아합 왕이라고 생각하게 되었습니다. 만일 그들이 여호사밧이 유다 왕이라는 것을 알았더라도 그를 죽이든지 포로로 잡았을 것입니다. 그러나 그들은 여호사밧을 형편없는 군사 중에서 뽑아 아합으로 꾸민 것으로 알고 진짜 아합을 찾기 위해서 흩어졌습니다. 이런 가짜 왕은 죽여봐야 아무 소용이 없기 때문에 그들은 아합을 찾으러 돌아다녔습니다. 그러나 그들은 변장하고 일반 군사들 사이에 숨어 있는 아합을 도저히 찾을 수 없었습니다. 그래서 미가야의 예언은 실패하는 것 같았고, 아합의 머리가 하나님의 머리보다 더 좋은 것처럼 보였습니다.

3. 우연한 사고

때때로 우리는 전혀 생각하지 못했던 우연한 사고에 의해서 사람의 운명이 달라지는 것을 볼 수 있습니다. 그러나 바로 이 우연이라는 것도 하나님께서 간섭하시는 것입니다. 아람 군사들은 일반 군사 사이에 변장하고 숨어 있는 아합을 찾을 수 없었습니다. 그런데 정말 아람 군사 누군가가 우연히 아무 목표도 없이 이스라엘 군사 쪽을 향해서 화살을 쏘았는데, 놀라운 것은 그 화살이 정확하게 아합을 향하여 날아가서 아합을 맞추었던 것입니다. 그런데 이 화살이 그냥 아합의 갑옷 위에 꽂힌 것이 아니라 갑옷을 덮고 있는 비늘 쇠 사이에 아주 작은 틈 사이를 파고 들어가서 깊이 꽂혔습니다. 물론 그 정도의 화살을 맞고 아합은 죽지 않습니다. 그러나 그날 전쟁이 너무나도 맹렬하게 벌어졌기 때문에 아합이 타고 있는 병거가 전쟁터를 벗어나지 못하고 갇혀 있었습니다. 그동안에 아합의 갑옷 사이를 파고들었던 화살 맞은 곳에서는 자꾸 피가 흘러나왔습니다. 결국 과다출혈이 일어나게 됩니다.

우리가 이것을 보면 우연이라고 하는 것이 그냥 우연이 아니라는 것을 알게 됩니다. 사람들은 어떤 사람의 실수라고 말하지만 사실 그 실수라는 것도 하나님이 개입하시는 일입니다. 아합은 전쟁터에서 빠져나가지 못하고 붙들려 있었습니다. 이것이 바로 하나님이 개입하신 것이었습니다.

그래서 저녁 해가 지게 되어서 양쪽 군사는 서로 구별도 되지 않고 더 이상 싸울 수 없으니까 각 부대는 자기 부대원들을 불러 모았습니다. 그때야 비로소 아합은 전쟁터에서 풀려나서 본 부대로 돌아왔습니다. 그러나 그때는 이미 아합이 피를 너무 많이 흘려서 살릴 수 없었습니다. 왕은 자기 병거에 고꾸라져 있었던 것입니다.

> 22:38, "그 병거를 사마리아 못에서 씻으매 개들이 그의 피를 핥았으니 여호와께서 하신 말씀과 같이 되었더라 거기는 창기들이 목욕하는 곳이었더라"

왕이 죽으니까 시체를 사마리아 성으로 매어가서 거기서 장사를 지냈습니다. 개들이 나봇의 피를 핥은 곳에서 개들이 아합의 몸의 피도 핥으리라는 엘리야의 예언은 성취가 되지 않은 것 같았습니다. 그러나 사람들이 아합의 시체를 매고 갔지만 피는 병거 안에 고여 있었던 것입니다. 이스라엘 백성은 아합의 병거에 있던 피를 사마리아에 있는 못에서 씻었습니다. 그러나 그 못은 사마리아에 있는 창녀들이 목욕하는 곳이었습니다. 그러니까 못물 중에서 가장 깨끗하지 못하고 천한 물이었던 것입니다. 그런데 그 피 냄새를 맡고 개들이 와서 아합의 피를 핥아 먹었는데, 그 개들이 바로 나봇의 피를 핥었던 개들이었던 것입니다. 하나님의 말씀은 응답되지 않는 것 같은데 놀랍게 응답되고, 사람의 모략은 완전한 것 같은데 이상하게 바늘구멍만 한 틈을 통하여 실패하게 되는 것입니다.

결국 열왕기상은 유다와 이스라엘의 두 왕으로 결론을 내리고 있습니다. 이것이 결국 유다와 이스라엘의 결산서입니다. 즉 유다에는 여호사밧이라는 왕이 남았습니다. 그는 하나님을 잘 섬기고 믿음이 좋은 왕이었습니다. 그러나 그는 이스라엘에 대한 열등감을 가지고 있었습니다. 여호사밧은 아합이나 이스라엘과 친하게 지냈습니다. 그러나 이것이 유다의 큰 위기를 만드는 원인이 되었습니다. 거기에 비하여 이스라엘은 아합의 아들 아하시야가 왕이 되는데 그 역시 바알을 섬기는 자였고 아버지 아합과 같이 우상을 섬기는 악한 왕이 되었습니다. 결국 집이나 나라는 자기들이 심은 대로 거두게 되어 있습니다. 말씀의 씨를 뿌리면 부흥의 열매를 거두고, 악의 씨를 뿌리면 멸망의 열매를 거두게 되는 것입니다.